运动、营养与减肥

肖 涛 甄 洁 ◎ 主编

吉林大学出版社
·长春·

图书在版编目（CIP）数据

运动、营养与减肥 / 肖涛, 甄洁主编. -- 长春：吉林大学出版社, 2023.5
ISBN 978-7-5768-1874-1

Ⅰ.①运… Ⅱ.①肖… ②甄… Ⅲ.①体育卫生 - 营养学②减肥 Ⅳ.① G804.32 ② R161

中国国家版本馆 CIP 数据核字 (2023) 第 135560 号

书　　名	运动、营养与减肥
	YUNDONG YINGYANG YU JIANFEI
作　　者	肖　涛　甄　洁　主编
策划编辑	殷丽爽
责任编辑	殷丽爽
责任校对	李适存
装帧设计	守正文化
出版发行	吉林大学出版社
社　　址	长春市人民大街 4059 号
邮政编码	130021
发行电话	0431-89580028/29/21
网　　址	http://www.jlup.com.cn
电子邮箱	jldxcbs@sina.com
印　　刷	天津和萱印刷有限公司
开　　本	787mm×1092mm　1/16
印　　张	13
字　　数	260 千字
版　　次	2024 年 1 月　第 1 版
印　　次	2024 年 1 月　第 1 次
书　　号	ISBN 978-7-5768-1874-1
定　　价	72.00 元

版权所有　翻印必究

编委会

周崇哿　赵泽威　郑　恒
仝俊岩　任梦雨　陈　楠
李昕珂　王　端

作者简介

肖涛，男，教授，汉族，出生于1971年9月，苏州大学体育教育训练学博士学位，美国乔治亚大学 sports management 博士后。现任职于郑州大学体育学院（校本部），主要担任篮球、游泳、运动训练学、运动竞赛与管理等课程的教学与训练。主要研究方向体育教育训练学，运动训练及体质健康管理。目前主持教育部人文社科规划基金项目1项、河南省哲学社会科学规划项目2项、河南省十四五规划课题1项、主编教材2部、参与编著十二五国家级规划教材2部、发表核心论文十余篇。

甄洁，女，副教授，郑州大学体育学院（校本部）教师，研究方向为运动人体科学、运动与健康促进，中级公共营养师。主持及参与国家级、省级、校级研究项目22项；中文核心期刊论文9篇；主编教材2部；参与专利1项，实用新型专利2项。

前 言

随着社会经济和科学技术的发展，医学保健事业蒸蒸日上，人的平均寿命越来越长。长寿必须健康，人们已把健康看成是人生永恒的主题。1948年，世界卫生组织（WHO）提出了健康的新概念："健康不仅仅是没有疾病，而是身体、心理和社会适应的完好状态。"医学模式已由生物医学模式转变为"生物—心理—社会"医学模式，疾病的预防也应从这三方面采取措施。

医学的重点已逐渐由临床医学转向预防医学，导致死亡的疾病已由以急性传染病为主转变为以慢性病为主。降低慢性病发病率的关键在于发病前的预防。慢性疾病的发生与社会环境条件、生活方式、营养状况密切相关，且疾病的形成是一个长期的过程，因此我们需要通过建立良好的生活方式来预防疾病。这就要求我们通过适当的运动锻炼、合理的膳食搭配、平衡的营养供给、良好的心理调整等综合措施，从疾病的源头上加以预防，在处于健康与疾病之间的亚健康状态时就加以控制，使人们及早恢复健康，从而降低疾病的发病率和死亡率。

肥胖是多种慢性疾病产生的"共同土壤"，也是我们现在面临的一个棘手的问题。目前，在我国的广大地区，经济的高速发展伴随着营养的不平衡或过剩。肥胖人群特别是儿童，占肥胖人群总数的比例快速增长；与肥胖有关的一些慢性非传染性疾病，如心脑血管病、糖尿病、肿瘤等的发病率和死亡率呈显著性增长趋势；发病年龄也在提前。更多的人还在为肥胖而苦恼不已，并为之付出巨大的精力和财力。

本书共分为六章。第一章为减脂，势在必行的选择。分别介绍了肥胖，不可忽视的"时代病"、你，属于肥胖人群吗、体检报告解密三个方面的内容。第二章为与肥胖和健康相关的危害行为，阐述了减肥误区、哪些饮食习惯是导致肥胖的原因、社会上常用的减肥方法分析、体力活动不足的危害、熬夜的危害。第三章为众多运动选哪样，介绍了肥胖的治疗原则、生命在于运动的理由、运动减肥的种类、运动减肥项目的选择、运动减肥的方法、三种不利于减肥的运动方式、运动减肥的要点。第四章为怎样避免运动伤害，分别介绍了九个方面的内容，依次是运动减肥的机理、运动减肥注意事项、运动减肥的误区、准备活动和放松活动、有氧耐力训练、如何监测自己的运动量、最佳运动时间、如何选择运动鞋、特殊人群运动注意事项、运动创伤的分类和预防。第五章为良好生活方式的养成，论述了营养素与运动、能量的来源与去路、关于"美食"不得不说的秘密、为什么说"民以食为天"、你可能听过的减脂妙招、养成良好的睡眠习惯六方面的内容。第六章为运动处方DIY减肥，主要介绍了五方面的内容，分别是运动处方的基本理论、运动前健康筛查及相关体适能的评估、如何制订运动处方、普通人心肺耐力运动处方、肥胖人群减脂增肌运动处方。

本教材由肖涛、甄洁担任主编，周崇哿、赵泽威、郑恒、仝俊岩、任梦雨、陈楠、李昕珂、王端等担任编委。参加各章节编写人员及其分工：第一章（肖涛）、第二章（肖涛）、第三章（周崇哿、赵泽威、郑恒、仝俊岩、任梦雨、陈楠、李昕珂、王端）、第四章（第一节～第三节，肖涛；第四节～第九节，甄洁）、第五章（甄洁）、第六章（甄洁）。初稿完成后，由肖涛、甄洁对全书进行了串编定稿。

在成书的过程中，笔者得到了学院领导及同仁的大力支持和帮助，参阅了大量文献和资料引用了众多专家和学者的观点，在此一并表示感谢。由于笔者水平有限，书中难免有疏漏之处，还望广大读者批评指正。

作者
2023年1月

目　录

第一章　减脂，势在必行的选择 1
　　第一节　肥胖，不可忽视的"时代病" 1
　　第二节　你，属于肥胖人群吗？ 2
　　第三节　体检报告解密 12

第二章　与肥胖和健康相关的危害行为 24
　　第一节　减肥误区 24
　　第二节　哪些饮食习惯是导致肥胖的原因 27
　　第三节　社会上常用的减肥方法分析 30
　　第四节　体力活动不足的危害 32
　　第五节　熬夜的危害 34

第三章　众多运动选哪样 38
　　第一节　肥胖的治疗原则 38
　　第二节　生命在于运动的理由 41
　　第三节　运动减肥的种类 43
　　第四节　运动减肥项目的选择 48
　　第五节　运动减肥的方法 49
　　第六节　三种不利于减肥的运动方式 50
　　第七节　运动减肥的要点 52

第四章　怎样避免运动伤害 58
　　第一节　运动减肥的机理 58
　　第二节　运动减肥注意事项 61
　　第三节　准备活动和放松活动 65

  第四节 有氧耐力训练 …………………………………………………… 66
  第五节 如何监测自己的运动量 ……………………………………… 74
  第六节 最佳运动时间 ………………………………………………… 76
  第七节 如何选择运动鞋 ……………………………………………… 77
  第八节 特殊人群运动注意事项 ……………………………………… 78
  第九节 运动创伤的分类和预防 ……………………………………… 86

第五章 良好生活方式的养成 ……………………………………………… 91
  第一节 营养素与运动 ………………………………………………… 91
  第二节 能量的来源与去路 …………………………………………… 111
  第三节 关于"美食"不得不说的秘密 ……………………………… 120
  第四节 为什么说"民以食为天" …………………………………… 133
  第五节 你可能听过的减脂妙招 ……………………………………… 152
  第六节 养成良好的睡眠习惯 ………………………………………… 156

第六章 运动处方DIY减肥 …………………………………………………… 162
  第一节 运动处方的基本理论 ………………………………………… 162
  第二节 运动前健康筛查及相关体适能的评估 …………………… 174
  第三节 如何制订运动处方 …………………………………………… 186
  第四节 普通人心肺耐力运动处方 …………………………………… 189
  第五节 肥胖人群减脂增肌运动处方 ………………………………… 192

第一章 减脂，势在必行的选择

第一节 肥胖，不可忽视的"时代病"

当今时代，肥胖对所有人来说都已不陌生。肥胖问题严重影响着我们身体机能的正常运行并伴随着产生其他疾病的风险。2016年《柳叶刀》发表的一项全球成年人体重报告显示，我国肥胖人群绝对数量位列世界第一，其中数据显示，我国的女性肥胖人数高于男性肥胖人数。如此报告显而易见地指出我国国民体质的改变，摆脱肥胖成为刻不容缓的任务。

我国人口众多，近年来肥胖人数持续上涨，这一讯号也应让我们提高警惕，反思造成这一趋势的原因。高热量及高脂肪的摄入、运动的缺乏、家庭遗传及代谢随年龄的失调等都可能直接或间接导致肥胖的发生。对我国2015年发布的《中国居民营养与慢性病状况报告》进行解读后发现，我国城市人口每日蛋白质及脂肪摄入量均高于农村，2012年摄入谷薯类食物量低于10年前，而摄入禽畜类动物性食物量高于10年前[1]。仅从饮食方面即可发现，随生活条件的变好，国民的饮食结构发生了变化，随时间的积累，饮食膳食的平衡出现了倾斜。

运动的缺乏也是引起肥胖的另一主要因素，通信、交通及生活生态智能化是一把双刃剑，在给予大众方便快捷的同时，也潜移默化地改变了人们的生活方式，人们运动的次数大大减少，导致运动总量的直线下降，换句话说，这让我们吃得更多，每天运动得更少，这一生活方式的改变严重影响我国人民的体质健康。

随着社会的进步，工作与学习成为大部分人生活的重心，生活节奏突然变快，每天工作的时间也越来越长，工作及生活产生的压力也在不断变大，容易导致暴饮暴食，随年龄增长还会使代谢紊乱、内分泌失调、睡眠严重缺乏等问题的出现，使肥胖的风险升高。

肥胖人群的迅速增加已在世界范围内成为一大热点。《中国居民营养与慢性病状况报告（2020年）》明确指出，居民超重肥胖问题不断凸显，慢性病患病率、发病率仍呈上升

---

[1] 顾景范.《中国居民营养与慢性病状况报告（2015）》解读[J]. 营养学报，2016，38（6）：525-529.

趋势[1]。肥胖绝不只是个人身体的健康问题，它同样代表了一个社会或一个时代的问题，已经慢慢渗透各个人群及各个年龄段。要对肥胖进行控制，就要对生活方式进行调整，对肥胖及健康的生活方式拥有足够的重视；注重运动、营养等健康知识的传播，将其转化为人们的自觉行动，从而改变生活方式；注重身体健康及饮食等各方面的均衡，摆脱肥胖，拥有健康体质。

第二节　你，属于肥胖人群吗？

肥胖既是一种独立的疾病，也是引起身体一系列体内疾病的诱因。很多人仅从视觉上对肥胖进行鉴定，这是不科学且含有多种不确定因素的诊断方式，应从科学的角度对自身肥胖程度及肥胖带来的健康风险进行了解。

一、什么是肥胖？

肥胖与肥胖症是一种包含但存在属性区别的两种症状，肥胖是一种单纯的生理现象，而肥胖症则为一种慢性疾病。相对来说，肥胖症包含的范围更大更准确，而肥胖则较为普遍，肥胖对于人体健康的影响更小，但也同样应引起足够的重视，避免其发展为肥胖症。

肥胖体现在饮食或运动等方面出现问题，摄入过量食物，营养过剩且无法消耗，导致体内的甘油三酯增多，并蓄积在体内导致身体发胖。一般肥胖通常靠饮食的调整，以及运动的增加就可消除，并不会对身体其他疾病产生诱因，是相对容易改善的现象。肥胖的定义不应以体重超重一概而论，人身体成分包含水、脂肪、蛋白质及无机物，临床上以脂肪的超标作为诊断肥胖的一项依据。一些优秀运动员或健身人群因其常年训练而使肌肉含量高于普通人，通常这类人群的体重相较普通人更高，但体内脂肪含量更少，不属于肥胖人群，所以要诊断肥胖应该以多种标准进行衡量。

而肥胖症作为一种疾病，通常因热量过多摄入，仅靠极小运动量无法消耗，最终热量转化为脂肪在体内堆积。肥胖症不仅会引起身心障碍，还会引发脂肪代谢紊乱并最终影响身体健康，成为心脑血管病及糖尿病等疾病的诱因。

通常在临床上将肥胖症看作单纯性肥胖症，单纯性肥胖症的发生通常以遗传、环境、棕色脂肪组织异常等因素为主。肥胖症的发生与遗传因素有关，2002年的一项调查研究显示，父母超重肥胖的儿童肥胖率是父母均正常的儿童的3倍[2]。这一数据在某种程度上也不

---

[1] 中国居民营养与慢性病状况报告（2020年）[J]. 营养学报，2020，42（6）：521
[2] 于洋，李辉，夏秀兰，等. 父母肥胖对儿童期肥胖的影响[J]. 中国公共卫生，2002（12）：1463-1464.

可排除父母均超重的家庭存在不健康的生活方式这一现状,直接或间接地会导致儿童饮食框架不平衡等。仅针对遗传因素,临床上将这一遗传因素分析为基因及染色体的变化或缺陷导致,如肥胖基因被证实为遗传因素的一方面。从实际中的某个方面也论证了这一易发因素。比如:有些人虽然摄入了很多热量,但是很难看到他的体重上涨或脂肪堆积的迹象;而有些人群对热量的摄入进行非常仔细的控制,却很容易发胖。对于遗传因素,父母均肥胖的儿童出生体重也高于父母正常的儿童出生体重,这也说明高出生体重也是儿童肥胖的危险因素[1]。已有研究表明,肥胖与肌纤维类型有着密切关系,快肌纤维比例高的人容易肥胖,而肌纤维类型95%受遗传因素的影响[2]。

环境因素作为引起肥胖症的主要原因,致使各年龄段肥胖症患病率持续上升。随着经济的发展,居民的生活水平不断提高,饮食模式发生了显著的变化。

饮食框架的倾斜、摄入营养的过剩都会造成肥胖的发生。在20世纪,我国居民的饮食习惯和现代社会居民的饮食习惯有着相当大的区别。过去人们的饮食中以粗粮为主,以鸡鸭鱼等动物性食物为辅,粗粮较好消化是因为其含有充足的膳食纤维。相对过去来讲,现在人们摄入谷薯类食物越来越少,摄入禽畜类动物性食物越来越多,蔬菜等膳食纤维摄入量呈下降趋势。一方面,现今社会人们的饮食不规律,很多人不能保证一日三餐,习惯于深夜摄入过多热量,而在夜间又无法消耗如此多的热量,智能转化为脂肪贮存在体内,循环往复引发肥胖堆积等问题。另一方面,多数人不控制饮食摄入量,无法对饮食进行合理搭配,过量摄入单一性食物。此外,外卖也是导致肥胖的一大诱因,多油多调味制品的饮食会危害身体健康,过多碳水化合物或过多劣质脂肪的摄入都是导致肥胖的直接原因。

生活方式的转变直接影响体质健康,通信、交通及生活生态智能化导致人们越来越不爱运动。以前人们出行大多依靠步行或自行车,如今下楼靠电梯、出行靠汽车等现代交通工具,不仅可以节省更多时间,而且拥有高舒适度,但人们强迫运动的频率大大降低。与现代工作及生活节奏有关,人们结束一天的工作回到家,已然没有再进行运动的动力,且非工作日大多也会选择居家休整或聚集餐饮等活动,运动量远达不到世界卫生组织建议的成人最好每周从事150 min的中等强度身体活动或75 min的高强度身体活动,所以大多数人均存在身体活动不足的情况。在这一快节奏的工作及生活环境中,人们很容易因工作和生活中的琐碎事务而压力重重,当这种压力无法及时化解时,人体的激素分泌就会呈现无规律的状态。人体长期处于激素分泌紊乱的状态中常常会引发肥胖。此外,情绪的巨大波

---

[1] 沈丽琴,陈希宁,李昌吉,等.儿童单纯性肥胖症的遗传和环境危险因素分析[J].中国学校卫生,2006,(9):758-759.

[2] 郭吟,陈文鹤.肥胖症与运动减肥效果的影响因素[J].上海体育学院学报,2010,34(3):64-66;94.

动也会使摄食行为产生影响，无节制地摄入高热量食物、暴饮暴食或突然性不进食都会对身体激素的分泌产生影响，最终导致肥胖的产生，危害身体健康。

脂肪组织异常也就是常说的内分泌异常，人体内的脂肪组织不仅是作为自身能量被动存储的一种器官，同时脂肪组织与激素类的分泌有着相当重要的联系，脂肪细胞的分解及在体内激素的调控都会对体质的健康产生各种影响。临床证明脂肪组织作为内分泌器官，它的失调与肥胖症及其他心血管疾病均有联系。人体内存在两种脂肪组织，分别为白色脂肪组织及棕色脂肪组织，两种脂肪组织在体内所做的工作截然不同。白色脂肪组织作为储存能量的一种组织，通过分泌细胞因子和激素调节能量代谢；而棕色脂肪组织以产热的形式消耗热量[①]。产热需要消耗体内的热量和脂肪，这也就是避免肥胖的原因，肥胖大多以脂肪堆积为主，如棕色脂肪组织发生了异常，就会造成脂肪消耗及产热维持机体健康的异常，逐步造成肥胖的发生。

中医认为痰湿与肥胖相关度较高，通常把肥胖人群气虚及痰湿与疾病相关联，但如果疾病与气虚、痰湿恶性循环，可认为是病理逐步发展的结果。

二、肥胖症的一般表现

肥胖症作为一种体内脂肪堆积过多并具有伴随心血管等疾病发生风险的慢性疾病，其不仅在自身体质数据上可以观察，还体现在肥胖症人群日常体力活动及生产生活等方面，无疑肥胖症已严重危害人群生命健康及影响生活幸福。

肥胖症的发生是由于摄入的热量无法消耗，就会以脂肪的形式堆积于体内，经临床试验发现，肥胖人群的大部分脂肪会堆积于腹部，另一种为均匀分布于全身。应注意体重并不能够作为判断是否肥胖的一项标准，体重超出正常标准存在个异化，脂肪含量的多少才是衡量是否肥胖的判断标准之一。

肥胖的表现与肥胖的等级相关，不同肥胖等级的表现也有不同，临床中大体分为如下几类。

（一）临床中肥胖等级与表现

（1）轻度单纯性肥胖症作为肥胖症初期，表现相对不明显，及时依靠饮食的调整及增加运动量就可以逐渐恢复正常脂肪量。这一阶段患者基本感觉不到肥胖症带来的影响，大多呈现无症状的表现，仅从体重测量的方面可以发现体重增加，并发觉体形轻微走样，

---

① 魏丹，徐志鹏，薛耀明. 人类棕色脂肪的分布、影响因素及生理学作用 [J]. 实用医学杂志，2013，29（17）：2918-2920.

在进行高强度体力活动时会发现身体体能部分下降。

（2）中、重度肥胖症应给予足够的重视，这一阶段患者会依靠自身感觉发觉身体的异样。除体重的增加及体形的变化外，患者还会精神不足、易困、易疲惫，自身会感觉到肌肉及关节疼痛，很难进行中强度的运动，常常感到呼吸急促等。另外，中、重度肥胖症还会使患者产生焦虑及自卑的情绪，严重时还会造成不愿外出及与人交流的情况发生，对患者身心都产生了严重影响。

（3）严重单纯性肥胖和继发性肥胖症都需要引起高度重视，这一阶段的肥胖症常常与心血管病、糖尿病及高血压等疾病同时发生。部分患者由于脂肪过度堆积，甚至造成无法行走，仅能躺在床上生活，他们做任何体力活动时都会使耗氧量增加，因而会对心肺功能产生影响，常常会出现呼吸急促以及心慌等症状。此类患者已无法进行正常的日常生产生活，时刻有生命危险，需要医生按其自身情况制订详细的饮食及运动方案，后期再通过手术等方案对肥胖进行控制。

（二）中医学中肥胖的表现

中医学对肥胖也进行了分类。中医最早将肥胖分为"脂人""膏人""肉人"三种类型[①]。现代生活的丰裕、运动量的减少都会导致肥胖的产生，在中医学中也认为肥胖症和多食膏粱肥厚、劳逸失度等有着密不可分的联系。中医讲究八大体质，其中寒与热相对，虚与实相对，还包括瘀、郁、痰和热。如此八类的失调及异常都会导致机体的不平衡，长此以往会致使疾病的发生。1987年，全国中西医结合防治肥胖病学术会议制定了肥胖的中医分型标准。

1. 胃肠积热型

胃肠积热型主要表现为睡眠失常、眩晕、容易饥饿和口渴，尽管已经摄入很多食物和热量，还是会感到缺乏以及容易出汗等。因肠胃异常会导致消化不良、便秘等情况发生。此类肥胖患者多为身体健壮的青年人和中年人。

2. 肝淤气滞型

气滞代表身体内经络等的气在体内循环不顺畅，气机出现了异常，常常会发生精神上的问题。易怒就是这个症状的代表，还会发生肥胖、肋部疼痛，睡眠失常等症状。因肝脏是身体的解毒器官，它与新陈代谢功能的运转有着一定的联系，情绪的不稳定会导致肝功能下降，新陈代谢出现问题会导致体内脂肪的堆积，久而久之会使身体发胖。对此类病症的治疗应从饮食方面着手，摄入清肝泻热的食物。

---

① 张笑梅，朱燕波，邬宁茜，等. 腹型肥胖和全身型肥胖与中医体质类型的关系[J]. 天津中医药，2014，31（10）：603-607.

3. 脾虚湿阻型

湿阻指的是湿邪阻滞中焦，其中湿邪为疾病带来的重浊、黏滞、趋下特性的外邪，中焦指的是脾胃，机体对摄入的食物分解运转的功能减弱，就会造成吃进去的食物消化不了，堆积在肠胃，很多肠胃有问题的人要少吃不易消化的食物，否则造成积食胃部会非常难受。胃纳呆滞也是这种症状的临床特征，在历史上也将这一病症称为"湿证""湿病""伤湿"。具体的表现为身体浮肿、容易疲倦无力、面色蜡黄、大便糖稀、肠功能紊乱等。

4. 脾肾两虚型

脾肾两虚指的是脾阳虚，中气不足及肾水不足，肾阳、肝火相对亢盛。脾胃的异常首先会使消化系统异常，食物分解慢、积食等情况发生，加上肝火旺盛会导致身体疲乏无力还伴有浮肿、容易起夜、腰酸腿软、眩晕、容易出汗、舌苔呈淡白色等，还有可能导致阳痿等生理问题。

5. 阴虚内热型

造成这一病症的原因是脾胃气虚，它的主要临床症状就是发热，发热表现为身体温度的上升及体内代谢旺盛，内热可以是全身上下都会感到热，也可以是某一区域的热，如常见的内热有面红目赤、心悸心烦、口渴等症状。在中医学的理论中，人进行活动需要自身的物质基础作为支撑，这与生理中人体供能物质，糖、蛋白质、脂肪、碳水化合物相同，其讲究血、津液及元阴等物质。人们在进行体力活动时会对这些物质进行消耗用以完成体力活动，而人又会通过饮食等重新摄入营养物质，补充消耗的物质。在人体进行大量体力活动、失血及饮食出现问题时，会导致身体内正常代谢及用于消耗的物质无法满足，处于亏空的状态，就会导致阴虚内热。阴虚内热型肥胖会表现出头部不适、腰部酸软、烦躁、燥热、舌苔薄等状况发生。

肥胖严重危害身体健康，无论是在中医还是西医中都对肥胖予以了区分且将肥胖的成因和表现进行了根源探讨，在肥胖发生后，需要及早进行控制及干预，为保障身体健康，应在日常生活中注意饮食的合理搭配，及时调整心理状况，进行一定的运动，改善自身身体成分。

三、肥胖伤"身"又伤"心"

肥胖会使人产生代谢性疾病、心血管疾病、消化系统疾病、呼吸系统疾病、内分泌系统病、关节皮肤疾病、心理疾病等[1]。了解肥胖对健康的影响，及时对肥胖症进行预防及治

---

[1] 张尧. 关于肥胖的危害及发生机制的研究 [C]//2019 中国生理学会运动生理学专业委员会会议暨"运动与慢性病防控"学术研讨会论文集, 2019: 77-78.

疗，能够最大限度地保障身体健康。

肥胖本身就是一种代谢性疾病，摄入过量热量无法消耗，影响新陈代谢平衡，最终以脂肪的形式储存在体内导致肥胖。伴随脂肪的不断增加，人体内本趋于正常的游离脂肪酸逐渐增多，本可保障人体进行持久运动，但过量增加却无法消耗造成堆积。同时，甘油三酯也因为脂肪的过多储存而增多，甘油三酯主要起到能源的供给与储存的功能，超过正常值会导致心血管疾病的产生，影响身体健康。

心血管疾病与肥胖存在高度相关的关系。肥胖人群脂肪增多使血容量和心排血量增加，随肥胖的不断加重，身体为满足新陈代谢的要求，血容量和心排血量也上升至远超正常标准，直接引起血压升高。肥胖人群得高血压的风险较高，并也证实其适用于各个年龄段的成年人。血压升高不仅仅是由于这一原因，如体内胰岛素抵抗、血清瘦素、阻塞性睡眠呼吸暂停综合征等都与其有着一定的联系。

肥胖会对消化系统产生影响，肥胖人群患有脂肪肝、胆囊炎及胆石症等消化类疾病的风险也高于正常人。体内过多的脂肪堆积也会导致体内胰腺的脂肪堆积增加，严重时将会导致胰腺炎的发生，影响消化功能的健康运转，导致消化不良的情况发生，同时胰腺炎还有可能导致血糖升高。脂肪肝是由于体内过多脂肪蓄积导致肝细胞内脂肪过量，从而引起病变，营养过剩导致肝损伤。临床上肥胖患者肥胖由于消化系统异常会感到腹部不适，容易疲乏，产生睡眠障碍及便秘等情况发生，严重还会导致其他并发症的发生。

肥胖会使肥胖人群的呼吸系统产生过多负荷。肥胖会给机体带来炎症因子，容易产生疾病的风险，同时脂肪等的增加会从外部给予呼吸系统压迫。脂肪组织堆积于腹部或膈肌，使膈肌上抬，潮气量减少，肺容量降低，严重时导致肺通气量下降，氧分压降低，甚至出现低氧血症。另外，脂肪组织代谢活跃，需要供给更多的氧气，进一步加重肺部负担[①]。临床上大多患者会感觉到通气障碍，这是因为体内脂肪的堆积会导致胸壁的脂肪过多，压迫胸廓，患者平躺时比直立时感受更加明显，肺部总量及肺活量等均受影响，通气道会过早闭合，直接导致呼吸变得急促，自主通气量的极限降低，严重时可致使缺氧等危险的发生。另外，肥胖人群患有睡眠呼吸暂停综合征的风险高于正常人，这也是因为肥胖引起上气道狭窄或维持气道开放功能能力下降。向心型肥胖类患者更容易发生这一症状，会造成夜间产生间歇性缺氧，睡眠结构破坏等的发生。这一症状会使患者晨起时头疼、精神不佳、注意力不集中、记忆力下降等，严重时会导致脏器功能受损及猝死等情况的发生。

肥胖引起内分泌失调在临床中最常见的是胰岛素抵抗，身体对胰岛素的敏感度降低。

---

① 闫冰，庞随军. 儿童肥胖的危害研究进展 [J]. 新乡医学院学报，2018，35（9）：840-843.

胰岛素抵抗与体内诸多疾病的产生常是伴发的关系。胰岛素抵抗会致使体内的糖不能及时降低，而留在细胞外，过量的血糖的堆积就会导致糖尿病的发生。肥胖引起内分泌异常，脂肪的分解转化出现障碍，如此往复呈恶性循环，不断加重诱发其他疾病的发生。

过度肥胖会对机体运动能力产生影响，直接体现在对关节、骨头等的损害。常引起退行性骨关节炎的发生，因脂肪蓄积，体重过大，身体关节周围肌肉退化，对局部的骨关节面产生较大压力，软骨及膝关节半月板等逐渐受损。退行性骨关节炎可发生在各个骨关节，患者会感到关节疼痛，骨关节畸形，在关节运动时能够听到磨骨的声音，且关节活动范围受限等。部分肥胖症患者患有腰椎间盘突出，严重时会导致压迫动脉及神经。肥胖者如不对肥胖进行控制，不仅造成一些关节的损伤，严重时会导致骨坏死，因为肥胖人群血液中脂肪成分相对更高，血液较黏稠，在体内流动缓慢，因而可能会导致血管的堵塞，体内血液循环受到影响，输送至骨组织的血液将会减少，时间久了，骨组织严重缺血，就造成这一不可逆转的损伤。肥胖人群因脂肪储存过多，会导致皮脂腺分泌过于旺盛，最终引发脂溢性皮炎。人的皮肤纤维组织都有弹性，过多的牵拉会导致不可恢复的生长纹出现，过于肥胖的人群身体常会出现此类生长纹，极度影响美观。肥胖人群还容易患假性黑棘皮症，这一症状常出现在肥胖人群的皮肤褶皱处，如膝盖内侧弯曲处及腹股沟等位置，临床病症为皮肤色素沉着，常伴生疣状赘生物。

肥胖人群常常会因自身的肥胖而产生心理负担，久而久之使心理承受过多压力，呈现病态。因为肥胖人群常给人臃肿笨拙等印象，所以肥胖人群非常敏感，担心被他人嘲笑或者投以异样的眼光，逐渐就会形成内向、孤僻的性格，会导致无法与他人正常交流交往且无法健全人格。因交往时他人不经意间的一句话就会过度敏感，自尊心受到损伤，长此以往容易患上抑郁症。一些肥胖患者会产生自卑的心理，如此心理障碍如若无法治愈，将阻碍其接受外来事物，仅局限于自己的世界，心理障碍导致肥胖的增加，造成恶性循环。

肥胖症由肥胖程度的过度增加导致，肥胖会产生一系列身心健康问题。在肥胖初期即应及时控制饮食并增加运动量，如若处于肥胖症任一阶段，应及时根据自身情况就医及制订详尽的减肥计划。注意，在发生肥胖后要以乐观的心态去面对，切勿产生心理等的障碍，要以科学健康的方式控制体重，避免滥用减肥药或手术等方法，应听从医生建议，健康减肥，健康控制。

四、科学的胖瘦标准

肥胖这一问题在世界各国一直都是研究热点，各国组织相继制定了不同的肥胖标准。

我国首次对肥胖标准进行制定是在1987年,而后随着研究的深入,针对我国人群的具体情况也做了相应的更改和完善。

诊断单纯性肥胖可以从多方面出发,仅单方面评定会产生差错,导致结果不准确。临床中对肥胖进行诊断的方法众多,其反映的肥胖内容、不同部位的诊断工具也有差异,具体如下。

(一)实测体重超过标准体重的测定方法

这一方法是将测得的体重和自己的理想体重进行计算对比算出的。标准体重的常用计算公式如下:

$$标准体重(kg) = [身高(cm) - 100] \times 0.9 \quad (1-1)$$

$$标准体重(kg) = 身高(cm) - 105 \quad (1-2)$$

算得标准体重后需要与实际体重进行计算,并参照表2.1诊断肥胖程度。

表2.1 标准体重诊断肥胖程度表

类别	范围
超重	超过标准体重但小于20%
轻度肥胖	超过标准体重20%但小于30%
中度肥胖	超过标准体重30%但小于50%
重度肥胖	超过标准体重50%及以上

仅依靠体重这一标准诊断,常存在差异,有些人群肌肉含量较多,而脂肪含量较少,如一概而论使用公式计算会导致结果不准确。

(二)体重指数

体重指数(BMI)是一个评价全身性肥胖的指数,利用这个指标来评价肥胖程度时,可以消除不同身高对体重指数的影响,能够较好地反映机体的肥胖程度[1]。体重指数的应用在诊断肥胖中较为常见,这一方法有着方便、快捷等优点。计算公式为

$$体重指数(BMI) = 体重/身高^2 (kg/m^2) \quad (1-3)$$

算得体重指数后参照下表诊断肥胖程度(表2.2)。

---

[1] 张璐,杨跃进,温瑞,等.超重、肥胖和腹型肥胖与心血管代谢性疾病的关联研究[J].现代预防医学,2016,43(21):3887-3891.

表 2.2 BMI 指数

类别	范围
偏瘦	BMI < 18.5
正常	18.5 < BMI < 23.9
超重	24 < BMI < 27.9
肥胖	28 ≦ BMI < 30
重度肥胖	30 ≦ BMI < 40
极重度肥胖	BMI ≧ 40

这一标准也存在相应的不确定性：运动员或经常参加体育锻炼的人群肌肉含量较高，脂肪含量较少，存在差异性；且不同种族、不同国家人民的体质存在差异，不应使用统一标准，体重指数这一诊断标准通常受年龄、种族、不同人群等因素影响，仅靠体重指数诊断肥胖结果可能不准确。

（三）体脂率

体脂率能够较好地反映人体内脂肪的含量，结果相对准确。身体内脂肪含量可以靠多种方法进行测量，如双能 X 线吸收法、生物电阻抗分析法、皮褶厚度测量法、水下称重法。

双能 X 线吸收法被称为体脂率测量与评价的"金标准"，可以对体内肌肉含量、人体骨骼中矿物质的含量、骨密度及脂肪含量等进行测量，测量结果较为准确，但其测量过程有放射性且测量成本过高等弊端。

生物电阻抗分析法是以频率或多频率的微小电流计算人体内电阻抗的变化，以方程式计算体脂率。得到的结果相对全面，但如若用以测量人体局部脂肪含量效果不佳，结果可能会存在差异。

皮褶厚度测量法可以使用 X 光、超声波、卡钳等仪器对局部皮褶厚度进行测量，常见的测量部位为上臂肱三头肌部、肩胛下角及腹部。皮褶厚度可以估计体脂量。这一方法较为方便快捷，但可能会因性别、体脂分布等因素产生测量差异，估计结果可能会不准确。

水下称重法还有一个名字叫作水密度法，对被测人的水下体重、陆地体重及水的密度等进行测量，通过公式计算出被测人的体脂率，这一方法受阿基米德原理启发，但对有些年龄过高或无法入水等人群不适用。

（四）腰围

腰围的测量多用于判断中心性肥胖，与内脏脂肪的相关度较高。中心肥胖者腰围较高，且与内脏脂肪的堆积相关性高。公认腰围是衡量中心性肥胖程度最简单、快捷的指标。

世界卫生组织对中心性肥胖的标准为男性腰围超过或等于 102 cm，女性腰围超过或等于 88 cm。各国对腰围的诊断标准均存在差异，现今中国以男性腰围超过或等于 85cm，女性腰围超过或等于 80 cm 认定为中心性肥胖。但腰围仅在诊断腹部脂肪上较为可靠，因其与身高相脱离，如若评价全身肥胖程度会导致结果不准确。

（五）腰臀比

腰臀比由测量出腰围与臀围后进行相除得到结果，公式为：腰臀比 = 腰围 / 臀围。这一指标经研究与血脂方面的疾病相关度较高，且同样可评价中心性肥胖。世界卫生组织认为男性腰臀比超过或等于 0.90，女性腰臀比超过 0.85 即为中心性肥胖，但这一指标容易受腰围、臀围同时减少等原因影响诊断结果的正确性。

（六）腰高比

腰高比已成为代替腰围及腰臀比的另一种诊断方法，公式为：腰高比 = 腰围（cm）/ 身高（cm）。这一标准具有弥补肌肉含量较多者与其他体型等的测量误差，临床证明这一指标在心血管等疾病预防或筛查的效果更佳。

（七）腹部内脏脂肪面积

检查腹部内脏脂肪面积可以通过计算机完成，一般磁共振、断层扫描的应用多一些。此类计算机成像的方法能够做到极小误差，结果也更加准确。但因其检查可能存在放射性，同时检查时间相对较长及成本较高而使用频率较低。对脂肪面积进行成像，以面积对脂肪指数进行对照诊断，见表2.3。

表 2.3 内脏脂肪指数范围表

内脏脂肪面积	内脏脂肪指数
<100 cm²	1~9
100 cm²<150 cm²	10~14
150 cm²<300 cm²	15~29
≥ 300cm²	30

（八）皮下脂肪厚度

皮下脂肪厚度的测量与体脂量测量中皮褶厚度测量法相似，使用专用仪器对身体部分位置进行测量，如上臂部、腹部、背部或胸部，它同样可以估计全身脂肪的堆积情况，推算体脂率。常用的标准为：男性上臂部厚度大于 10.4 mm、女性大于 17.5 mm 属于肥胖。

男性腹部大于 15 mm 为肥胖，小于 5 mm，女性大于 20 mm 为肥胖，小于 12 mm 为消瘦。

（九）身体肥胖指数

身体肥胖指数的应用相对较少，计算公式为

$$身体肥胖指数 = 臀围（cm）/ 身高^{1.5}（m^{1.5}）-18 \quad (1-4)$$

只需要对身高和臀围进行测量，简单快捷，不需要其他仪器。有研究报告，其诊断价值相对并无体重指数高，此类指标可用作参考，仅靠单个指标可能会导致结果的不准确。

世界各国对肥胖的研究处于热潮，诊断肥胖的方法及标准也在逐步更新。在评价肥胖时不可忽视由于性别、年龄、人种、民族等不同因素所导致的身体成分差异，在运用中应结合实际条件按需选择，通过不同测量指标联用，采用双标准、多标准筛查策略增强肥胖判定方法的精确性显得尤为重要[1]。

第三节　体检报告解密

使用仪器、医学影像及测量工具对身体进行全面检查，根据身体反映的数据中存在的检测结果和异常指标进行分析，发现检验数据是否高于或低于参考值，及时对危险因素或不正常指标进行了解、排查、预防及治疗。通常体检报告内容包括"三大常规"、血脂、血糖、血尿酸检查、肝功能、肾功能、甲状腺功能及肿瘤标志物。其中很多因素都可以反映出肥胖是否存在诱因及能够及时排查用以监测数据并治疗预防肥胖。按时对身体进行体检不仅可以了解身体状况，还可以侧面反思生活习惯，预防疾病及威胁健康情况的发生。需要对体检报告中发现的问题给予足够的重视，在出现身体问题的初期即进行遏制。

一、肥胖与肥胖度

肥胖是指身体体重超过标准重量及体内脂肪超标的一种症状，具体体现为体内甘油三脂的含量过多。在日常生活中饮食框架出现问题，过多摄入含有糖分、脂肪等高热量食物或运动量较小无法消耗过多热量都会导致肥胖的发生，同时机体新陈代谢的缓慢等改变也是导致体内脂肪蓄积过多的原因之一，均会导致体重的增长与脂肪的增加，肥胖会威胁人体器官、关节、皮肤及心理等的健康，严重时会引起人身体病理生理的改变，引发其他疾病的发生，威胁生命安全。中医学对于肥胖的研究可以追溯到汉代以前。《黄帝内经·素

---

[1] 刘晓龙. 成人肥胖评价方法与测量指标研究进展 [J]. 中国现代医药杂志，2020，22（5）：105-108.

问·宣明五气》"久卧伤气,久坐伤肉"等。认为过食肥甘及缺乏运动是导致肥胖的重要原因之一[①]。

肥胖度顾名思义用以判断肥胖的程度,它的标准也就是作为肥胖的程度度量标准。这一肥胖度量标准同样可以使用多种方法判定,如实测体重超过标准体重的测定方法。将标准体重和实际体重进行对比,参考范围分类进行判断,但这一指标会受到运动员及老年人等人群的影响,造成结果的差异,会降低结果的准确性,所以临床不建议使用单个指标判断肥胖,还应以多指标或更加准确的测量方式了解肥胖程度。

代谢综合征是20世纪80年代提出的。代谢综合征也被称为X综合征或胰岛素抵抗综合征。这一症状与肥胖的关系较为贴切,从广义上讲,大部分的肥胖会导致代谢综合征的发生,而代谢综合征的发生会加重肥胖。主要以腹型肥胖为主,伴随血糖血脂异常,如体内甘油三酯过多及高密度脂蛋白胆固醇过低,是一种严重影响身体健康的临床综合征。这一疾病与代谢异常相互关联,会诱发其他危险疾病发生,血糖、血压、血脂、血黏、尿酸及脂肪肝等都会因为代谢紊乱而致使异常。

代谢综合征的发生会由多种因素导致,大部分由于自身因素致使肥胖加重引发该症状发生。不健康的生活方式、饮食框架的不平衡、摄入过多脂肪及碳水化合物均会引发肥胖,导致体内营养成分失调,代谢发生紊乱,增加了胰岛素抵抗的发生。同时,运动量较少会加剧代谢综合征的进一步发展,肥胖人群多为中心性肥胖,与此类人群身体抵抗胰岛素对外周葡萄糖及脂肪酸利用的作用相关,常会导致相关人群患2型糖尿病。体重仅为一个诊断肥胖的参考标准,体重不超重不代表没有中心性肥胖,在这类人群中同样会有代谢综合征的发生。

代谢综合征既可以看作是一个独特的疾病,也可以看作是由于肥胖引起代谢紊乱会造成其他疾病的病理状态。无论何时,都需要辨别并治疗,从而降低糖尿病、动脉粥样硬化性心血管病的发生风险。代谢综合征与其他疾病都要有共同的预防及治疗方法,对一种体内代谢的紊乱进行干预,也就能达到其他体内代谢紊乱预防与治疗的目的,所以针对任何一类紊乱的控制都会起到良好效果。

自代谢综合征进入人们的视野,世界各国都对代谢综合征进行了诊断标准的制定,这也说明了这一症状受到了各国卫生工作组的重视,随时间推移,后续各组织也对这一疾病诊断标准进行了一些修订,见表3.1。

---

① 张颖,张晓丹. 肥胖的发病机制及其中药治疗概况 [J]. 中医药信息,2007,(5):13-15.

表 3.1 代谢综合征诊断标准发展史

年份	组织
1998	世界卫生组织首次提出了胰岛素抵抗或高血糖为中心的工作定义并制定了代谢综合征的诊断标准
1999	欧洲胰岛素抵抗研究组（EGIR）也相继提出了代谢综合征诊断标准
2001	美国国家胆固醇教育计划成人治疗组第三次指南（NCEP-ATP Ⅲ）提出了适合美国人群的代谢综合征诊断标准
2004	中华医学会糖尿病学分会结合中国常用临床检测项目情况制定了适合我国人群的代谢综合征诊断标准
2005	国际糖尿病联盟制定了国际学术界第一个关于代谢综合征的全球统一定义

世界卫生组织定义偏重于基础研究，临床上不太实用。该定义把腰臀比、体重指数作为诊断肥胖的一项指标，但不是必要条件[①]。我国临床常用中华医学会糖尿病学分会建议的诊断标准，从体重指数、血糖数据、血压数据及血脂四个方面进行诊断，具备这四方面中三项或三项以上的人群就可被诊断为代谢综合征。

（1）肥胖人群体重指数≥25；

（2）空腹血糖≥6.1 mmol/L（110 mg/dl），或葡萄糖负荷2小时血糖≥7.8 mmol/L（140 mg/dl），或已确诊糖尿病并治疗者；

（3）血压收缩压/舒张压≥140/90 mmHg，或确诊高血压并治疗者；

（4）空腹甘油三酯≥1.7 mmol/L，或空腹高密度脂蛋白胆固醇<0.9 mmol/L（35 mg/dl）（男性），<1.0 mmol/L（39 mg/dl）（女性）。

2007年，中国成人血脂异常防治指南制订联合委员会在中华医学会糖尿病学分会2004年制定的诊断标准基础上，对代谢综合征的组分量化指标中进行了部分修订，具备这五方面中三项或三项以上的人群就可被诊断为代谢综合征。

（1）腰围：男性>90 cm，女性>85 cm；

（2）空腹甘油三酯≥1.7 mmol/L；

（3）空腹高密度脂蛋白<1.0 mmol/L；

（4）血压≥130/85 mmHg；

（5）空腹血糖≥6.1 mmol/L 或葡萄糖负荷2小时后血糖≥7.8 mmol/L 或有糖尿病史。

对代谢综合征的预防和治疗主要目的是能够预防心血管疾病及2型糖尿病的发生。面

---

① 降凌燕，焦振山. 中心性肥胖诊断标准及其在代谢综合征诊断中的应用研究进展[J]. 中国慢性病预防与控制，2011，19（3）：314-317.

对任何疾病都应积极改善不健康的生活方式，控制饮食，增加运动量，在疾病发生初期或未发生疾病时就应提前形成并保持科学的生活习惯，对饮食摄入应有节制，增加运动时间或次数，控制体重的增长，使机体中糖、血压和血脂等异常指标能够及时得到纠正，避免引发其他疾病或危险，对于已经有相关疾病的患者就要预防疾病的再发。

二、肥胖的分类

（一）临床中肥胖的分类

肥胖症分为单纯性肥胖症和继发性肥胖症两类。单纯性肥胖症通常由于生活方式的影响，脂肪代谢紊乱而产生，脂肪分布相对均匀。继发性肥胖症不是由原发性的因素引起的，是由于其他疾病引起的，继发于其他疾病之后产生的[①]。肥胖症除了这两类，在生理上可以将其更加细化。一种是从细胞的方面分类，主要为多细胞性肥胖和大细胞性肥胖。另一种是以肥胖的分布位置进行分类，不同位置的脂肪堆积都会造成不同的机体损害，所以精准区分格外重要。

1. 单纯性肥胖

单纯性肥胖较为常见，初期对其他疾病的诱发风险较小。单纯性肥胖的发病机制为热量的过多摄入，而人体又无法消耗这些热量，热量转化为脂肪蓄积在体内。单纯性肥胖受多种因素的影响，如遗传因素、环境因素、心理因素及临床方面的体内细胞异常等因素。通常单纯性肥胖多由遗传、环境及心理因素导致。临床发现，父母染色体和基因的改变会影响孩子的体质。父母都是肥胖人群，孩子是肥胖人群的概率也比较大。也有学者认为是孩子受到父母不良生活习惯的影响。一方面，环境因素是造成后天单纯性肥胖的一大原因，高热量食物和单一性食物的过多摄入，都会导致热量无法分解转化为脂肪蓄积。另一方面，生活、交通及娱乐方式等的转变，无疑改变了现代人的生活方式，避免了很多被迫性运动，运动量的减少，导致新陈代谢减慢，饮食产生的热量无法消耗导致脂肪的蓄积。

2. 继发性肥胖

继发性肥胖并非因摄入过多热量，造成脂肪堆积导致的，而是受到身体内分泌等失调而导致肥胖发生，一般甲状腺功能亢进或减退，患有糖尿病、丘脑综合征、高胰岛素血症及肾上腺皮质增生等疾病的患者常伴随引发继发性肥胖。发生继发性肥胖后应及时治疗，首先应对原发病进行控制，改变不健康的生活习惯并加强运动，尽量使热量的消耗高于热量的摄入，减轻体重，控制病症。

---

① 刘国良. 肥胖症 [J]. 中国实用内科杂志, 2003（9）: 513-524.

3. 多细胞性肥胖

多细胞性肥胖在临床中发现开始于婴幼儿时期，这一类的肥胖患者相对较少。婴幼儿的细胞脂肪难以变大，在这个时期肥胖多由于细胞数量突然增多。

4. 大细胞性肥胖

大细胞性肥胖指的是人体内脂肪细胞的数量相对正常，不存在增多的情况发生，但细胞体积有所增加，可增加40%，导致肥胖程度的增加。临床中大多数人群的肥胖都属于大细胞性肥胖。

5. 中心性肥胖

中心性肥胖也可叫作腹型肥胖或内脏脂肪性肥胖。表现为内脏脂肪含量增多，外周（包括大腿和臀部）皮下脂肪相对减少，肥胖是表象，根源在脂肪的蓄积与分布异常[1]。皮质醇增多的患者常被诊断为中心性肥胖。中心性肥胖已在临床证明与代谢综合征有密切的联系，成为糖尿病、心血管疾病甚至某些肿瘤等疾病发生的诱因。腹型肥胖患糖尿病的风险为正常人的10.3倍、是肥胖人群的2.8倍[2]。腹部脂肪的增加会导致内脏脂肪的增加，人体腹部腔室内神经分布相对更多，且血管中血液的流动供应也更多，代谢速度也会更快，对脂肪的分解也更有效率，但如若内脏脂肪长期处于增长状态，肝脏的代谢能力异常，长此以往会形成脂肪肝这一病症。

6. 匀称性肥胖

匀称性肥胖也称为周围型肥胖、皮下脂肪型肥胖或全身性肥胖。此类肥胖患者体内脂肪沉积基本上呈匀称性分布。这一肥胖类型的人群多为女性，表现出臀部脂肪比腹部脂肪多。

临床上将肥胖分为以上几大类，各类肥胖均由脂肪的堆积造成，人体摄入过多热量，又无法消耗这些热量，随时间的推移，体内热量转化为脂肪，无法分解消耗，蓄积在体内，与其他代谢、内分泌、皮肤等疾病产生联系，成为各类疾病的诱因。患者长时间不进行运动和调整生活方式及调整饮食，不仅会使肥胖程度增加，还会与其他疾病产生恶性循环，损坏器官功能、关节功能及产生心理等疾病，严重时会危害生命，造成不可挽回的后果。

（二）中医学中肥胖的分类

中医学中对于肥胖早有记载，其根据肥胖的成因也进行了分类。

---

[1] 降凌燕，焦振山. 中心性肥胖诊断标准及其在代谢综合征诊断中的应用研究进展 [J]. 中国慢性病预防与控制，2011，19（3）：314-317.

[2] 郑邦伟. 浅析腹型肥胖对人体健康的危害 [J]. 中西医结合心血管病电子杂志，2018，6（11）：195-196.

1. 腹型肥胖

腹型肥胖是由于肝气过盛引起的，肝气过盛也称为肝气实，会产生易怒、头晕、眼膜充血、双侧肋部疼痛等症状，还会伴随高血压的发生。

2. 虚胖

中医上通常认为虚胖的原因是脾和肾过阳或过虚导致的，将虚胖作为水湿不运的表现。虚胖的人群易出汗，会感觉到手脚冰凉及疲惫。

3. 脂肪型肥胖与病态肥胖

中医认为肥胖是因血气过盛引起的，中医学上同样有记载，气血虚也会导致肥胖。造成肥胖的原因是气血不足导致身体的新陈代谢较慢，脂肪无法被有效代谢，同时气血虚的人群对于摄入的食物无法充分吸收，蓄积在体内导致肥胖，产后肥胖与激素性肥胖属于此类。中医学认为人体的各器官都需要气血的滋养，如若气血虚或气血过盛都会导致身体的代谢发生问题，引发肥胖问题。

4. 气胖

这一类肥胖多与精神有关，属于精神压力型肥胖，因情绪长时间憋闷，在抑郁焦虑的作用下，导致消化功能的下降，形成体内湿气，导致肥胖。

三、不同类型肥胖的成因

（一）单纯性肥胖

大部分肥胖者都属于单纯性肥胖，单纯性肥胖在各个年龄段都有体现，随年龄的上升患单纯性肥胖的人数也在升高。在日常生活中，难免摄入高热量食物，人在摄入高糖高热量的食物时会产生愉悦的心情，这是因为人饥饿时常伴随血糖降低，身体细胞及器官机能得不到能源物质的补充和供应，在身体运转时就会出现效率低下等情况的发生，高糖高油的食物包含大量的单糖及二糖。在体内单糖和二糖可以快速转化为葡萄糖，相较于日常摄入的主食诸如米面类，转化速度更快，所以对于体内血糖的补充相当迅速，可以达到补充体能的效果。高糖高热量的食物可以刺激大脑皮层，分泌多巴胺和内啡肽。这两种人体内分泌的激素都可以让人产生快乐及愉悦。但是他们各自的产生机理不同，多巴胺是一种带来能量和力量的神经递质，对于人的身心健康起着至关重要的作用。内啡肽可以与受体结合产生与天然止痛剂相同的疼痛和愉悦感。所以人们在摄入甜食时，会因为这些原因导致超量摄入，引发肥胖。

肥胖的引发与遗传因素也有关联。肥胖的父母遗传给孩子的体质会由多数的遗传因子决定，染色体和基因的改变都会使孩子出现肥胖体质。但多因子遗传导致孩子肥胖的毕竟占少数，肥胖的父母生活习惯往往存在一定的问题，饮食的不控制，做菜多油多盐包括运动量少都会潜移默化地应用于孩子身上，这也就会直接或间接地导致孩子产生肥胖。环境导致肥胖是肥胖的大部分成因，以往的观念如"吃得多长得高""能吃是福"等影响着人们的认识。饮食需要合理搭配，过多摄入单一性食物或高热量食物终究会对人体的消化系统、身体器官造成过多的负担。

运动量的减少与肥胖有着相当大的联系，很少有人能每天坚持运动，长时间坐着不动导致人体新陈代谢变慢。也有研究发现，肥胖与睡眠也有关系，睡眠时间过短或过长都会导致体重的增加，准时起床及睡觉可以抑制体重的增加。心理上的因素通常和饮食、运动挂钩，心情的改变、心理压力过大等常导致饮食不规律，或导致暴饮暴食及运动量下降等后果。食欲和饮食行为受神经系统控制。下丘脑中存在调节摄食的饱食中枢和饥饿中枢[1]。人体的饱食中枢在兴奋的时候会向大脑发出饱感从而拒绝进食，当其被破坏时饱感传输出现问题，食欲大增往往导致过多摄入；而人体的饥饿中枢在兴奋的时候会向大脑发出饥饿的信号从而大量进食，当其被破坏时会厌食拒绝进食。神经核在生理条件下达到动态平衡，两者互相进行调节及制约，保持身体健康。当下丘脑发生病理性问题时，任何一方的受损都会引发另一方的过度兴奋，将会厌食或过度摄入，会导致消瘦或肥胖的发生。

归结单纯性肥胖，多由生活方式不健康所致，对肥胖的预防或治疗应从饮食的调整、运动量的增加做起，保持健康的生活规律有益于身体健康。

（二）继发性肥胖

继发性肥胖也称为病理性肥胖，由于已有某种疾病产生的肥胖，临床上多见皮质醇增多症及甲状腺机能减退性肥胖等。甲状腺机能减退性肥胖多由于甲状腺本身疾病所致，严重时会导致记忆力减退、反应迟缓及体重增加等。对于继发性肥胖的发生，应当首先治疗原发症，且无论任何肥胖的治疗都离不开即刻起对饮食进行控制及增加运动量。

（三）多细胞性肥胖与大细胞性肥胖

提到多细胞性肥胖与大细胞性肥胖就要提到脂肪细胞增殖学说，一种是体内脂肪的蓄积使脂肪细胞数量增多，另一种是指体内脂肪细胞内不断蓄积，而致使脂肪细胞的体积变大，临床上称为增大性增殖。这两种肥胖的发生存在年龄差异，不同年龄段会产生不同的增殖。多细胞性肥胖多见于婴幼儿，大细胞性肥胖多见于成人。如若从婴幼儿时期起就有

---

[1] 龚玉莲. 肥胖 [J]. 生物学通报, 2003（2）: 26-28.

肥胖这一情况的发生，不对其进行干预，成年后会造成多细胞性肥胖与大细胞性肥胖结合，严重时会导致中度肥胖症的发生。

体内脂肪细胞的变多或变大主要发生在三个时期：妊娠末期，母亲体内摄入过量的脂肪或糖类，会引起体内胎儿脂肪细胞的过量增加；出生到一岁，脂肪数量会因为机体对能源物质的敏感性而增加迅速。十一至十三岁，儿童处于生长发育期，过多摄入脂肪和糖类并不能帮助儿童健康生长，脂肪细胞会更多地分裂，从而致使脂肪细胞数量增加，也就会造成多细胞性肥胖。

（四）中心性肥胖

中心性肥胖和皮质醇异常有关，因肾上腺皮质分泌紊乱，过多糖皮质激素会产生临床综合征的发生。体内长期过多分泌皮质醇还会导致蛋白质、脂肪、糖及电解质的代谢紊乱，还会影响其他体内维持健康所需的多种激素分泌。另外，如果促肾上腺皮质激素及其他肾上腺皮质激素的分泌过多也会引起相应的临床表现，肾上腺素会导致体内脂肪加速堆积。腹部脂肪过多可能释放某种蛋白质或激素，导致炎症，从而伤害血管并影响身体分解糖与脂肪。β肾上腺素能受体的表达水平和亲和力在内脏脂肪中更有优势，因此内脏脂肪容易分解成游离脂肪酸和甘油三酯，大量的甘油三酯释放入血，引起高脂血症，加速心脑血管疾病的发生和发展[1]。

相关激素的过度使用也会引发皮质醇异常，导致病症发生。当体内分泌过多的皮质醇时，它会促进人体内脂肪的蓄积。在蓄积后，会将脂肪重新分配，常见的是面部、躯干及腹部脂肪的增加，相对来说，四肢的脂肪分配较少，即导致中心性肥胖。一些人群常需要使用糖皮质激素治疗疾病，治疗过程中也就会导致激素的作用，对于这类人群，需要在保障健康的情况下，停药后加以饮食控制和运动逐渐恢复体态。

（五）匀称性肥胖

匀称性肥胖也称为周围型肥胖、皮下脂肪型肥胖或全身性肥胖。此类肥胖患者体内脂肪沉积基本上呈匀称性分布。这一肥胖类型的人群多为女性，表现出臀部脂肪比腹部脂肪多。臀部脂肪堆积的主要原因有两方面，一是久坐，长时间保持坐姿，腿部的血液及淋巴系统的循环就会受到影响，导致下半身浮肿情况的发生。在造成循环以及流通不顺畅后，会出现脂肪增厚及肌肉僵硬的情况。此外，女性雌激素分泌紊乱也是造成匀称性肥胖的原因，脂肪的堆积会导致激素和内分泌紊乱，造成臀部脂肪过分堆积。

---

[1] 郑邦伟. 浅析腹型肥胖对人体健康的危害 [J]. 中西医结合心血管病电子杂志, 2018, 6 (11): 195-196.

四、女士肥胖类型和原因

女士相比男士更容易肥胖，女士的不同年龄段都有肥胖的风险，这与自身生理情况有关。在女性青春期时常有肥胖的趋势，因该时期是女性生殖系统发育并趋于成熟的阶段，月经作为评价卵巢机能的指标，能够发现在青春期相对肥胖的女孩月经来临较早，且体脂量与初潮有着密切的关系。

月经是受体内各种内分泌协调影响的，正常的月经需要雌性激素的水平达到最低点及上升到最高峰。其中，雌性激素水平降到最低点可以帮助身体产生足够的促性腺激素，从而刺激卵泡发育；雌性激素能够上升到最高峰则促进排卵。肥胖女性体内的脂肪含量较高，雌性激素可以由脂肪中的一种物质进行转变，由于脂肪的增加，雌性激素的转变也就更多，所以月经受脂肪的影响较大。

伴随女性年龄的增长，其在妊娠期常会发生肥胖，基本所有女性在妊娠时都会有脂肪蓄积在体内的倾向，尤其产乳期及哺乳期的女性为保证营养和体力的充足，会进食一些高脂肪、高营养的食物，造成肥胖的发生，但其伴随后期恢复饮食及恢复日常运动后会回归到此前的身材。女性的体力活动会随着年龄的增长而逐渐减少，其身体对于热量的消耗也会减少。饮食习惯的改变，如甜食摄入过多、重油重调料菜品的经常食用等会造成营养过剩，热量摄入过多但无法消耗，蓄积在体内。且卵巢功能随年龄增长会有所减退，激素代谢产生改变，致使体内新陈代谢速度变慢，脂肪分解能力降低，也是造成女性肥胖的原因。各种因素的汇集导致更年期相关年龄的妇女均会发生肥胖。女性随年龄的增长可能会引发更严重的肥胖问题，因中老年妇女运动受限，无法消耗更多的热量，脂肪也就会更多地蓄积在体内，运动器官的障碍或关节病等也是影响此类人群运动的障碍。在这一阶段一部分肥胖者会因此成为重度肥胖者。

女士肥胖类型常分为如下几类，以肥胖部位进行划分。

（一）束带状肥胖

首先要将束带综合征与束带状肥胖区分开来。束带状肥胖是一种临床症状，它是与束带综合征具有相似病症的一种肥胖类型。束带综合征也称为羊膜带综合征，病症表现为肢体的不同节段上出现环状沟畸形。皮肤呈环状凹陷，肢体周径缩小，犹如紧紧扎一根细绳的压痕[①]。而因脂肪的过量堆积，人体的肢体较为肥胖及肿胀，部分位置产生肥胖褶皱，长期挤压形成难以消除的痕迹。很多人将束带状肥胖导致的肥胖褶皱错误地与束带综合征列

---

① 田芙蓉，王菲，田立杰. 新生儿先天性束带综合征手术方法的改进 [J]. 中国医科大学学报，2014，43（8）：750-752.

为相同病症。其具体区分方法为：束带状肥胖通常出现于背部、下腹部、髋部、臀部及大腿的位置；而束带综合征则多出现于胎儿的头部和四肢，在临床诊断时应注意区分。

（二）大粗隆型肥胖

这一肥胖类型多见于女性肥胖患者，此类人群更年期后摄入过多热量无法消耗，体内激素的紊乱会造成脂肪堆积。这一类型肥胖人群的脂肪主要在股骨大小转子区域及乳、腹、阴阜等位置分布。

（三）下肢型肥胖

造成下肢型肥胖的外因是由于长时间的站立或者是经常性的跷腿坐，不喜欢运动所导致的腿部血液循环及淋巴循环受阻，致使下肢脂肪过多堆积。进行性脂肪营养不良症也会出现下肢肥胖的症状，目前这一病症的病因还未得到确定，但普遍认为是与自主神经有关的脂肪代谢异常疾病，可由于中脑与间脑受损，致垂体前叶激素分泌增加或中胚层间质功能发育紊乱引起。这一症状的具体表现为面部或上肢脂肪组织消失后向下扩展，累及臀部及股部，严重时会造成下肢过于肥胖而上肢及头部过于消瘦。

（四）上肢型肥胖

上肢型肥胖是指肥胖人群手臂、背部、胸部、脖颈及面部等区域脂肪存储较多。库欣综合征的症状即属于上肢肥胖，受肾上腺皮质激素或相关皮质类固醇过度亢进的影响，会出现满月脸的情况，形成中心性肥胖及背颈部脂肪垫等。

（五）臀部肥胖

引起臀部肥胖的部分原因与下肢型肥胖相同，久坐、久站及不运动都会使臀部肥胖。患者错误的久坐坐姿多为身体重量集中在臀部较小的区域，血液的流通受到影响，会造成臀部供氧量不足，长时间下来臀部疲惫变形导致肥胖。另外，体内脂肪的过度蓄积也会使女性的雌激素分泌紊乱，造成脂肪堆积。

臀部肥胖是因为脂肪过度堆积，要调整生活方式、控制饮食，有针对性地进行体育活动，使局部的肌肉含量增加，脂肪量含量减少，肌肉的增多与紧致有利于缓解臀部的局部肥胖。

（六）全身匀称型肥胖

此类肥胖患者体内脂肪沉积基本上呈匀称性分布。因久坐等原因，导致臀部气血循环不畅，脂肪会堆积在腰间、臀部、大腿等多个部位。臀部脂肪的堆积明显多于腹部，全身匀称型肥胖患者的臀围大于腰围。

女士的肥胖会导致一些妇科疾病的产生，肥胖程度的加深还会引发其他疾病的产生。对相应的疾病风险及成因进行了解，可以帮助人们在机体出现问题的初期及时发现原因对症下药，避免疾病的进一步发展。肥胖的女性常会发生月经失调等情况。造成这一症状的原因是体内丘脑、垂体与卵巢轴系统功能失调，导致体内分泌的激素不再呈现平衡状态。肥胖可使雌激素的生物合成和代谢途径发生改变，其可增强脂肪细胞中的芳香化酶活性，加上肝脏产生性激素结合球蛋白的减少，导致血浆中生物可利用雌激素水平升高[1]。

更年期女性如果存在腹部、胯部及臀部更加肥胖的情况，应当给予足够的重视，可能是因为生殖腺素过低而引起的肥胖，这种肥胖与卵巢功能衰退有关。皮下脂肪向雌性激素的转变还会引起绝经的推迟。大多数肥胖人群会患有高血压、高血糖等心血管疾病。内分泌紊乱，炎性因子的聚集增多，会使机体的免疫力下降，造成其他妇科疾病，雌性激素分泌异常可能会诱发子宫内膜癌。大部分肥胖女性都会有腹部肥胖这一表现，腹部的脂肪靠饮食的调整和加强运动可以慢慢消除。

肥胖者由于内脏脂肪堆积较多，而脂肪细胞可以转化为不同的激素，会直接导致激素的平衡受到破坏，从而会产生排卵异常及经期缩短等现象，严重时会引发不易受孕等生殖功能障碍。

---

[1] 钟晓玲. 肥胖对常见的女性激素相关癌症预后的影响 [D]. 南宁：广西医科大学，2020.

主要参考文献：

[1] 郭吟，陈文鹤.肥胖症与运动减肥效果的影响因素[J].上海体育学院学报，2010，34（3）：64-66；94.

[2] 魏丹，徐志鹏，薛耀明.人类棕色脂肪的分布、影响因素及生理学作用[J].实用医学杂志，2013，29（17）：2918-2920.

[3] 张笑梅，朱燕波，邬宁茜，等.腹型肥胖和全身型肥胖与中医体质类型的关系[J].天津中医药，2014，31（10）：603-607.

[4] 张尧.关于肥胖的危害及发生机制的研究[C]//2019中国生理学会运动生理学专业委员会会议暨"运动与慢性病防控"学术研讨会论文集，2019：77-78.

[5] 张璐，杨跃进，温瑞，等.超重、肥胖和腹型肥胖与心血管代谢性疾病的关联研究[J].现代预防医学，2016，43（21）：3887-3891.

[6] 刘晓龙.成人肥胖评价方法与测量指标研究进展[J].中国现代医药杂志，2020，22（5）：105-108.

[7] 张颖，张晓丹.肥胖的发病机制及其中药治疗概况[J].中医药信息，2007，（5）：13-15.

[8] 降凌燕，焦振山.中心性肥胖诊断标准及其在代谢综合征诊断中的应用研究进展[J].中国慢性病预防与控制，2011，19（3）：314-317.

[9] 刘国良.肥胖症[J].中国实用内科杂志，2003（9）：513-524.

[10] 龚玉莲.肥胖[J].生物学通报，2003（2）：26-28.

第二章 与肥胖和健康相关的危害行为

第一节 减肥误区

伴随着近年来国家的飞速发展,人民群众物质生活水平得到不断地提高和改善,人民群众的生活比以前更便利更富裕,肥胖人士随着与日俱增,同时由于生活中的诸多不便,降低了由于肥胖引发的多种疾病及每个人都爱美之心,要求减肥及参加减肥者也在不断增加。减肥要"做什么""怎么做",由于人们对此认识较少以及文化层次不同或其他种种原因,致使减肥实践中产生了种种错误认识,无法达到减肥目的或收效甚微以及减了就反弹,甚至会损伤人体。

一、只运动,不控制饮食

通过运动减肥是最常见的也是最有效的减肥方式,为了减肥每天都做大量运动,但体重却没有减轻甚至比之前更重了,大多是因为减肥者只运动但控制饮食才会导致这种不减反增的情况出现。

首先,我们应该清楚,人体的能量消耗有三个方面:第一,维持身体的基础代谢;第二,食物的特殊动力作用;第三,机体活动。其中,机体活动在人的能量消耗中占有很大比例,在剧烈运动中身体所耗费的能量比安静状态下增加10倍~20倍,所以从能量消耗来看,通过运动来减肥是具有一定效果的。如发生"有增无减",多由以下原因造成:①在运动过程中耗用热能不充分;②运动过后摄入的热量过多。许多人认为只要参加了锻炼就一定会瘦,所以运动后就会摄入大量食物,导致运动后补充的热量远远超过了运动时所消耗的热量,最终导致了体重出现上涨的情况。因此,运动减肥是需要锻炼,同时由需要科学饮食的。

二、不吃脂肪就能瘦的减肥误区

很多人以为发胖是因为脂肪摄入过多，而想要减肥就应该最大限度地少摄入脂肪。事实上，在减肥期间要限制饮食总热量，而不能只限制脂肪的摄入。正是因为如此，人们在选择所摄入的食物时要考虑到以下两点：第一，饮食结构要合理，既能满足身体对热量的需要，又不使体内多余的脂肪组织堆积过多；第二，饮食要兼顾营养和消耗。减肥过程中应该食用高蛋白质、低糖（碳水化合物）、适量脂肪的食物，并非脂肪越少效果越好。

因此，首先要限制总热量和蛋白质的摄入。身体热能负平衡利用脂肪提供能量的同时，还要消耗、分解身体中部分蛋白质来参与能量的供给，这些蛋白质对于身体来说是十分重要和不可缺少的，所以要有足够的能量来提供，因此适当限制饮食非常必要。同时要合理进行运动。其次，要减少糖分的摄入。这一方面可以减少胰岛素分泌和体脂合成，同时，也能使身体糖原储备减少，进而有利于脂肪动用和体脂存储。另外，饮食中保持适当脂肪的摄入，对减肥有一定好处。最后，应提高维生素C和钙等营养素摄取量来保持正常体温。通过实验证明，能量摄入与血糖水平之间存在着正相关关系。但未发现二者之间存在着必然的联系。理由如下：第一，脂肪可降低胰岛素的分泌，提高血糖素的分泌，有利于机体对脂肪的利用。第二，碳水化合物摄取量降低，容易导致体内较多脂肪代谢不全，生成一定数量酮体。酮体对饥饿感觉具有抑制作用，酮体分解排泄后也会增加部分热量。此外，适量的脂肪也能使人产生饱腹感，使减肥者能较自然地得到低热量膳食而不感到饥饿。在减肥过程中，由于总热量摄入下降，往往伴随着无机盐、维生素等摄入量不足。因此，在减肥期间应多食用新鲜瓜果蔬菜、海产品等。第三，要增加膳食中纤维素含量，减少食物中易被机体利用的成分，如碳水化合物和脂类。第四，可适当添加维生素C，提高抗氧化性。第五，增强体育锻炼和运动能力。纤维丰富的食物（如全麦制品和燕麦等）具有饱腹感，既不能提供热能又可降低热量吸收，所以这些都是适合减肥的食物。

三、减肥时运动强度越大越好的误区

许多人都认为运动强度越大，减肥效果越明显，只要在锻炼中出汗、喘粗气都可以实现减肥。常常是这样造成谈"动"色变、畏首畏尾。这是减肥人群通过自己的惯性思维最容易造成的一大减肥误区。减肥的最终目标就是要消耗掉身体里过多的脂肪而非降低水分和其他成分。因为大强度锻炼无法维持较长时间，所以能量消耗总量小；而且大强度锻炼时主要靠糖酵解及糖类物质氧化供能，无法有效消耗脂肪，所以并不是一种理想的减肥锻炼方法。但强度小的锻炼因供氧充足、时间长、供能主要靠脂肪氧化、消耗能量总量大，对减肥更为有利,所以减肥不应简单片面地用运动强度大小和出汗多少去衡量。

四、"不运动也能减肥?"

当前有很大一部分肥胖人群认为不锻炼也可以减肥。也有不少人在减肥过程中质疑了这一点:不运动就可以减肥吗?其实,这只是一种误解。许多人都知道运动减肥更加安全有效,但是不得不注意的是,对于广大肥胖者来说,运动减肥才是最为经济有效,副作用最小,最利于身体健康的减肥方式。"不锻炼同样可以减肥"这种类似的广告语,常常会使很多人用饥饿、半饥饿疗法或药物来减肥,从而导致很多健康疾病的发生。

五、饥饿或半饥饿的减肥方法

该减肥方法虽能降低体重,但是多数人在减重之后会产生不良反应,表现为恶心、呕吐、低血压、心律不齐、肌肉痉挛和无力,甚至会猝死。后来人们开始使用低热能膳食疗法、注意维生素与矿物质的同步补充,此法在短期内有一定效果。但是当停止这种减肥方式时,绝大部分人的体重都会很快反弹,比减肥之前还要重。

六、药物减肥

药物减肥就其药理而言,大致可以分为下列几种类型:一是加强能量消耗,二是抑制食欲,三是妨碍食物消化吸收,四是影响脂肪代谢。药物减肥会产生许多副作用:①影响人体对其他营养素的摄取与运用,在减肥过程中无法分辨脂肪与体重;②间接性地导致滋生的免疫系统功能低下;③还会给人体带来其他不良影响,如疲乏无力、精神不振及其他各种功能低下。

七、减肥时不采用力量训练的误区

减肥是为了减轻体重,在减肥的过程中练一练力量,让肌肉块变大,是不是反而会越来越胖呢?这句话是大家完全凭想象出来的错误结论。研究显示,人体安静状态下代谢率会随年龄增长而逐年递减1%~3%,而安静状态下的代谢率下降主要是由于所致。而机体基础代谢率的降低和瘦体重的降低都与缺乏锻炼有关。正因为如此,很多人在人到中年后就开始发福起来了。

怎样预防瘦体重的减少,提高人的基础代谢率水平?最好的方式莫过于坚持体育锻炼。科学研究证实:有氧运动会使身体最大摄氧能力增加,但是不会使身体瘦体重增加;力量训练对于最大摄氧能力无明显影响，但可明显增加机体的瘦体重，瘦体重的提高可提高机体安静状态下的代谢率。它的含义是什么？用一句通俗的话来说，就是睡觉时瘦体重多者比瘦体重少者耗能大。

第二节 哪些饮食习惯是导致肥胖的原因

引起肥胖的因素很多，主要包括遗传因素、饮食因素、运动因素、年龄因素、心理因素、环境因素等。其中，遗传因素导致肥胖易感性的发生，而其他因素则是肥胖孕育的土壤。研究表明，饮食对于人们的肥胖具有重要且直接的作用。因此，积极探讨饮食习惯和肥胖之间的相关性及针对肥胖症实施饮食干预，不仅是临床治疗上的客观要求，更是防治肥胖症的必要手段。

一、饮食过量

随着我国经济的持续发展和食物供应的丰富，人们对食物的基本需求得到满足后，饮食模式发生了很大变化，高蛋白、高脂肪食物的消费量明显增加，热量总摄入量通常超过热量消耗，而热量代谢与肥胖的形成密切相关。若过多摄入高热量的食物，而基础代谢率降低或体力活动减少，会使机体内热量生产和消耗失去平衡，过多热量可能转化为脂肪组织储存在体内，既增加了原脂肪细胞容积，又能诱使脂肪细胞繁殖。

二、过多食用高热量食物

过多地食用零食点心、煎炸物、辛辣食物、烧烤等高热量食物，都可能肥胖。其原因主要有两个。①助阳生热、痰浊内生，食之寒热温凉四气俱盛，易致阴阳平衡紊乱，但辛辣味食、煎炸物及烧烤、小吃等物，则易助阳生热、伤津耗液、痰浊内生、痰浊壅滞人体，日久致胖。②饮食偏嗜致气虚，《黄帝内经·素问·阴阳应象大论》说："气伤于味""壮火食气""壮火散气""偏食辛辣"，易伤生气，气虚则水谷精微无法正常输布和运行，转化为痰湿积存体内皮肤，发为虚胖。根据现代研究显示，经常吃零食及甜食等高热量食物会让身体摄入过多热量、脂肪及碳水化合物，若不能及时消耗，可导致多余热量转化成脂肪贮存于体内，引发肥胖症。

三、过食肉类

过食肉类等肥甘之品，会使痰湿内生。《素问·奇病论》曰："数食甘美而多肥也。""肥则内热，甘则中满"，这种膏粱厚味，油腻腥膻者，容易积湿生痰而形成痰湿，所以《张氏医通》说："膏粱过厚之人，每多痰"。沈金鳌在《杂病源流犀烛》中指出："饮啖过度，好食油麦猪脂，以致脾气不利，壅滞为痰。"长期贪食肥甘之品则伤胃、食积湿滞壅塞气机、津液不归正化、气机不畅则生热痰、生湿热。痰湿、热壅阻日久，伤及脾胃，致脾胃运化异常，郁热则食量增加，而脾胃损伤不运，加剧了痰湿的生成，痰湿内盛则壅塞组织及皮下，推动肥胖的发生或加重了肥胖的程度。历代医著对肉类都有详尽的记载，在众多的肉类当中，只有猪肉比较容易让人发胖。《本草蒙筌》载：猪肉"多食令人虚肥"；陶弘景认为："猪，为用最多，惟肉不宜多食，令人暴肥"。表明猪肉易使人发胖，其内在机理来自猪肉中含有大量的脂肪。现代研究表明，广大国人食用的肉类主要是猪肉，猪肉比禽鱼肉中的优质蛋白质少、脂肪多。膳食中所摄取的脂肪对于肥胖有显著影响，而少量的脂肪摄取可以氧化供能和通过神经负反馈调节来降低膳食中的脂肪摄取。食物中含有过多脂肪成分时，脂肪摄取能力调节作用下降，无法有效抑制食欲，使人持续长期摄食。

四、过量饮酒

酒是熟谷的液体，其性湿，喝酒不宜过多，过饮则如《顾松园医镜》中说的那样："烂胃腐肠，耗血损精，生痰动火"。一方面，过量饮酒能内生湿热，湿邪内盛，被热邪折磨成痰；另一方面，过量饮酒能伤及脾胃以致运化失职、水津不布、聚气失气、郁气失气、痰郁气。在临床调查研究时发现饮酒者每次在喝酒时都会不停地吃东西，最容易造成喝酒及饮食过量。饮酒过多致痰热内生，进食过多加剧痰浊产生，痰浊壅聚于内，日久发福而成。

五、蔬菜水果摄入不足

《中国居民膳食指南（2022）》建议多吃蔬菜、水果、薯类和其他食品。新鲜蔬菜和水果能量较低，是维生素、矿物质、膳食纤维和植物化学物的主要来源。薯类富含淀粉、膳食纤维和多种维生素和矿物质。这些食物能维持人体健康、维持肠道正常机能、增强人体免疫力、减少肥胖的发生概率。在理论上和近代大量调查研究中都发现蔬菜水果的摄入量不足与肥胖的发生的确存在着某种联系，它是防止肥胖发生的保护因素之一。蔬菜富含膳食纤维。膳食纤维从生理学的角度讲是哺乳动物消化系统内尚未消化的植物细胞的残存物，包括纤维素、半纤维素、果胶、树胶、抗性淀粉等。膳食纤维主要是植物性食物，如粮谷类中富含纤维素、半纤维素和木质素的麸皮和糠；果胶较多的柑橘、苹果、香蕉等果实；洋白菜、甜菜、苜蓿、豆类等蔬菜。膳食纤维最重要的生理功能是预防能量过剩及肥胖的形成：膳食纤维具有较强的吸水或与水结合的功能，能使胃内容物体积增大，饱腹感增强，因而减少了食物及能量摄入，对控制体重、预防肥胖大有裨益。水果中所含微量元素较多，同时研究显示，身体缺少一些微量元素或者维生素同样会导致肥胖。身体内脂肪组织形成之后，只能经过转化为能量为人体所使用（耗损）之后才会降低。脂肪转化为能量的过程需要包括维生素 B 族在内的各种营养物质和各种微量元素（锌、钙、铁）的共同参与才能完成。身体内缺乏这些营养素时，身体内脂肪向能量的转换过程就会受到限制，使脂肪在身体内积累，引起肥胖症状。研究指出，维生素 D 对人体制造脂瘦素非常重要，脂瘦素作为一种激素可以控制食量，由于脂瘦素的作用，人们才会产生饱腹之感，因而不再摄食，维生素 D 不足造成人体脂瘦素减少时，就会使人食欲大增，易造成肥胖。

六、饮食不规律

古人特别重视饮食的规律性，强调进食要定时定量。例如，《论语·乡党》中"不时，不食"，《吕氏春秋·纪·季春秋》中"食能以食，身必无灾"。说明古人颇注意饮食时间上的规律性，主张饮食一定要有规律，有规律可食，可降低疾病发生率，有利于健康。后世医家对于规律性饮食及养生的重要性进行了系统而深入的探讨，正如《医说·食忌》中所说"饮食以时，冲气和融"。饮食不节的特点是三餐不节，夜间加餐。

（1）早餐不规律。调查中发现，早餐不规律，一般指不进食早餐。近年来，由于生活节奏加快和工作紧张等原因，人们常常忽视了早餐。现代营养学专家认为，早餐是一天中最重要的一餐，它不仅可以为人体提供充足的蛋白质、碳水化合物等营养物质，而且还有助于促进新陈代谢，有利于提高机体免疫功能。据营养学家研究证实，不食早餐会导致肥胖：首先，不食早餐会让人体糖原减少，大脑中枢神经会持续受刺激而出现空腹感，从而增加午餐进食量，致使皮下脂肪堆积，让人体变胖；其次，不食早餐易让人体对高热量的食物有更强烈的欲望，致使摄取热量过高，过多热量转化为脂肪贮存在人体中而形成肥胖。

（2）午饭或晚饭无规律。据调查，一般人都会因为工作需要而选择午饭时或晚饭时应酬，造成就餐时间无定时、就餐时间连续太长，使喝酒及吃肥甘厚味之品过多而痰浊内盛，晚饭时间太晚，人吃完东西运动量较少，从而影响对食物的消化、吸收、痰浊内盛；由此看来，午餐、晚餐入餐时间不节，以致食量过多，痰浊内盛，壅塞身体，日久发为胖。

（3）夜间加餐。据调查，不少肥胖者有夜间加餐习惯。随着生活节奏的加快及工作的需求，夜间加班人数逐渐增多。虽然加餐两不是很多，但是摄入食物后，晚上又活动量越少，导致身体里过剩的热量就会转化为脂肪贮存在身体里，从而造成肥胖。

七、口渴时不喝水

水作为人体中含量最大的组分，是人体所必需的营养物质。水能帮助人体调节体温，润滑器官与关节，输送营养，排除废物与毒素，等等。中国营养学会建议成人每天饮水量应为 1 500～1 700 ml。但是如今许多青少年都不爱喝白水，更愿意喝含糖饮料。所谓含糖饮料就是含糖量为 5 % 和 5 % 以上，其中含糖量以果糖或者蔗糖为主，我们通常饮用的碳酸饮料、运动饮料、茶饮料和咖啡饮料营养成分表上都有碳水化合物——以糖类为主。糖是人体主要功能物质之一。人体内需摄取适量糖分来提供生命活动所需能量，但此处碳水化合物多指多糖类，如每日食用谷薯杂豆类等，不包括饮料单糖和双糖。过多地食用含糖饮料可引起肥胖、2 型糖尿病、冠心病、高血压、心脏病、脑卒中、肿瘤、龋齿等与糖有关的一系列直接、间接疾病。一份利用"中国居民健康与营养调查"（CHNS）项目开放数据库 2004 年、2006 年、2009 年和 2011 年的横断面调查数据表明，中国儿童青少年含糖饮料消费比例由 2004 年的 73.58 % 增加到 2011 年度的 90.49 %，平均消费量从每周 1.2 L 增加到 1.5 L，超重、肥胖率从 10.19 % 增加到 20.01 %，含糖饮料的比例最大。由此可见，在我国儿童青少年群体中，喜食含糖饮料者比例呈增长态势，儿童青少年超重、肥胖比例亦呈增长态势，且二者具有关联性。因此，口渴要补水的时候最好是喝白水或者泡一些淡茶水、柠檬水、煮一些绿豆水和红豆水等，尽可能地少喝饮料。

第三节 社会上常用的减肥方法分析

一、运动减肥

运动减肥是现在社会上人们首选的减肥方式之一，是目前最为常见和普遍使用的减肥方法。而且多采用跑步、游泳等有氧运动来达到减肥的目的。

有氧运动减肥原理：长期做有氧运动的人，身体中糖所供给的热量远远满足不了需要，而通过加大氧气供应，身体中脂肪就会被氧化分解产生热能为身体所用。在耐力运动当中，有氧运动对于机体脂肪代谢的作用最明显，可以直接作用于脂肪组织的脂肪细胞体积。因为有氧运动可以通过增加能量消耗，减少体内脂肪的积蓄，抑制脂肪细胞的堆积，减小脂肪细胞的体积，同时还能减少摄食效率，减少脂肪沉积。此外，长期有氧运动会使血浆胰岛素水平下降，胰高血糖素、儿茶酚胺和肾上腺素的分泌量增加，激发脂肪水解过程中限速酶的活性，加速脂肪水解，促进脂肪的分解。因此，有氧运动能有效地控制脂肪合成，增加脂肪供能，从而达到减少脂肪合成，促进脂肪消耗的目的。大量的研究表明，在长距离中等强度的运动条件下，血浆游离脂肪酸是重要的化学能源之一，尤其在运动强度低于最大摄氧量的条件下。人体运动时骨骼肌氧化脂肪酸主要来自骨骼肌细胞内脂肪水解，而脂肪则来自脂肪组织和血浆甘油三酯释放的游离脂肪酸。另外，有氧运动在减少体脂的同时还可以改善人体功能，提高机体的免疫功能。

所以，从能量消耗来看，运动减肥对于所有人来说都有一定的效果，特别是有氧运动效果更好，副作用最少，最利于身体健康的一种减肥方式。

在氧气供应充足的情况下，脂肪酸可以被分解为二氧化碳与水，释放出巨大的能量，因此氧气是有氧运动减脂的关键所在，在运动时必须要确保充足的氧气摄入量，但是这并非运动期间保持深呼吸就能确保氧气摄入量，由于氧气吸收率与空气吸收率并非恒定相对应，若室内有许多人一起来跳有氧操的话，可想而知一个人所能分到的氧气量，因此在室外或通气较好的房间进行有氧运动为佳。有氧运动减肥可因人而异，以安全健康为主。

二、节食减肥

目前，单纯靠节食来减轻体重的人数日渐增多，这些人怕自己发胖，而又懒得去运动。为保持身材，他们会用不吃早餐和晚餐的方式控制自己的体重，并以体重来评判自己的胖瘦。体重确实和肥胖关系密切，但仅以体重大小来判定是否肥胖却有较大误差。判定肥胖的"金标准"应该是人体内脂肪的含量，当男性体脂肪率 ≥ 20%，女性体脂肪率 ≥ 30%，即判定为肥胖。女性脂肪量较男性多，多在青春发育期受激素影响较大，这一时期男性因雄激素与生长激素的协同作用肌肉量剧增，而女性因雌激素作用皮下脂肪积聚剧增。

而仅以节食减肥，会导致人体对营养吸收不充分，人体优先耗用的不是脂肪而是人体中的蛋白质，而蛋白质一般不会被彻底分解，就会产生自由基，自由基可使人体生病衰老；节食减肥会使人体新陈代谢速度下降，当停止节食后，脂肪细胞因长期处于压抑状态，得不到足够的养分，犹如绷紧的弹簧回复到原有的弹性状态，加快生长和膨胀。再加上由于节食导致基础代谢率降低，使得脂肪大量堆积，严重危害健康。

三、药物减肥

为了减轻体重，采取了不同形式的瘦身方案。在浩浩荡荡的"瘦身大军"中，有很大一部分人通过服用减肥药来达到瘦身的目的，盲目追求瘦身而滥用减肥药，这是一种十分危险的做法。减肥在医学中被定义为肌肉量增多、脂肪减少和人体脏器功能增强三个方面，一味地使用减肥药物来达到所谓减肥的目的,尽管会消耗身体一部分脂肪,但也会消耗身体中起"健康保证"作用的肌肉,长期如此,身体势必透支,脏器功能衰退,严重时还会引起厌食,造成严重营养不良甚至威胁到生命。

四、手术去脂

抽脂手术俗称吸脂术(脂肪抽吸术),也被称为吸脂减肥术(体形雕塑术),它是利用负压原理,经皮肤小切口抽吸皮下堆积脂肪,从而达到改善体形、医治肥胖等目的,近年来深受广大爱美人士青睐。伴随着吸脂手术的更新,吸脂术已从单纯减肥逐渐向体形雕塑方向发展,吸脂范围从以前的腹部和大腿部逐渐向面部、下颌、腰背部和四肢延伸。

抽脂手术可以除去人体内多余脂肪,使人获得苗条的身材。但是,不可否认的是,抽脂手术在实施的过程中有着不小的安全隐患。

由于脂肪受外力作用受到损伤,脂肪滴可沿小静脉入血,阻塞血管,导致脂肪栓塞而损伤人体脏器,抽脂范围越大,越容易导致脂肪栓塞综合征。抽脂手术时如果吸脂量过大,易造成出血或者麻药中毒。抽脂不均匀会使术后皮肤凹凸不平。

在进行抽脂手术作业时,要确保环境无菌,不然就可能造成手术后感染,造成皮肤坏死,而一旦发生感染,就很容易造成多种并发症,危及受术者生命安全。另外,抽脂手术后也会产生"袋状"皮肤,皮肤松弛缺乏弹性,皮下有积液及手术部位发麻等后遗症。

第四节 体力活动不足的危害

一、体力活动不足,生长发育受到伤害

人体发育自卵细胞受精至成年,经历了一个持续约20年的过程,具有自身规律。个体之间因性别、种族、环境、年龄、营养、体育锻炼等条件因素的影响表现出明显的差异。从人体科学角度看,人的生长发育有如下四个特征。

第一,生长发育具有波浪性和阶段性特征。人类自出生至成年,存在着两次生长发育突增期。第一个"阶段"是从人出生开始到十岁的这一阶段,男性平均身高可达到成年男性的79%,体重平均可发育达到成年人的47%;女性平均身高达到成年女性的85%,体重平均发育达到成年的54%。第二个"波段"是在11~20岁,这一时期男性和女性身高增长均值体重增加均值均为成年。由此可见,人体生长发育多在上述两个突增期。适当

的体力活动对两次生长发育突增期都有重大影响，可使人体生长发育既达到平均水平，又高于平均水平，表明其发育水平良好。如果在此阶段所做的身体活动不足，将会导致处在该年龄段生长发育关键时期的学生发育迟滞或是发育不良，体重、身高等指标无法达到该年龄段相对应的平均水平。

第二，生长发育具有非等比性。在相同时期和整个生长发育阶段，身体各个部分生长速度不同，有早有迟，有快有慢。每一部分生长末期亦有早、晚之分。因此，青少年生长发育过程中运动不足，则身体某些部位就会产生生长发育迟缓的结果。

第三，人体的各个身体部位的生长发育水平，不仅仅遵循着"向心律"的生长发育程序，也遵循着"头尾律"的生长发育程序，也就是从肢体远端向近端发展的顺序，如生长发育早而迅速者为足、小腿、下肢、手、上肢，最后为躯干等。而且，如果在生长发育时期运动不足或运动方式不当，将有可能影响人体生长发育的正常进行。

第四，在青春期，性别的不同，人体的发育也会有着明显的差异。在这个时期，男性上体围宽与女性下肢围宽增加得更快，最终形成男性上体宽大粗壮，下肢狭窄纤细，而女性则相反，上体狭长，下肢粗短。分析上述这些人体生长发育规律性的特征，能进一步认识人体发育的总趋势，理解体力活动或身体锻炼在人的成长过程中所扮演的角色的一些线索与基础。

二、体力活动不足，身体机能受到伤害

众所周知，体力活动或进行适当运动能改善与提高神经系统机能，使心壁变厚，心腔容积变大，心脏强烈收缩，以提高心脏工作效率；能改善与提高肺脏交换气体的工作效率，有效地增加肺活量，提高肺内最大通气量及血红蛋白携氧能力；能改善运动系统功能，改善与加强身体各个系统器官功能，以增强体质，提高身体对多种疾病的防治能力，确保身体健康。若体力活动不足，身体机能水平会呈显著下降态势，高血压率呈上升趋势，肥胖症患病率增加，心血管系统疾病和其他身体疾病也会有所增加，最终使身体机能收到伤害。

三、体力活动不足，损害学生心理健康

人是有思想、有情感活动和心理感受的高级生物。学生时期心理的健康与否与人的一生息息相关。我们知道，人们在日常工作中会产生很多积极或者消极的情感，对于情感既不可以抑制，又不可以纵容，只能通过适当的方式来疏解发泄，而适当的体力活动或体育锻炼是发泄情感的一种有效方式，对于学生心理健康具有很好的促进作用。然而，目前我国各级各类学校学生缺乏锻炼的情况十分严重，主要表现在对此认识不到位。学习任务重，

升学竞争大，往往以挤占学生的运动时间为代价，而这一代价是过高、过重的。我们经常会看到，有的同学背着大大的、沉沉的书包，脸上写满了认真、疲倦、焦急。无邪的目光中只向往痛快地睡个懒觉，放肆地玩耍片刻，自由地"野"上片刻。现阶段，有的学生信心不足，自卑感强；有的学生难以与他人相处；有的学生逃学、厌学、弃学现象严重；有的学生对、压力、失败等抗挫能力较差；有的学生缺乏果断机智和冒险精神；有的学生自理能力差，对环境适应能力弱；有的学生除学习外对身边一切都漠不关心；有的学生有严重神经衰弱、抑郁、焦虑、胆怯、自闭症、精神分裂等心理疾病。各学校所面临的现实情况较为复杂，学生在心理方面的健康问题也比较突出。要提高学生总体心理素质水平，还需多方面努力，这其中就包括确保学生有充分的锻炼时间。

美国南卡罗来纳州大学体育科学系史蒂文·布莱尔认为，运动不足已经对人体健康造成了重大威胁。2014年，布莱尔出席了中国慢性病大会，并参与了"从吃动平衡到健康——办公室微运动"，用行动倡导公众增加身体活动。他着重指出运动不足对身体造成的伤害堪比吸烟。无论是超重人群、肥胖人群，还是处在正常体重的人群都需要坚持体育锻炼来维持身体的健康。即便是正常体重的人，缺少锻炼也可能带来很多健康问题。加强体育锻炼除依靠政府及学校开展相关宣传教育以鼓励群众主动参与之外，更主要的还在于人人都能发现锻炼带来的乐趣且能持之以恒地参与到体育运动中来。北京大学公共卫生学院的李可基教授强调指出，吃动不平衡，能量摄入大于能量消耗，是超重、肥胖产生的重要原因，运动不足会影响人的心肺功能，使人自身调节机制不敏感，从而易引起超重、肥胖。布莱尔提出改变人们缺乏锻炼的习惯有二：一是不要当"键盘族"；二是要找到"周围的，有活力的伙伴儿"。研究显示，在周围人的支持下，可以有效地促进锻炼习惯的形成与维持。

第五节　熬夜的危害

据《中国睡眠指数报告》调查显示，近六成人不想早睡早起。晚睡、熬夜已成为当下人们生活的"新常态"。

长时间熬夜对人体的伤害主要有如下几个方面。

一、容易诱发免疫功能失调

四川省第四人民医院呼吸与睡眠科主任陈宇洁表示："黑眼圈、精神疲倦都只是熬夜的表面症状。其实，长期熬夜更可怕的危害是身体免疫功能失调，免疫功能失调表现在肾脏上就会产生有肾炎，表现在皮肤上则是红斑狼疮，表现在关节上则是类风湿性关节炎等，同时，身体免疫能力还会降低，使人体处于严重的亚健康状态，感冒等呼吸道疾病、胃肠炎等消化道疾病都会找上门来。"

补救措施：如因工作需要熬夜，中间还应休息片刻。另外，远离紧张的生活，也要养成好习惯，只有做到睡眠有节、工作有节、饮食有节、锻炼有节，才能使人体保持正常运行。

二、容易诱发糖尿病

复旦大学附属中山医院内分泌科主任医师石凤英主任曾指出，对于有糖尿病家族史的患者而言，熬夜容易增加糖尿病发病概率。其原因是与他人相比，糖尿病家族史患者具有某种患病诱因，只要条件成熟，犹如种子遇适宜环境后迅速扎根。

补救措施：若长时间熬夜，"重压"心理持续3个多月，"大假"必须放。另外，维持正常体重，远离肥胖也是非常必要的，这样才能远离糖尿病的困扰。

东南大学附属中大医院心内科主任医师丁建东表示：已有研究显示，长期睡眠不好是高血压发病的重要因素，也使熬夜的人患上各种突发性心脑血管疾病概率大增，严重者可引发猝死。

补救措施：高血压患者一定要重视睡眠质量，一般情况下尽量不熬夜，尤其是有先天性心脏病、老年高血压等疾病的患者，更是不可以熬夜。

三、熬夜者更容易得癌症

医学研究证明，熬夜者患癌症的可能性大于睡眠正常者，就胰腺癌而言，常熬夜者的发病率是常人的3倍以上。因为癌细胞是在细胞分裂的过程中产生的，而细胞分裂通常是在睡眠中进行的。熬夜会对细胞的正常分裂产生影响，从而导致细胞突变，产生癌细胞。

人体的免疫因子大多是在睡眠时形成的，长期熬夜可使免疫力下降，表现为疲乏无力，精神萎靡，容易感冒，过敏的症状还会突然而至。免疫力是人体对抗癌症的天然屏障，免疫力降低会使癌症发病率升高。许多研究已经证实熬夜和乳腺癌和结肠癌这些疾病的风险增加有着密切的关系。

补救措施：每一次的熬夜都会给人的免疫力带来重创。所以，不管是夜生活还是干别的事，要适可而止，尽量少熬夜，多做户外活动。

四、长时间熬夜对眼睛有害

熬夜给眼睛带来的危害，并不仅仅是"熊猫眼"这么简单。长时间超负荷用眼，会使眼睛出现酸、涩、干等症状，甚至会使人患上眼干燥症。此外，眼肌疲劳还会导致暂时性视力下降。长期熬夜导致过度劳累，还可能诱发中心性视网膜炎，视力锐减。

补救措施：熬夜时用眼较多，最好每小时休息 15 min 左右，可以眺望，也可以做做眼保健操。熬夜时大脑需氧量亦随之上升，要使房间保持空气流通，并有一定的湿度，可时时多做深呼吸。

五、诱发神经衰弱，引起头疼失眠

人的交感神经应该是夜间休息，白天兴奋，这样才能支持人一天的工作，而熬夜者交感神经在夜间是兴奋的。熬完夜的第 2 天白天，交感神经很难完全处于兴奋状态，可令人精神不振，头重脚轻，记忆力下降，注意力分散，反应迟缓，健忘及头昏头痛。时间一长，就会出现神经衰弱、失眠等症状。

补救措施：熬夜后的第 2 天中午小睡片刻。另外，增加户外运动，从熬夜之后萎靡不振的状态中解放出来。

六、其他

对某些特殊人群而言，熬夜还会有别的害处。例如，女性长时间熬夜可引起月经紊乱，孩子长时间熬夜可影响生长激素分泌而引起一系列成长问题，肠胃不佳和患有肝病者熬夜则可使疾病加重，严重时会影响睡眠质量而使肠胃和肝脏的负担加重。

在那些熬夜时间较长而又调整惯于晚睡的人当中，有一些并不是不愿意早睡而是无法入睡，甚至是靠调整作息时间来提高睡眠质量还是很难做到。建议这部分人尽早去看医生，避免造成更为严重的睡眠问题与疾病。

在大学生群体中，熬夜是很普遍的现象。这与大学较为自由且独立的生活环境、丰富的娱乐活动、电子产品的引诱、不良的工作及休息习惯，以及生活上自律自觉不足有关。

近几年来，高校学生因晚睡引发身心健康问题屡有发生，各类癌症和高血压患者群体日趋年轻化，大学生作为未来社会的主力军，其生活习惯和身体健康引起了人们的普遍关注。所以，一方面要宣传熬夜的害处，强化大学生的相关认知。另一方面，要积极引导大学生提升自律能力。比如，抵御电子产品诱惑，兼顾工作时间和睡眠时间。此外，还要不断地开展各类有用且与大学生生命安全息息相关的讲座来提升大学生对自身健康问题的关注意识，使他们尽可能少熬夜或者不熬夜。

主要参考文献：

[1] 肖涛，甄洁. 大学生体质健康现状与改善策略研究——以河南省为例 [J]. 当代体育科技，2014，4（14）：95-96.

[2] 王立勇. 简论减肥的几大误区与合理减肥 [J]. 西华大学学报（哲学社会科学版），2004（S1）：140-142.

[3] 任海燕. 肥胖者饮食习惯的临床调研及分析 [D]. 济南：山东中医药大学，2011.

[4] 郭靖. 不良烹饪习惯5宗罪 [J]. 中国保健营养，2006（4）：40-41.

[5] 李敏，王东生. 石家庄高校女生隐性肥胖现状分析 [J]. 中国学校卫生，2012，33（3）：366-367.

[6] 陈玉娟，李立，张立立，等. 单纯节食减肥大学生体成分状况分析 [J]. 体育科技，2015，36（1）：79-80.

[7] 鲁琦，吴本连. 浅析有氧运动与减肥的关系 [J]. 安徽体育科技，2005（04）：86-88.

[8] 王冰冰. 浅谈油炸食品对人体健康的影响 [J]. 中国食物与营养，2010（8）：74-77.

[9] 唐丽. 聊聊抽脂手术的风险 [J]. 家庭百事通，2021（23）：27.

[10] 吕松泽，王子牛，赵航，等. 久坐的健康危害与运动干预的研究进展 [J]. 当代体育科技，2021，11（36）：168-172.

[11] "键盘族"运动不足危害大 [J]. 云南教育（视界综合版），2015（1）：5.

[12] 申海军. 浅谈当前学生运动不足的潜在危害 [J]. 教育与职业，2005（26）：58-59.

[13] 朱业静，熊风，吴宗振，等. 大学生熬夜现状调查与分析 [J]. 数学学习与研究，2020（4）：148-149.

[14] 佚名. 熬夜危害比你想象的大很多 [J]. 安全与健康，2015（6）：52.

第三章　众多运动选哪样

第一节　肥胖的治疗原则

　　肥胖是一种慢性代谢性疾病，是指一定程度的明显超重与脂肪层过厚，是体内脂肪，尤其是甘油三酯积聚过多而导致的一种状态。[①] 随着社会和经济的发展，人们的生活变得越来越好，相应的饮食种类也越来越多，而肥胖率却越来越高。肥胖往往是由于食物摄入过多或机体代谢的改变而导致体内脂肪积聚过多造成的体重过度增长并引起人体病理、生理改变或潜伏。

　　肥胖会危害人类的身体健康和生命，它可通过机体代谢的作用，引起全身各个部位及各个系统出现问题，如循环系统、消化系统、呼吸系统等。肥胖对心血管系统危害最大。肥胖者容易患高血压，其身体过重使血液循环需求量增多，心负荷量加大，这样就加重了心脏的负担；同时心脏本身内外亦多有脂肪沉着，易导致心肌劳损，最终导致左心衰竭。

　　肥胖对呼吸系统有着很大的影响[②]。当人的体重增加时，肺部就必须输送更多的氧气供给人体所需，而胸壁堆积的脂肪，会使其运动能力受限。此外，下腹部囤积的脂肪也会限制肺的呼吸活动。肥胖人群往往会出现睡觉打呼噜、呼吸不顺畅等情况，都是由于脂肪太厚影响了肺部的正常运作，氧气输送量达不到身体所需，尤其在平卧睡眠时更加明显，严重的会引起呼吸衰竭和心力衰竭甚至危及生命。

　　肥胖容易造成肝脏疾病，也会造成脂肪在肝脏中囤积过多，导致慢性炎症和肝硬化。很多肥胖的人不愿吃蔬菜水果等含纤维多的食物，只爱吃各种肉类、淀粉类食物，通常这些食物中所含的纤维素不多，使肠蠕动减弱，容易造成便秘。这种生活习惯，会使剩余的食物长期滞留在小肠内，不利于排便，而长期便秘的人易引发大肠癌及其他肛肠疾病。

　　而且，肥胖人群全身的重量都是由下肢来支撑，体重过大会令腰膝关节磨损，令退化性关节炎恶化。因此，肥胖患者常出现膝关节疼痛。过重的身体还会给背腰肌、韧带、筋

[①] 刘皓晖. 浅谈肥胖的成因与危害及运动干预方法 [J]. 当代体育科技，2020，10（16）：231；234.
[②] 何权瀛. 肥胖对呼吸系统的危害及对策 [J]. 中华健康管理学杂志. 2011（6）：321-322.

腱等过大的曲张力,从而导致背腰痛,时间久了会形成慢性背部疼痛。肥胖还容易造成一些心理障碍,因身材不够完美,肥胖人群往往会自卑、焦虑等,严重影响心理健康。

肥胖会导致这么多健康问题,那么在治疗肥胖的过程中应该遵循哪些原则呢?

一、以人为本

(一)健康

健康是人的基本权利。健康是指一个人在身体、精神和社会等方面都处于良好的状态。健康包括两个方面的内容:一是身体形态发育良好,体形匀称,脏器无疾病,人体各系统具有良好的生理功能。二是对疾病的抵抗力较强,能够适应环境的变化,能够应对各种生理刺激及致病因素对身体的作用。世界卫生组织提出:"健康不仅是躯体没有疾病,还要具备心理健康、社会适应良好和有道德。"在治疗肥胖时要注意立足于自身的健康问题,不能只是一味地瘦,要健康的瘦才算减肥成功。而许多人在减肥过程中,由于快速减肥多为低热量摄取,且营养不均衡或营养素摄取不足等,同时加上快速减肥造成的肌肉蛋白质的分解,以至于体力变差,而制造淋巴细胞的原料不足时淋巴细胞产量减少,当然也就产生抵抗力减弱的情形,容易感冒、腰酸背痛等。而且在长期饥饿的情况下,因摄取热量及营养素的不足,同时加上身体水分大量流失,肌肉蛋白质分解,易造成暂时性的肝、肾功能失调,并且因为反复减重、代谢率下降而影响肠胃功能,易发生消化不良或肠胃疾病等不良后果。其实,对于体重过重甚至肥胖的人来说,减肥是对于自己健康负责的一种方式,但若选择快速看到效果的不当减肥方法,反而会对身体造成不良影响,最好是依医师及营养师的建议,利用正确的减重方式,以均衡营养饮食为基础,改变以往大鱼大肉、暴饮暴食,爱吃零食、消夜等习惯,辅以适量且适当的运动,相信窈窕而健康的瘦身非难事,不但不易复胖,还可以维持健康。

(二)科学

想要健康、科学、有效地瘦下来,就需要生活习惯、饮食和运动相互配合。

第一,作息要有规律。养成良好的作息规律不仅有益于自己的身体健康,而且对于减肥也有一定的作用。对于一些年轻人来说,习惯性熬夜几乎成了生活中的一部分,其实,不良的作息容易引起失眠、健忘、焦躁、免疫力下降等一系列不良症状。

第二,养成良好的饮食习惯。肥胖人群往往在开始减肥时都会选择节食,因为节食是使体重下降最快的方法,节食本身就是损害身体,它会导致自身的基础代谢下降,导致个人情绪喜怒无常和肌肉流失。这往往会体重反弹，暴饮暴食，不瘦反而更胖了。而肥胖人群本就偏向吃一些高热量的食物，如肉类、油炸类食品，这些食品热量高，不容易代谢，并且容易造成营养不均衡，影响身体健康。因此，为了身体健康，一定要养成良好的饮食习惯。首先，饮食要规律，不要节食，合理安排一日三餐，饭菜荤素搭配，保证均衡、全面的营养。

第三，运动，尤其是有氧运动是最有效、最健康的减肥方法。所谓最有效是因为它的目的在于减少人体内的脂肪占比，是一项以有氧代谢为主的耐力性运动，它对提高人体新陈代谢，加快能量的消耗有极为重要的促进作用。有氧运动包括慢跑、快走、游泳、打球、爬山、健身操、瑜伽和太极拳等。但如果只做单一的有氧运动，会造成体内肌肉流失等现象，这就需要无氧运动来进行加持，有氧运动和无氧运动相结合，在减脂的同时还可以保持优美的体形。无氧运动包括俯卧撑、仰卧起坐、深蹲、平板支撑等。运动最重要的是要持之以恒，如果不能每天做，最少两天也要做一次。

（三）合理

第一，饮食。健康的饮食十分重要，均衡与健康的食物可以改变人的生活状态。维持生命活动的能源主要分为三大类：蛋白质、脂肪和糖类。任何一类都是不可缺少、不可取代的。所以，任何单一能量的节食方法必然会失败。有些人为了减肥不吃主食，主食中大多含有糖类，就是所谓的碳水化合物，它就像人体的燃料，没有碳水的身体是无法正常运作的。而每一类能量都是有它特定的功能的，蛋白质是产生和维持肌肉不可或缺的营养物质，因此减肥过程中的饮食都是无油无脂的水煮菜和水果等。但其实这是一个误区，首先，总是吃得清汤寡水，人就会特别容易饿，也容易造成报复性饮食。其次，脂肪是人体必需的能量，我们必须摄取一定量的脂肪。选择脂肪时可以选择天然的脂肪，如牛油果、花生酱、坚果、奇亚籽等。此外，还可以多吃一些豆类食品，这类食物同时是蛋白质和淀粉的来源，并且能加快身体的新陈代谢，饱腹感强又不容易饿，是减肥过程中的推动力。

第二，运动。合理的运动可以加快减肥的进程，每个人的身体素质和运动能力有较大差异，因此在运动时，要选择适合自己的运动项目，规划好在自己可以承受的范围内的运动时间，把握好运动负荷。负荷强度不宜过大，避免产生疲劳和运动性损伤；负荷强度过小，则难以产生明显的锻炼效果。

运动要掌握"度"。正常情况下，肥胖人群的运动减肥应以有氧运动为主，时间控制在 30~60 min，以轻微出汗或脉搏 120~140 次/min 为准。若身体患有一些疾病，则在选择运动项目时应选速度慢、力量小的项目。若以往没有运动的习惯，不宜一开始就选择高强度、高运动量的项目，而应随着身体及机能的提高逐渐加大运动量。在项目上可选太极拳、中速徒步走、健身操等有氧运动。同时，运动中切忌过度疲劳，强度及时间应以循序渐进为主。

运动中如果出现身体疲劳、极度口渴、恶心呕吐、头痛头晕、精神压抑等症状，则说明运动量过大，需要适当地减少运动量。因此，在运动中要注意合理调整运动强度、运动时间和运动量，并且坚持每天锻炼，才能达到一定的瘦身效果。

二、持之以恒

减肥的意志力同体力一样，都属于消耗品。坚持一段时间，意志力可能就越来越不坚定了，想要持之以恒，就需要兴趣的加持。兴趣往往是决定成功的一个关键因素，减肥也是有了兴趣和动力才更容易坚持下来，而培养兴趣首先要做的就是改变自己的动机。例如，运动减肥，运动是一件很舒服的事情，坚持运动会使大脑分泌的多巴胺增加，会让人感觉到快乐，但很多人都没办法坚持下来，往往就是因为动机不够明确，缺少兴趣造成的。但是当你选择一个你喜欢的运动项目时，运动往往会变得很容易，这会激发人们运动减肥的兴趣，充分调动内在动力，就更容易获得成就感。

第二节 生命在于运动的理由

生命的产生在于运动，运动是生命诞生的前提条件，没有物质运动就不会有生命的产生；生命的存在在于运动，运动也是生命存在的基础，要维持生命体存在，也离不开物质运动；生命的发展在于运动，运动又是生命发展的动力和源泉。可以说，没有了运动，人就活不下去。生命是有限的，是随着时间的推移在慢慢变老，而运动的意义在于我们不只是对于空间的移动，而是对于时间的移动。生命在于运动，运动在于锻炼，锻炼贵在坚持，坚持就是胜利。

"生命在于运动"是我们耳熟能详的格言，它是法国思想家伏尔泰的名言。这句著名格言向人们道出了运动对人体健康的重要性，运动对生命的价值所在。生命对于我们每个人而言都是宝贵的，也是脆弱的。人生苦短犹如白驹过隙，珍惜生命，自然离不开运动。而运动本身为人们指明了预防疾病、消除疲劳、获取健康长寿的重要途径。伏尔泰直到八十岁时还和朋友一起登山看日出，足以看出其良好的身体状况。古希腊思想家亚里士多德曾说过："最易使人衰竭，最易损害一个人的，莫过于长期不从事体力活动。"生命之运动在于身体和精神两方面，持之以恒、科学合理地进行运动，能有效促进人体新陈代谢，促使肌体各器官富于活力，保证人精神饱满且健康，从而延缓人体衰老进程。

一、身体方面

健康的身体是生活幸福和工作顺利的坚实基础，没有健康，痛苦将成为我们人生的底色。根据自身实际情况选择适当的运动，如慢跑、太极拳、打球、跳绳等多种多样的运动，可以强健我们的骨骼肌肉、增强我们的心肺功能、大大改善各项机体系统的状态，有利于人体的生长发育，提高人体应对疾病的抗击能力。

（1）运动能改善血液循环，增强心脏功能。经常从事运动，能使心脏产生工作性肥大，心肌增厚，收缩有力，心搏缓慢并且血容量增大，大脑供氧充足，从而反射性地引起冠状动脉血管的扩张，增加心肌毛细血管的数量，改善心肌缺血。另外，运动消耗脂肪还可以降低血脂。运动后血液中的葡萄糖可能不够使用，此时会让肌肉分解所储存的肌糖原，肌糖原分解后也能变成葡萄糖被身体利用，因此可以降低血糖。

（2）运动能促进体内多余脂肪的燃烧，可有效地减少高血压、糖尿病、冠心病的发病率。对于患有以上疾病的患者，可以有效地控制血糖、血压在正常范围之内。

（3）增强机体内肌肉的含量。强壮的肌肉可以维持更多的水分，避免体内水分的损失，可有效提高机体抗疲劳的能力。同时，能促进骨骼、肌肉的生长发育，促进骨骼生长，使骨密度变厚，因而能增强抗弯抗压及抗折的能力，运动时加速人体的新陈代谢，促进骨骼的钙质吸收，从而达到增强骨密度，预防骨质疏松的效果。

（4）运动是机体加快代谢、发泄不良情绪的一种办法。研究发现，经常运动的人群可以将负面情绪尽快宣泄，心态更加平和，心理更加健康，减少心理疾病的发生。经常运动可以使肌肉骨骼更加强壮，关节更加灵活，抗打击能力较强，较少发生骨折、拉伤、扭伤等疾病。

（5）运动能改善呼吸系统功能。运动能使呼吸肌发达，尤其是吸气量可得到明显的提升，同时可以提高换气效率，从而达到改善呼吸系统功能的目的。

二、精神方面

喜欢运动的人会不自觉地散发出一种阳光的气质，他们总是精力充沛，给人一种元气满满的感觉。这是因为运动会使机体处于一种舒展通畅的健康状态，在运动的时候会释放掉那些沉积的压力，让我们的心理得到积极的调节。

（1）运动能够有效提高大脑功能。大脑支配肢体，肢体的活动又可兴奋大脑，经常锻炼可提高动脑的效力，提高回忆的效率，从而增强记忆力。运动能使人心智振奋、思维活跃；运动能促进中枢神经系统及其主导部分大脑皮层的兴奋点得到改善，从而提高大脑的综合分析能力[①]。此外，若经常参与运动负荷较大、具有挑战性的体育项目，或者运动量大、持续时间长的体育活动，可锤炼抗挫折能力，锻炼意志品质的坚韧性及形成坚忍不拔、敢于拼搏的意志品质。

（2）运动能宣泄情感、缓解压力。体育锻炼能够帮助大脑内的调节情绪的神经递质重新达到平衡，既可以改善睡眠，改善焦虑情绪，也可以消除焦虑、镇恐压惊、缓和紧张情绪。例如，常见的焦虑症、抑郁症等心理疾病，都可以通过体育锻炼的辅助作用，使患者的精神状态有一定的改善。

（3）人体在进行运动的时候会释放出许多有益的激素，能调节人的情绪和心境，增强抵抗力，有益于身心健康。

运动是保证人体代谢过程旺盛的重要因素。《吕氏春秋·尽数篇》说："流水不腐，户枢不蠹，动也。形气亦然。形不动则精不流，精不流则气郁。"而东汉末年医学家华佗更进一步指出："人体欲得劳动，但不当使极尔。动摇则谷得消，血脉流通，病不得生，譬犹户枢不朽是也。"还有许多诸如此类的言论都在提醒着人们运动的重要性。

第三节　运动减肥的种类

一、耐力性运动

耐力性运动是指全身肌群参与，运动持续时间较长的有氧运动，运动中无间歇，运动强度相对较小，运动所需能量主要来源于有氧氧化，能量消耗较大的一种运动方式。耐力性运动一般为有氧运动，有氧运动是指人体在氧气充分供应的情况下进行体育锻炼。有氧耐力运动则是最有效的减肥方式，这类运动主要由糖类和脂肪供能，能够很好地达到减肥的效果。同时还能锻炼心肺功能，通过有规律的有氧运动锻炼，可以使心脏供血能力增强。一个心肺功能好的人可以参加较长时间的有氧运动，且运动恢复也较快。

1.耐力性运动的优点及特点

（1）促进新陈代谢。耐力性运动可以恢复对新陈代谢的调节，刺激机体机能，消耗

---

① 徐辉. 有氧运动与身心健康探析.[J] 科技信息，2011（5）：651；686.

掉多余的脂肪，进而促进脂肪的代谢。

（2）抑制脂肪的形成。耐力性运动增加了血液中电离脂肪酸和葡萄糖的利用率，多余的糖被消耗掉，无法转化为脂肪，因此减少了脂肪的形成和囤积。

（3）改善呼吸系统。耐力性运动增强了呼吸肌的力量，使肺部可以吸入更多氧气，并通过血液循环，运送到身体各处，这有助于更多地氧化和燃烧多余的脂肪。

（4）改善心血管系统。耐力性运动有助于提高心肌工作能力，使收缩力加强，改善肥胖者心血管系统对负荷的适应能力，减轻心脏负荷，从而改善心血管系统的功能。

有氧运动的目的主要在于增强心肺耐力，消耗体内糖分和脂肪，达到减肥的效果[1]。在运动时，由于肌肉收缩而需要大量能量和氧气，氧气的需求量增加，呼吸系统就要吸入更多氧气供机体运动所需，为了更快地向肌肉输送氧气，心脏的泵血量就需要增加，因而心脏收缩次数就会增多，每次压送出的血液量、呼吸次数、肺部的收缩舒张程度均会增加。而这持续性的需求，可提高心肺的耐力。当心肺耐力增加了，身体就可从事更长时间运动或更高强度的运动，而且不易疲劳。长期坚持有氧运动能增加体内血红蛋白的数量，提高机体抵抗力，抗衰老，增强大脑的工作效率和心肺功能，增加脂肪消耗，可以很好地达到减脂的目的。减肥者如果在合理安排饮食的同时，再结合有氧运动，不仅减肥能成功，并且减肥后的体重也会得到巩固。此外，有氧运动对于脑力劳动者也是非常有益的。

2. 耐力性运动的要领与尺度

（1）运动前的准备活动是十分必要的，它可使肌肉的黏滞性降低，提高肌肉的收缩和舒张的速度，增强肌力；还可以增加肌肉、韧带的弹性和伸展性。内脏器官的生理惰性较大，刚开始运动时，内脏器官并不能立即进入最佳运动状态，而准备活动，可以在一定程度上预先动员内脏器官的机能，使内脏器官的活动一开始就达到较高水平。另外，进行适当的准备活动，还可以减轻开始运动时由于内脏器官的不适应所造成的不舒服感。

（2）运动中克服"阻力"。肥胖人群往往在开始进行运动减肥时，对有氧耐力运动极其不适应，会感觉很累无法坚持，这是由于长时间不运动，内脏器官和四肢肌肉都有了一定的惰性，这种惰性会使运动者从心理上降低对自己运动的要求，本来可以运动 30 min，结果 15 min 都坚持不下来，这就需要坚强的意志和减肥的决心来加持。

（3）运动后适当放松，运动后身体各处的肌肉都处于紧张状态，且内脏器官的活动也处于较高水平，忽然停止运动会造成极其严重的后果，轻则肌肉抽筋，呼吸急促，重则眩晕甚至休克。因此，运动后要进行适当的慢走和拉伸，使心率恢复到平静状态，使肌肉得到充分的放松。

---

[1] 李秀丽. 有氧运动健身的生物学分析 [J]. 北京体育大学学报，2003（6）：776-777；783.

二、力量性运动

力量性运动是以增加肌肉含量和肌肉力量为主要目的的运动，也叫负重练习、抗阻力运动，它对肌力的增加和体形的塑造起促进作用。和耐力性的有氧运动相比，力量性运动持续时间短，身体负荷大，更能促进肌肉的增长，使人变得更加健美和强壮有力。

（一）减肥中的优势

提举重物的相关运动可燃烧热量（尤其做循环运动时，还可以带来有氧运动的益处），而力量练习能够燃烧更多热量，即便当你没有在运动时。这归功于力量练习可带来塑造肌肉的功效。肌肉数量的增多，使身体在活动中所动员的肌肉数量就会增多，相应也会燃烧更多的热量。所以，平时只需要通过简单的举重练习就可以增加肌肉数量，同时还能提高新陈代谢率，让身体转化成一台高效燃烧热量的机器。

改善情绪能更好地应对压力，有一种说法是："跑步者的愉悦感"。其实这不仅适用于跑步的人，所有形式的运动，包括力量练习，都被证明具有促进释放内啡肽（人体产生的类似吗啡的生物化学合成物激素，具有放松神经、止痛等作用，可产生兴奋感和舒适感），让人感觉良好的作用。

保护心脏健康，由于力量练习对心脏健康带来的有益效果，美国心脏协会将之推荐为保护心脏的首选方式。研究表明：力量练习可以帮助人们避免心脏病，甚至对于那些已经有心脏病的人来说，还能帮助减少发病概率和所产生的其他心脏问题[1]。而且，一些研究还发现适度的负重练习还能降低人体内坏胆固醇的水平，同时提高好胆固醇的水平，从而改善心脏健康。心脏之所以能够处于健康状态，源于流向肌肉、心脏和全身的血流量的增加，而力量练习正好可以做到这一点。

塑造强健骨骼，构成骨骼的活细胞组织可通过运动变得更加强健。规律的力量练习和其他形式的负荷运动，如步行和跑步，可以通过改善和维护骨骼密度，来帮助改善身体的健康状况和骨骼的强韧度。通过举重训练，女性脊椎骨的含钙量可以在短短的半年内增加13%。另外，有相关研究表明，如果再配合适当的饮食，力量练习甚至还能减少患骨质疏松及与之相关的骨折风险。

减少患糖尿病的概率，有规律且适度的力量练习可以从多方面帮助人体避免患上糖尿病。最重要的一点是，力量练习可以改善人体对糖的代谢。研究者还发现，力量练习能够改善人体胰岛素的敏感度，并且控制血液中的葡萄糖数量。另外，根据上文中所提到的力

---

[1] 詹晓梅. 肥胖症青少年心脏对运动减肥适应及机制研究 [D]. 上海：上海体育学院，2012.

量练习可以控制胆固醇和血压状况，这两者都可能对控制糖尿病发挥一定的作用。

（二）力量性运动中注意事项

（1）注意力集中。进行力量练习时要保持注意力集中，把全部精力集中在练习内容上，使意念与动作紧密配合并协调一致，这样更有助于肌肉力量的发展。如果分心，则很可能造成损伤。

（2）充分放松。每次练习时，要特别注意做好准备活动，让肌肉先充分地动员起来，并且使肌肉充分地舒张，动作幅度要大，因为肌纤维被拉长后，肌肉收缩的初长度会增加，肌肉的收缩力量也会进一步增加，同时又可保持肌肉良好的弹性和收缩速度。力量练习后，肌肉可能会出现发胀、酸痛等情况，因此在运动后要进行必要的拉伸和按摩，以消除肌肉疲劳，促进恢复。

（3）坚持练习。根据"用进废退"的原理，任何运动都需要坚持并有一定的规律性。研究表明：力量增长得越快，停练后消退得也就越快。如果一周安排2次以上的力量练习，可以增加肌肉力量；如果一周只进行1次力量练习，那么力量就会保持在原有水平。所以，"坚持"才是力量练习的过程中最为重要的一点。

（三）力量性运动的运动强度、运动量与持续时间

力量性运动多是以磷酸原系统和糖酵解系统供能为主，通常为无氧运动，想要达到减肥的效果，就需要在有氧运动的基础上，适当地增加力量性运动的运动量，以达到增肌、塑形的效果。一般情况下，对于需要减肥的人群来说，力量性训练强度不宜多大，时间不宜多长，安排15 min左右最好。同时，还要看自身的适应情况，力量性运动的运动强度最好以局部肌肉反应为准，而不是靠心率来评判。在肌肉进行等张收缩或等动收缩时，力量性运动的运动量应该由抗阻力的大小和运动次数来决定。而在进行等长收缩时，运动量由所抗阻力和持续时间来决定。力量性运动的运动时间主要是指每个练习动作的持续时间。

三、球类运动

球类运动是以球作为基础的运动或游戏。在我国常见并且普及的有篮球、足球、排球、乒乓球、羽毛球、网球、门球及健身球等项目，项目众多，可选择性强。球类运动的优点为：可根据年龄、性别、个人喜好和场地限制来自由选择球类项目，并且球类项目中带有一定的游戏娱乐性质，可增强人们对运动的兴趣，延长运动时间，增强减肥效果。

（1）篮球。一直以来，篮球都是很流行的球类运动之一，而且有很多人都喜欢篮球

运动。在进行篮球运动时，肌肉在紧张活动，心脏工作增加，能够有效地预防心血管病。篮球运动能够控制体重，因为过分肥胖会影响正常生理功能，而篮球运动可以减少脂肪，增加肌肉力量，保持关节柔韧，从而可以有效控制体重，改善体形。

（2）羽毛球。相对于其他对运动能力有一定要求的运动项目来说，羽毛球是比较适合肥胖人群的一种运动，因为打羽毛球不需要场地的限制，找个空旷的地方就可以了。在进行羽毛球运动的时候，需要大口地吸入氧气，经过长时间的锻炼，有利于肺活量的增大。由于长期有规律的羽毛球运动，能够很好地消耗脂肪，全身肌肉和关节都会得到训练。

（3）足球。目前，足球运动是大众极为关注的运动项目之一，因为足球是在奔跑中踢出致命一击，从而获得快感和成就感，是其他运动项目所不具备的。足球需要在跑动中得分，所以对身体素质水平要求很高。轻度肥胖且身体素质较好，有一定运动能力的人可以尝试足球运动。

（4）健身球。健身球作为一种运动康复的重要工具，适合所有的人进行锻炼，它的健身效果较好，特别是对脊柱和骨盆的锻炼。锻炼时相对安全，不容易出现损伤。健身球可以提高人的柔韧、力量、平衡等身体素质，同时能够增加姿态美感，提高心肺功能。

四、水上运动

水上运动是一项康复运动，主要适用于大体重者。其主要有以下优点。

（1）水中健身运动是一种新型的有氧健身运动，常见类型有池边健身、水中健身跑、水中健身操、水中太极拳等。人在水中运动时，各器官都会参与其中，同时散热快、耗能多，血液循环也随之加快，以供给运动器官更多的氧气。血液循环速度的加快，会增加心脏的负荷，使其跳动频率加快，收缩强而有力。经常游泳的人，心脏功能好。合理运动能够给人带来健康，又具有良好的塑身作用，要达到健身塑形的目的，必须要有一定的运动强度，但是运动强度和运动量过大，容易对人体的关节和肌肉带来较大的冲击，进而引起运动损伤。水中运动由于减少了地面运动时地面对骨骼的冲击性，使关节不易变形。训练的强度又很容易控制在有氧范围之内，不会长出很生硬的肌肉块，可以使全身的线条流畅、优美。由于水中运动充分利用了水的浮力，则可以减少运动损伤；加上水流可以较快地带走体表温度，加快血液循环和能量代谢，能够有效地减去体内多余脂肪，塑造完美形体。

（2）很显然，大体重人群由于自身重量过大，不适合耐力性运动、球类运动以及多数力量型运动，但游泳时身体直接浸泡在水中，水不仅阻力大，而且导热性能也非常好，散热速度快。为尽快补充身体散发的热量，以供冷热平衡的需要，神经系统便快速做出反应,使人体新陈代谢加快,因而消耗热量多。由此可见,在水中运动,会使许多想减肥的人,取得事半功倍的效果。

第四节 运动减肥项目的选择

生活方式的改变让消耗热量的方式已经变得越来越多元,甚至在做同一件事情的时候,也会因为不同的选择而导致不同程度的热量消耗。从原则上来说,只要每天消耗的热量大于摄入的热量,人自然就会瘦。但说着容易,做起来很难。人们总希望采用更便捷、更有效的方式让自己轻松减肥,但结局往往事与愿违。这就要求在选择运动项目时坚持合理、安全、可行、保质保量的原则。

(1)多样且综合运动。有氧运动和无氧运动是可以同时进行的运动,不是相互对立的。然而,这两种运动的减肥效果却不同,有氧运动可以消耗体内的糖分和脂肪,达到减脂的目的;无氧运动既可以增加体内的肌肉含量从而增强肌力,还可以增加皮肤弹性,达到塑造优美体形的效果。另外,无氧运动能使机体内的肌肉量增加,使身体变成不容易发胖的体质,也是非常有助于减肥的运动。因此,在运动减肥过程中,要将有氧运动和无氧运动结合起来,以便达到更好的减肥效果,同时不容易使体内肌肉流失。

(2)运动一定要注意膝关节。过度肥胖的人群,在选择运动减肥的项目时要特别注意对膝关节的保护。例如,跑步这一运动项目,体重过大的人群在跑步过程中,膝关节和踝关节会承受过大的压力,容易造成损伤。因此,在选择运动项目及进行运动时,要选择游泳等对膝关节没有损伤的运动。如发现有膝关节疼痛的情况,最好改变运动项目,或者降低运动强度和运动量。

(3)超负荷运动不可取。有些人为了加快减肥的速度,一开始就加大运动强度,这样的效果未必好,甚至会引起肌腱和周围软组织的慢性炎症。如果不及时休息和调整,继续过度运动,会加重炎症。对于以减肥为目的的人群来说,放松心态最为重要,要根据自己的身体素质和自身的运动能力,挑选适合自己的运动项目、运动强度和运动量,不宜负荷强度过大。超负荷运动容易导致能量储存失去平衡,新陈代谢速度增加,容易出现暴饮暴食等现象。如果在运动过程中出现口干、心跳加快、头晕等情况,说明你的身体已经无法承受这一运动负荷了,需要及时进行调整,避免运动损伤的出现。

(4)因地制宜,因时制宜。目前生活节奏快,工作压力大,人们的业余时间被大量挤占等因素往往会使人们无法坚持运动,因此,要根据自身情况和周围的运动设施条件,在合适的时间、合适的地点做合适的运动。

第五节　运动减肥的方法

一、游泳

游泳是锻炼身体的有效方法，一是游泳本身就是一种极易消耗脂肪的运动，水中的阻力数倍于大气中，所以可以不断消耗脂肪。游泳时身体消耗的能量是在陆地上的 20 倍以上，同时水的阻力是空气中的 800 多倍，因此游泳时所消耗的能量，远超过在陆地上进行运动时所消耗的能量。二是水温比体温低，人体需不断耗能来保持体温。在水中游泳不仅要克服水的阻力，热量散失得也快，消耗的能量更多，对减肥十分有利。但游泳也并非对每个人都适用，如高血压、心脏病及肾脏病患者就不适宜游泳。

二、跑步

跑步能锻炼人的心脏，增加机体的最大摄氧量，增强人体的活动能力，并且又不需要特殊的器械，是健身的有益选择。虽然跑步别很多人看做是减肥的最佳选择，但跑步并不是只要跑就能减肥。还要注意跑步的时间，必须是 20 min 以上的跑步才有效，但也不能过长，一般要控制在 1 h 以内，使身体不要过于疲惫，心率要控制在正常范围内，不要让其升得太高，以免血压升高。如果跑步过于剧烈，会感觉心脏不舒服，对膝盖及其他关节也会有一定程度的损伤。

三、跳绳

跳绳之所以能减肥瘦身，主要是因为跳绳可以让手臂、腿部、腰部和臀部得到充分的运动，加快人体血液循环，从而加快身体脂肪的消耗，这样就可以让全身的肌肉都得到锻炼，减少脂肪在身体的囤积。同步双脚跳的方式主要是通过身体不停地向左、右方向的倾斜运动来让腰部的肌肉得到充分的运动和锻炼，这样就可以减少腰部的赘肉，轻松地塑造完美身材。除此之外，同步双脚跳也可以让手臂和双脚具有足够的运动量，这样同样可以让手臂和双脚的脂肪得到快速的燃烧，让身体迅速摆脱赘肉。单腿轮换跳跃主要是靠单腿有节奏地跳跃来让一只脚的肌肉得到充分的运动，在不停的蹬地跳跃当中迅速甩掉脚上的赘肉，这样，对于消耗腿上的脂肪能起到非常好的效果。当然除此之外，身体的其他部位通过运动也同样可以达到一定的锻炼目的，让身材在跳绳中不知不觉变得更加苗条。跳绳的可玩性较强，技巧性较高，可交替无氧运动和有氧运动，减肥效果较好，但对关节的压力较大，不适合大体重人群。

四、瑜伽

瑜伽减肥，适合不能进行剧烈运动的人群，如产后康复者、体质较差者。练习瑜伽不仅可以塑造完美的形体，还可以达到较好的减肥效果。瑜伽运动可以提高人体的新陈代谢、加快人体的血液循环、缩小脂肪的细胞体积、燃烧体内的多余脂肪。不仅如此，坚持瑜伽运动还可以有效地改善体形，使身姿更为挺拔，也可以在一定程度上修复因肥胖而对骨骼造成的压迫与变形。这项运动多适用于女性，因为瑜伽运动具有良好的塑形效果，也是一种没有副作用且更加科学的减肥方法。

五、HIIT 训练

HIIT 的英文全称为 high-intensity interval training，指的是高强度间歇性训练，简单地说，就是在短时间内进行的高强度训练。对于减脂而言，HIIT 训练的最大优点是训练效率高、耗时短，同等训练时间内能比慢速有氧消耗更多的热量（当然还可以提高代谢、增加肌肉等，但从实质上来说，带来的帮助并不明显），而且由于高强度的训练可以带来过量氧耗作用，在训练结束之后的较长时间里也能持续地消耗热量，即使进行短时间的训练，也有可能比长时间的中低强度有氧消耗更多的热量。但 HIIT 训练的副作用相对较大，更适合于专业运动员或长期运动的健身爱好者，常见的副作用表现为：可能会导致软组织损伤，还会伴有肌腱损伤及韧带拉伤等症状。因属于一种高强度的训练，在训练的过程中，韧带和软组织都会受到很大的牵拉力，也可能会造成局部疼痛的症状，同时在高强度的训练下还会对心脏组织造成巨大的负担，也会对心脏功能造成影响。

第六节 三种不利于减肥的运动方式

一、过度运动

2017 年 5 月 19 日，据英国《每日邮报》报道，澳大利亚营养学家杰西卡·塞佩尔认为，过度锻炼不利于减肥。塞佩尔指出："当你因为锻炼承受极大压力时，皮质醇水平便会飙升。皮质醇高意味着身体不能燃烧脂肪，它在忙于平衡副交感神经系统和交感神经系统。"

运动量过大，人体所需的氧气、营养物质及代谢产物就会相应增加，会对肺部、心脏等施加压力，而营养物质的大量消耗会使减肥人群的食欲大开，容易暴饮暴食，体重不减反增。

做大运动量运动时,心脏输出血量不能满足机体的需要,肺部向体内输送的氧气跟不上运动所需要消耗的氧气量,会使机体处于缺氧的无氧代谢状态。无氧代谢运动不是利用脂肪作为主要能量,而主要靠分解人体内储存的糖原释放能量。在缺氧环境中,脂肪不仅不能被利用,而且还会产生酸性物质,乳酸在体内大量堆积会产生延迟性肌肉酸痛,不利于运动减肥的坚持,会降低人体运动耐受力。大强度的运动后,血糖会降低,血糖降低是引起饥饿的重要原因,这时人们往往会食欲大增。这就是为什么强度大的运动不但起不到减肥的作用,有时反而会增加体内脂肪堆积的原因。由此可见,想减肥的人需要尽量避免大强度运动。

综上所述,建议肥胖人群在减肥时,要根据自己的身体条件和运动情况,进行有氧运动和无氧运动相结合的方式促进体内脂肪的燃烧,同时避免过度运动带来的运动性疲劳和食欲的上升。

二、短时间运动

运动中的能源供应有三条途径,分别是磷酸原系统、糖酵解系统和有氧氧化供能系统。

磷酸原系统又被称为 ATP-CP 系统,CP(磷酸肌酸)在肌肉中的贮备量很少,因此磷酸原在运动中的可用量仅占 1% 左右,虽然维持运动的时间仅仅 6~8 s,但是它是不可替代的快速能量。这种供能输出功率较糖的无氧糖酵解和有氧氧化过程高,不需要充足的氧气而且供能过程没有代谢产物的积累。它的供能总量少,持续时间短,功率输出快,不需要氧气的参与,不产生乳酸等物质。该供能系统提供能量较少,骨骼肌几秒钟的收缩即可将此系统提供的能量消耗完。

糖酵解系统又被称为乳酸能系统,运动中骨骼肌糖原和葡萄糖在无氧条件下酵解,生成乳酸并释放能量供肌肉利用的能源系统[1]。该系统可维持运动时间 2~3 min,在运动 30~60 s 供能速率最大。

有氧氧化供能系统又被称为有氧能系统,糖类、脂肪、蛋白质在氧供充分时,可以氧化分解,提供大量能量。该系统以糖和脂肪为主,尽管其供能的最大输出功率仅仅达到酵解能系统的 1/2,但其储备量丰富,维持运动时间较长,如糖类可达 1.5~2 h,脂肪可达更长时间。

磷酸原系统与糖酵解系统共同为短时间、高强度的无氧运动提供能量,而氧化能系统为长时间的有氧运动提供能量。身体的新陈代谢分为有氧代谢和无氧代谢,而体内脂肪的

---

[1] 王瑞元,苏全生. 运动生理学 [M]. 北京:人民体育出版社,2012.

燃烧必须经过有氧代谢，这就需要氧气的参与，磷酸原和糖酵解这两种短时间运动的供能方式氧气参与较少或不参与，有氧氧化的供能方式氧气参与较多，而且在进行有氧运动时，首先动用的是人体内储存的糖原来释放能量。运动 30 min 左右，能量的供应开始由糖原转向脂肪；再过一段时间后，能量的供应以脂肪供能为主。因此，运动时想要达到消耗脂肪的目的，最少需要运动半个小时。

三、快速爆发力运动

人体肌肉是由许多肌纤维组成的，根据肌纤维的收缩速度划分，可分为两大类：快肌纤维和慢肌纤维。快肌纤维百分比高的肌肉的收缩速度和力量均大于慢肌纤维百分比高的肌肉；慢肌纤维抵抗疲劳的能力比快肌纤维强得多；快肌纤维中一些重要的与无氧代谢有关的酶活性明显高于慢肌纤维。因此，耐力训练可以增加慢肌纤维在肌肉中的百分比，速度、爆发力的训练可以增加快肌纤维在肌肉中的百分比。

在运动时，如进行快速爆发力锻炼，这些速度、力量等短时间、高强度、快速爆发力的无氧运动基本上都是糖酵解系统和磷酸原系统供能，不需要氧气的参与，脂肪无法消耗分解，而这些运动会使得肌肉中首先得到动员的是快肌纤维，快肌纤维横断面较粗，因此肌群容易发达粗壮。经常进行快速爆发力运动可引起快肌纤维选择性肥大，因此会出现越减越壮的情况。

但这类运动并不是全无优点，它可以增加体内的肌肉力量，适当的无氧运动可以塑造优美的体形。

总之，要达到全身减肥的目的，就应做心率每分钟在 120～160 次的低中强度、长时间（1 h 以上）耐力性有氧代谢全身运动。例如，健身操、慢长跑、长距离长时间的游泳等。同时，要注意有氧与无氧运动相结合，每次运动时抽出 15 min 左右来做无氧运动，可以更快更有效地达到减肥的效果。

第七节 运动减肥的要点

一、早上空腹运动的危害

很多人习惯早上运动减肥，早上运动的好处很多，但是如果不注意方法，就会危害到身体健康。而且大部分人是早上没有进食就直接运动，尽管很多人都知道空腹跑步对身体危害较大，但大部分的运动者对此并不注意。那么空腹运动对身体会造成哪些危害呢？

（一）空腹运动造成心律失常

运动时所需的能量来源是靠饮食摄取，而空腹运动会导致人体血液当中的游离脂肪酸明显增高，游离脂肪酸偏高可影响三大能量物质之间的代谢转化，是代谢疾病、心脑血管疾病等的危险因素。如果游离脂肪酸过量的话，就会导致人心律不正常，甚至出现猝死情况。

（二）空腹运动造成血糖偏低

人体能量的主要来源主要是饮食中摄入的碳水化合物，人体经过一晚上的休息之后，会比较容易丢失一定量的水分，而且由于一晚上没有进食，体内的血糖处于一个比较低的状态，如果再进行空腹运动，消耗了更多的能量，体内的血糖浓度就更低了。而且有可能会加重体内的失水，造成体内电解质的混乱，有些人甚至会出现头晕、恶心的症状。早上空腹运动不仅不能起到锻炼身体的作用，甚至会影响正常的身体健康。

血糖是机体最重要的能量来源，尤其是脑组织，低血糖对中枢神经系统损害尤为严重，脑组织活动需要依赖源源不绝的血糖供应，因此长期反复的低血糖发作可导致中枢神经系统不可逆的损害，引起病人的性格改变、智力下降和痴呆等，严重的可成为植物人。此外，低血糖可导致患者头晕、意识不清，因此跌倒摔伤、骨折等意外事件的发生率会大大增加。

（三）空腹运动导致身体疲劳

血糖是大脑的直接能源物质，血糖浓度过低，会导致大脑因为缺少动力而感到疲劳，使人运动时感觉头晕乏力、面色苍白、冒冷汗，持续运动就容易出现昏迷。俗话说"一日之计在于晨"，如果早上就开始感觉到疲劳，可能会造成一连串的连锁效应，那么一整天的精神都会受到影响，就会影响工作、学习、生活等。

（四）空腹运动伤肠胃

空腹运动对肠胃也是没有好处的，容易引起肠胃功能紊乱，导致胃部发生饥饿性收缩，出现胃疼的症状。

二、局部减肥是一个伪命题

在进行全身或局部锻炼的时候，血液中的养分浓度会下降，血流速度会加快，全身的脂肪会一同被分解释放到血液中，运输到正在大量消耗肌糖原的肌肉当中，所以，人体的脂肪是统一被调用的，所有脂肪一起被消耗，并不存在什么就近原则。事实上，只要通过运动减肥，不管做什么运动，一般开始的时候，腰腹部减的幅度都是最大的，然后才是四肢和臀部。总体而言，腰围下降幅度会明显大于其他部位。

当我们发现自己需要减肥时，大多数人关注的都是体重和身体上某些或某一变化比较明显的局部，如大腿、肚子、胳膊等，为此还专门出现各种局部的减肥动作。比如，卷腹、仰卧起坐被用来瘦肚子，深蹲用来瘦大腿，这些局部减肥动作在锻炼一段时间之后可能会感觉到肚子瘦了一点、腿围小了一圈，事实证明它们确实有塑性增肌的作用，但这并不能达到减脂的效果。

减脂是全身的，增肌才是局部的，因此局部减肥是一个伪命题，简单来说，无论你做多少个仰卧起坐，都不可能直接地燃烧到腹部的脂肪，而你所感觉到的腹部酸痛，只是因为腹部肌肉得到了锻炼以后的乳酸堆积。所以，所谓的瘦腿、瘦胳膊、瘦肚子，其实都是瘦全身。

三、拉伸是缓解运动后肌肉紧张的关键

有的健身爱好者认为健身是为了让身上的脂肪变成肌肉，这是一种错误的想法，其实脂肪和肌肉根本就是两种不同的物质。显然这类人群对于健身的常识都不太了解，而我们许多有减肥诉求的人也会有这样的想法，因为人们从不运动的状态进入运动状态，会觉得自己身上的肉变硬了，人变宽了，体重变重了，这就造成了一种脂肪变成肌肉的错觉。脂肪和肌肉根本就是两种不同的物质，当然不能混为一谈。脂肪唯一发生减少的情况，就是通过控制饮食和有效运动；而肌肉变硬、变宽这些现象，事实上是运动后肌肉紧张造成的，需要通过拉伸来改善和缓解。拉伸可以促进机体的血液循环，缓解肌肉紧张，促进肌肉的放松和恢复，在一定程度上有助于降低血乳酸浓度，从而辅助缓解运动后出现的肌肉酸痛的症状。通过拉伸，还可以保持肌肉和关节的灵活度。需要注意的是，拉伸并不是时间越长越好。拉伸时间过长，会增加韧带、关节过度拉伸、损伤的风险。建议可以根据自身的状况和需求进行拉伸。此外，运动前也可以进行拉伸，提高运动能力，降低运动损伤概率。

四、运动质量、时间和数量

运动时间要系统把握，动作幅度越慢越好，动作数量要适当。运动时间的系统把握是指，要根据自己的身体条件和运动状况，在自身所能承受范围内，运动要适时适量。例如：你有运动半小时的力气，就别 15 min 就放弃；但也不宜时间过长，容易产生运动性疲劳。

运动速度越慢越好是针对一些无氧和力量训练的动作，以深蹲为例，下蹲的动作越快也就越省力，但是效果也就越差。而缓缓下蹲时，会发现大腿格外的酸痛，肌肉才真正锻炼到位了。这时，动作的数量就不宜安排太多，避免因乳酸堆积过量而造成的延迟性肌肉酸痛。综上所述，在做某些运动时，质量远比时间和数量更为重要。

增肌、减脂不矛盾，减脂也要适量无氧。因为减肥的时候只做有氧运动，再加上控制饮食，很容易就会出现肌肉流失和代谢下降等情况。而运动时采用有氧运动和无氧运动相结合的方法就可以很好地解决这一问题，在减脂肪的同时，维持住一部分的肌肉量，才能让减肥的进度更快、效果更好。

五、运动减肥贵在坚持

运动是减肥的有效手段，但这点在不少肥胖者身上并不见效或效果不理想。有人因此抱怨运动减肥没有效果。其实，运动减肥效果不佳的原因是多方面的。

运动减肥效果不佳的常见原因没有坚持运动：有的人在减肥开始时，感到比较劳累和不习惯，没练多久，就想休息几天。他们不曾了解，这样做根本达不到消耗能量的效果。因为运动会使胃肠运动增强，食欲增加，消化吸收速度加快。很多人运动后胃口大开，只不过因为坚持锻炼，使热量不至积累而已。如果突然停止锻炼，可胃口并没有缩小，热量需求也并未降低，这样不但体重难以下降，甚至可能回升。

那么，运动减肥要怎样才能坚持下去呢？想要坚持就需要三个因素的相互配合：一是改变运动动机，二是选择适合自己的运动项目，三是规划合适的运动量。

首先，改变运动动机。打算减肥的人群，通常带有很强的目的性，所以很少会享受其中的乐趣。而没有一个正面运动动机的原因大致有两个。其一是由于自身身体素质和运动状况，有些人的身体素质就决定了运动必然不会太轻松。其二是很多人运动的动机是为了能量收支平衡，为了多消耗点热量，抵消掉摄入的高热量食物。带着消耗热量的动机去运动，运动就变味了。越是带着这样的动机运动，越是无法让自己感受到运动带来的乐趣，因为很多人关注的只是热量的消耗，默默计算今天的运动量是否可以抵消摄入的热量，或者太过于关注体重的变化，体重没降，运动就无法坚持下去了。当调整好运动的动机后，就会发现运动的过程很快乐，运动之后会感到身心放松。运动还是很好的解压、抗抑郁的方式，此时运动所带来的成就感和愉悦感是为了减肥而运动的人无法体会到的。

其次，选择适合自己的运动项目。每个人的体质都不一样，适合的运动项目当然也不一样。① 有些人体重过大，跑步会感觉到很吃力，那么快走也不失为一种合适的项目；有些人腿部力量较弱，跳绳就自然坚持不了多久；还有些人不喜欢跑步，如果一定要选择跑步减肥也就很难坚持。运动项目选择不当或运动过度，会使身体过早疲倦，甚至可能损伤关节、韧带或骨骼，运动往往因此被迫停止，又何谈"坚持"二字？因此，可以根据自己的身体状况、周围运动设施条件，选择适合自身体质的运动项目坚持下去。

最后，规划合适的运动量。运动时要遵循循序渐进的原则，一开始就进行高强度、长时间的运动，这容易造成运动损伤，还会使人食欲大开，控制不好就会暴饮暴食。因此，规划合适的运动量至关重要，要考虑到自身的身体素质，刚开始运动量不宜过大，往后再逐渐增加。

除此之外，还有一些其他方法：第一，制订运动计划。有计划地做一件事能够让自己的行动有一个依据，知道自己什么时候该干什么，还有哪些事情没有完成。可以将制订的计划放在醒目的地方，每天提醒自己，等时间一长就会慢慢融入生活，变成生活中的一个习惯。值得注意的是，不切实际的减肥计划不仅没有效果，还会因为得不到正反馈而对减肥失去信心。只有制订一个简单易行的减肥方案，才能不给自己带来过多的负担，也更加容易坚持下去。而且经过日积月累，成果会逐渐显现出来，这对自己也是一个很好的鼓励。同时，为了让自己更容易坚持下去，还可以设置一些适当的奖励，如瘦多少奖励自己一件想要的小礼物之类的，这样会更加有成就感。第二，和朋友或家人一起运动。一个人锻炼会比较枯燥，降低自己对运动这件事的兴趣。和朋友或者家人一起会感到轻松一些，心情也比一个人运动要愉快得多，而且还能互相监督鼓励。第三，选择自己喜欢的运动项目。由于性别、年龄等差异，每个人喜爱的运动项目也不太一样。选择一项自己喜欢并且擅长的体育运动项目不但会让自己更加容易接受，也能从中得到成就感，使自己对这项运动更加感兴趣，这样也更容易长久地坚持下去。第四，项目交替进行。经常做一项运动必然会产生枯燥感，不妨在这中间穿插着其他类型的运动。尤其是可以在自己的疲劳期做一些简单且容易接受的运动，以此来保持对运动的热情。

坚持运动不仅能够有效地控制肥胖，而且能够改善自己的身体状况。所以，减肥运动贵在坚持，并在坚持的过程中培养兴趣，发挥潜能。

---

① 王竹影，李德法，陈培友. 30-50岁超重人群走跑减肥运动处方的定量研究[J]. 体育与科学，2011，32（6）：80-83；88.

主要参考文献：

[1] 刘皓晖. 浅谈肥胖的成因与危害及运动干预方法 [J]. 当代体育科技, 2020, 10 (16): 231; 234

[2] 何权瀛. 肥胖对呼吸系统的危害及对策 [J]. 中华健康管理学杂志. 2011 (6): 321-322.

[3] 徐辉. 有氧运动与身心健康探析 [J]. 科技信息, 2011 (5): 651; 686.

[4] 李秀丽. 有氧运动健身的生物学分析 [J]. 北京体育大学学报, 2003 (6): 776-777; 783.

[5] 詹晓梅. 肥胖症青少年心脏对运动减肥适应及机制研究 [D]. 上海体育学院. 2012.

[6] 王瑞元, 苏全生. 运动生理学 [M]. 北京: 人民体育出版社, 2012.

[7] 王竹影, 李德法, 陈培友. 30-50岁超重人群走跑减肥运动处方的定量研究 [J]. 体育与科学, 2011, 32 (6): 80-83; 88.

第四章　怎样避免运动伤害

第一节　运动减肥的机理

当前，肥胖已成为世界四大社会医学问题之一，是导致糖尿病、高血脂、高血压、冠心病等代谢性疾病的直接原因之一，已成为世界范围内导致人类死亡的第五大风险因素。

肥胖是指由于脂肪细胞的数量和体积的增加，引起脂肪组织过剩和体重增加，体脂含量超过正常标准的现象。成年人的肥胖是以脂肪细胞体积增大为特征；对处于生长发育期的少年儿童而言，肥胖的发生以脂肪细胞数量增加（即增殖性肥胖）为主。运动不足和食物热量摄入高于体力活动消耗的因素均可累积造成肥胖。原发性（单纯性）肥胖是生活中出现最多的。原发性肥胖的发生多是由于不良的生活习惯导致机体的热量摄入大于热量消耗，多余的热量以脂滴的形式储存在脂肪细胞中。成年人体重增加的原因有三类：遗传和环境的相互作用、运动不足，以及常量营养素摄入的不均衡。其中，运动与肥胖的关系十分密切。

一、运动不足会造成肥胖

目前比较普遍的观点认为运动不足造成肥胖。久坐的人与经常运动的同龄人相比，体脂含量较高，即体脂与运动量成反比。但关于运动量与体重指数关系的纵向研究材料太少，因而还不能断言，运动缺乏是肥胖的原因还是肥胖的结果。但体重的大幅度增加与运动不足密切相关。因此，有观点认为运动不足可能既是体重增加的原因也是结果。

二、体力活动消耗能量低于食物热量摄入

任何人每天的食量都可能不同，运动量也会不同，这种变化会导致常量营养素日储备量和氧化量的波动。肥胖抵抗者的体重和体成分在多年内保持不变，说明其总的热量摄入和消耗是平衡的，自身有一个很精确的调节机制。这种热量和常量营养素平衡的打破，会

引发重新建立平衡的补偿机制的启动。如果体重增加,就说明一种或多种常量营养素及总热量原有的平衡被破坏,而代之以在新的体重上的平衡。

减肥又叫减脂,减脂是降低体脂率或减少脂肪。通过规律运动增加肌肉量,增加能量消耗和肌肉线粒体含量,使机体产生积极的内分泌变化,这些都对减少体脂含量起到正面的效果。运动作为增加能量消耗的有效手段,在体重控制中发挥着不可替代的作用。对于超重肥胖人群,体重控制过程中适当增加骨骼肌含量具有非常重要的健康促进作用,而运动是增加肌肉的最佳手段。

运动减肥的原理就是消耗的热量大于摄入的热量,人体就要消耗多余的脂肪供能,从而达到减肥的目的。人体脂肪的储存量很大,约占体重的10%～20%。一般认为,男性最适宜的体脂含量为体重的6%～14%,女性为体重的10%～14%。脂肪的分解供能是脂肪在脂肪酶的作用下,分解为甘油及脂肪酸,然后再分别氧化成二氧化碳和水,同时释放出大量能量,用于合成ATP(三磷酸腺苷)。在氧供应充足时进行运动,脂肪可被大量消耗利用。运动减肥是指通过增加人体肌肉的能量消耗,促进脂肪的分解氧化,降低运动后脂肪酸进入脂肪组织的速度,抑制脂肪的合成而达到减肥的目的[1]。

(一)运动与能量消耗

适当的运动可以达到很好的减体重效果,其主要原因在于运动是增加能量消耗的主要手段之一。人体日常的能量消耗主要包括三部分:基础代谢、食物的热效应和运动的热效应。其中,运动的热效应因运动者、运动强度、时间和频率不同而不同。

(1)运动本身能增加能量的消耗,坚持体育运动,每次采取30 min以上的有氧运动,能不断地消耗由脂肪氧化提供的热量。

运动可减轻高脂饮食造成的脂肪正平衡,抑制过度饮食造成的脂肪细胞数量增加,减少脂肪细胞体积的增加。运动结束后体内脂肪酸和乳酸继续氧化,体内糖储备的恢复都需要消耗能量,以及运动引起的内分泌变化、体温增高等因素均可使运动后的静息代谢率升高持续2～10 h[2]。运动后的能量消耗与运动强度成正比,即如果进行大强度的运动,则可使运动后额外的能量消耗加大,并明显提高每日的能量消耗。

(2)食物的热效应对基础代谢和运动的热效应可能都有影响,影响的结果是使能量消耗总量增大,达到减体重的目的。

---

[1] 武桂新,严翊. 简明运动生物化学[M]. 重庆:重庆大学出版社,2017.
[2] 王苗. 有氧运动减肥的生理生化分析[J]. 体育世界(学术版),2018(7):184;167;165.

（二）运动与脂肪代谢

（1）运动中消耗脂肪的来源

在运动减重过程中，减少脂肪含量是主要目的，即运动中机体通过分解脂肪获得能量的过程。运动中可用来分解供能的脂肪主要来源于骨骼肌细胞内储备的脂肪酸；脂肪组织中经过脂肪动员出来的血浆游离脂肪酸。研究指出，运动强度在25%最大摄氧量时，血浆游离脂肪酸浓度增加的速度是安静时的5倍[1]；运动强度为25%~65%最大摄氧量时，肌糖原分解成了重要的能量来源，血浆游离脂肪酸浓度增加的速度不变，脂肪分解的总量上升，其来源应该是骨骼肌细胞中储备的脂肪酸；运动强度达85%最大摄氧量时，骨骼肌收缩主要靠肌糖原分解供能，这时，血浆游离脂肪酸浓度下降。因此，如果只强调能量消耗，对减重减脂而言，低强度运动无疑较高强度运动效果更好。但这又无法获得大强度运动对提高运动后能量消耗的益处，如何将两者结合起来，是很值得研究的。

（2）长期的耐力训练是减少体脂的主要运动方式

有研究表明，长期的耐力训练，可以改变食物脂肪在体内的流向。经过长期耐力训练的人，摄入脂肪后，消化吸收的脂肪酸会储存在骨骼肌细胞中，以便运动时分解供能。长期进行耐力运动，对改善全身脂肪代谢和血脂成分，调整体脂分布和体成分，都非常有益。

耐力运动可提高骨骼肌、肝脏和脂肪组织细胞的胰岛素敏感性；增加骨骼肌细胞对脂肪的氧化；降低肝脏脂肪酶的活性，减少肝脏高密度脂蛋白的降解，以及极低密度脂蛋白和载脂蛋白B的分泌，进而使血液中低密度脂蛋白浓度下降，高密度脂蛋白浓度增加[2]。

长期的耐力运动训练能显著增加线粒体数量。适宜的运动可以提高空腹血浆脂解活性，其原因是线粒体数量增加、体积增大及伴随的氧化酶活性增强。20周的自行车锻炼能够使高血脂患者（血脂水平超过250 mg）的血脂降低约20%，高密度脂蛋白浓度、脂蛋白A-I水平显著提高，并且脂蛋白酶被活化，高密度脂蛋白水平的提高与内脏脂肪的减少成正比，与甘油三酯的基线水平成反比。其机制可能主要与脂蛋白酶活性提高有关。运动还可以激活过氧化物酶体增殖物激活受体γ和过氧化物酶体增殖物激活受体α，可以增强包括调控高密度脂蛋白代谢的基因编码蛋白的表达。这些改变可以减少富含甘油三酯的脂蛋白浓度，使高密度脂蛋白的浓度增加8%~10%。

运动可通过调节内分泌代谢来增加机体的能量消耗，降低体脂含量。骨骼肌胰岛素受

---

[1] 武桂新，严翊. 简明运动生物化学 [M]. 重庆：重庆大学出版社，2017.
[2] 谢敏豪，林文弢，丰炜权. 运动生物化学 [M]. 北京：北京体育大学出版社，2008.

体结合力下降是肥胖者的一个明显特征，从而发生胰岛素抵抗，使大量的葡萄糖进入脂肪组织，能量以脂肪的形式储存。有氧运动可以改善肥胖者胰岛素的敏感性，逆转肌细胞膜胰岛素受体结合力的下降，从而有效地调节体成分，达到减脂的目的[①]。

第二节　运动减肥注意事项

肥胖是一种"现代文明病"，是一种普遍存在的严重危害人类健康的疾病。医学专家将肥胖定义为一种常见的、明显的、复杂的代谢失调症，是一种能够影响整个机体正常功能的生理过程。这种营养障碍性疾病表现为机体脂肪组织量过多，或脂肪组织与其他软组织的比例过高。

一、肥胖的危害

肥胖对人体的危害主要表现在以下几个方面：肥胖会降低心血管功能，增加心血管疾病的危险；肥胖会影响消化系统的功能；肥胖会影响内分泌系统的功能；肥胖会增加某些癌症发生的危险性；肥胖还容易引起脑卒中、软组织损伤、生殖能力下降及心理障碍等许多疾病。

二、运动减肥的方式与机制

（一）运动减肥的方式

一是参加运动，二是控制食物摄入量。运动方式提倡采用动力型、大肌肉群参与的有氧运动，如步行、跑步、游泳、骑自行车等运动，均可以有效地降低体脂水平。水中运动减肥为近年来提倡的减肥方式。水中运动已发展到在水中行走、跑步、跳跃、踢水、水中球类游戏等多种运动[②]。

（二）运动减肥的生理机制

耐力运动消耗脂肪。耐力运动时消耗大量的能量，脂肪氧化供能是主要形式，因此，耐力运动对人体内脂肪代谢的影响最明显。

---

① 武桂新，严翊. 简明运动生物化学 [M]. 重庆：重庆大学出版社，2017.
② 陈云群. 浅析运动与减肥 [J]. 科技视界，2016（2）：104；121.

适度运动降低食欲。运动对食欲的影响比较复杂，人体处于正常状态时，为保持能量平衡，往往是食欲、摄食量会随着运动量的增加而增加，弥补运动时的能量消耗。然而，这种增加是不成比例的，运动量大到一定程度，使机体消耗太多的能量，出现运动性疲劳时，与摄食有关的神经内分泌因素会发生变化，食欲会降低[1]。

增加基础代谢。基础代谢是人体安静时能够维持人体正常生理活动的能量消耗。由于基础代谢率与瘦体重呈正相关，而体育运动能增加瘦体重，所以运动能使人体的基础代谢率增高，从而起到控制体重的效果[2]。

（三）减肥运动量的设定

就减重量而言，适宜的减重量为每周减轻 0.45 kg，减重上限量为每周减轻 0.9 kg。

就减重的具体措施而言，包括运动频率：每周运动 3～5 次；运动时间：每次持续 30～60 min；运动强度：刺激体脂消耗的"阈值"，即 50%～85% 最大摄氧量或 60%～70% 最大心率[3]。

三、运动减肥处方

（一）运动减肥处方的制定原则

安全性。运动强度、持续时间和练习频率应在参加者体质健康和心肺功能的实际水平之内。由于肥胖者对运动强度的耐受性差异很大，在运动处方实施之前应进行运动耐力实验，这样不仅能显示心肺功能有无异常，而且也可以表明参与活动者的最初的运动能力。通常运动强度为 40%～70% 最大心率，练习频率为每周 3～6 次，每次运动持续时间至少 30 min。

可接受性。运动方式应使参加者感兴趣，费用也应在其承受范围之内，如健步走、慢跑、骑自行车、有氧健身操、太极拳、交际舞、游泳以及球类活动等。

有效性。通过一段时间的减肥运动，出现体脂下降、腰围变小、心肺功能提高等良好的运动效果。在训练时间安排上，要根据肥胖者的实际情况和具体减肥要求及个体可接受的运动强度和频率来安排相关训练计划，可从数周至数年，循序渐进、持之以恒，运动减肥效果才能显著。

---

[1] 武桂新，严翊. 简明运动生物化学 [M]. 重庆：重庆大学出版社，2017.
[2] 梁霄，赵雪影. 体育运动对减肥效果的影响分析 [J]. 金田，2013（9）：351.
[3] 武桂新，严翊. 简明运动生物化学 [M]. 重庆：重庆大学出版社，2017.

（二）运动减肥处方实施过程中的注意事项

（1）做好医学检查等准备工作。先应做医学检查，判定心血管系统的功能状态，根据实际情况制定切实可行的减肥目标和计划。

（2）每周体重下降以 0.5 kg 为宜，否则不能真正长久地减肥。

（3）确定目标后制定运动处方及实施方案。在实施运动减肥计划的过程中，应注意调整饮食，在满足机体营养需要的基础上，尽量控制脂肪、糖类和食物总量的摄入。

（4）减肥健体运动方式应以有氧运动为主，如慢跑、游泳等，辅助以太极拳、乒乓球等运动项目。

（5）结合抗阻力量练习，即在增加能量消耗的基础上，增加瘦体重。

（6）每次运动前要做好充分的准备活动，以及结束时的放松活动，运动过程中细心观察体会主观体力感觉（RPE）程度，避免运动伤害事故发生，以第二天不感到很疲劳为宜。

四、运动减体重过程中的营养补充

体重的变化关键在于能量摄入和能量消耗平衡关系的变化。一般情况下，摄入大于消耗，体重就会增加；反之则减少。因此，减体重的基本原则就是要增加能量消耗。如果一方面通过运动增加了能量消耗，另一方面又加大食量增加了能量的摄入，则无法达到减体重的目的。但为了保障身体健康，不要过度地节食或禁食，而是应该特别注意减体重期间的营养补充。

（一）糖

由于糖可以在体内经过一系列代谢反应后转变成脂肪，因此很多人在减体重期间会过分强调少吃，甚至不吃糖。这样就会造成别的食物摄入量增加，如脂肪和蛋白质等。实际摄入的热量可能还超过了原有水平。由于糖摄入过少，身体大量通过分解脂肪供能，酮体产生增加，可能导致体内酸性物质堆积，影响健康[1]。

减体重期间糖分摄入的一般原则是尽量少吃或不吃"精制糖"，如蔗糖、各种甜食和含糖饮料，保证充足的淀粉类糖的摄入，如谷物、面粉、玉米等。这些多糖类食物，不仅可以为人体提供必需的能量，还是维生素、矿物质和食物纤维素的重要来源。

（二）蛋白质

减体重期间应该注意保证摄入适量的蛋白质，至少达到相应的推荐摄入量。摄入量不

---

[1] 武桂新，严翊. 简明运动生物化学 [M]. 重庆：重庆大学出版社，2017.

足的话容易造成肌肉蛋白质的丢失，对机体生长发育造成影响。但也没有必要过多地摄入蛋白质，影响减体重的效果。因为食物蛋白质多与脂肪结合在一起，如各种肉类等，所以在增加摄入蛋白质的同时，会增加脂肪的摄入，造成热量摄入过多。

（三）脂肪

减体重期间应该减少脂肪的摄入，这是一个原则性问题。脂肪不仅含热量高，而且消化吸收后很快就会变成人体的体脂，这正是减体重时需要减去的部分。但在减少食物脂肪含量的同时，要注意保证脂肪酸的供应，尤其是对生长发育期间的儿童少年，要有足够的脂肪作为脂溶性维生素的溶剂，使机体有充足的脂溶性维生素摄入。因此，提倡尽量减少饱和脂肪酸的摄入，如用植物油替代动物油，喝低脂或脱脂牛奶等。总之，由于脂肪对保障人体健康、提高食物的口感和外观性状等都是必不可少的物质，虽然提倡少吃，但不提倡不吃，不能因为减体重而影响人体健康。

（四）其他营养物质

由于减体重期间的膳食调整，要特别注意某些食物营养素的摄入，一定要保证不会因减体重而出现营养不良的情况。减重期间也可适当补充人体比较容易缺乏的营养素即维生素。同时，注意在不增加热量摄入的前提下，多吃一些富含维生素的食物，尤其是水溶性维生素比较容易从蔬菜和水果中获得，因此多吃富含维生素的食物对减体重来说至关重要。

钙、铁、锌等都是人体最易缺乏的矿物质。由于这些矿物质多存在于动物性食物中，而减体重期间又控制了这些食物的摄入量，因此要注意额外加以补充。可多喝牛奶补钙，加大蔬菜中富含矿物质的深绿色蔬菜的比例，多吃含锌丰富的干果等。但一个总的原则是，一定不能因此而增加了食物总热量的摄入。为保证这一点，也可用一些安全的维生素、矿物质制剂替代食物进行补充。

（三）运动治疗推荐意见

运动对减肥的影响取决于运动方式、强度、时间、频率和总量；推荐采用有氧运动结合抗阻运动的模式预防与治疗超重或肥胖；与单纯饮食或运动相比，饮食结合运动的减重效果更加显著；针对儿童肥胖，采用饮食结合长期和短期运动都能达到比较理想的减重和改善代谢的效果。

第三节　准备活动和放松活动

一、准备活动

（一）定义

准备活动是指在比赛、训练和体育课的基本部分之前进行的身体练习。其目的是预先动员人体的生理机能，克服内脏器官的生理惰性，缩短进入工作状态的时间，为即将进行的正式比赛、训练和体育课做好技能上的准备，或是为了强化已掌握的运动技能，以提高比赛成绩[1]。

（二）准备活动分类

一般性准备活动，是指与正式比赛或训练的动作结构及生理特点不相似的活动。

专门性准备活动，是指与正式比赛或训练的动作结构、节奏及运动强度相似的各种身体练习[2]。

（三）准备活动的生理作用

（1）提高机体的调节能力。

（2）提高机体的有氧工作能力。

（3）提高体温和代谢水平。

（4）提高肌肉的收缩能力。

（5）提高机体的散热能力。

（6）调整赛前状态，降低肌肉黏滞性，预防运动损伤。

（四）准备活动的生理机制

准备活动是在比赛前进行的各种人为活动。通过预先进行的肌肉活动会在神经中枢的相应部位留下兴奋性提高的"痕迹"。这一痕迹效应能使中枢神经系统在正式比赛时处于良好的兴奋状态，从而改善神经系统的调节能力，提高内脏器官的机能，增强能量代谢，提高运动成绩等[3]。

---

[1] 王瑞元，苏全生. 运动生理学 [M]. 北京：人民体育出版社，2012.
[2] 王瑞元，苏全生. 运动生理学 [M]. 北京：人民体育出版社，2012.
[3] 王瑞元，苏全生. 运动生理学 [M]. 北京：人民体育出版社，2012.

（五）准备活动的生理负荷

通常来说，一般性准备活动以45％最大摄氧量强度为宜，心率一般达到100～120次/min，持续10～30 min。

二、放松活动

（一）运动性手段

（1）整理活动，是指运动后进行的各种较为轻松的身体练习，其目的是消除疲劳，促进体力恢复。

（2）积极性休息，是指运动过程中为了消除疲劳而采取的各种变换动作或运动强度的练习。

（二）睡眠

睡眠是大脑皮质抑制过程的表现。睡眠时，机体与外界环境之间的主动联系大大减少，全身肌肉处于放松状态，因而能量消耗较少。

（三）消除疲劳的营养学手段

运动时消耗的物质需要饮食中的营养物质来补充。因此，合理安排营养是消除疲劳、促进恢复及提高运动能力的重要手段。

（四）心理手段

常用的心理恢复手段有心理暗示法、意念放松法、肌肉放松法、呼吸调整法、音乐放松、心理调整训练法，以及赏识、激励和人文关怀[1]。

准备活动的注意事项：要具有针对性，进行上肢为主的运动前要充分活动上肢，下肢亦同。放松活动可使剧烈运动后杂乱无章的内部深层肌肉恢复到排列较为有序的状态，最大限度上降低运动后延迟性肌肉酸痛的程度。

第四节　有氧耐力训练

有氧耐力是指人体长时间进行有氧工作的能力。有氧耐力建立在运动所需要的氧、机体摄取氧的能力及机体在运动后恢复能力的动态平衡之中。最大摄氧量、维持最大和次最

---

[1] 王瑞元，苏全生. 运动生理学[M]. 北京：人民体育出版社，2012.

大摄氧量的能力及运动后过量氧耗的水平与有氧耐力密切相关。有氧耐力训练的目的在于提高运动员机体吸收、输送和利用氧气的能力，促进有机体的新陈代谢[①]。

一、运动后过量氧耗及其原理

运动后恢复期处于高水平代谢的机体恢复到安静水平消耗的氧量称运动后过量氧耗。运动后过量氧耗的主要影响因素有以下几点。

（一）体温升高

运动时体温升高，而运动后恢复期体温不可能立即下降到安静水平，肌肉的代谢和肌肉温度仍继续维持在一个较高水平上，经一定时间逐渐恢复。

（二）儿茶酚胺的影响

运动使体内儿茶酚胺增加，运动后恢复期仍保持在较高水平。去甲肾上腺素促进细胞膜上的钠－钾泵活动加强，因而消耗一定的氧。

（三）磷酸肌酸的再合成

在运动过程中，磷酸肌酸逐渐减少以致排空，在运动后磷酸肌酸需要再合成。而其再合成的过程就需要消耗一定的氧。

（四）钙离子的作用

运动使肌肉细胞内钙离子的浓度增加，运动后恢复细胞内外钙离子的浓度需要一定时间。钙离子有刺激线粒体呼吸的作用，因此钙离子的刺激作用可使运动后的额外耗氧量增加。

（五）甲状腺素和肾上腺皮质激素的作用

甲状腺素和肾上腺皮质激素也有加强细胞膜钠－钾泵活动的作用。运动后的一定时间内，体内甲状腺素和肾上腺皮质激素的水平仍然较高，因而刺激钠－钾泵活动加强，消耗一定量的氧[②]。

二、有氧耐力的训练方法

训练的强度、时间和频度是有氧耐力训练的条件。科学组合三个条件进行训练是提高

---

① 王瑞元，苏全生. 运动生理学 [M]. 北京：人民体育出版社，2012.
② 王瑞元，苏全生. 运动生理学 [M]. 北京：人民体育出版社，2012.

有氧耐力训练的重要手段。提高有氧耐力的训练方法主要有持续训练法、间歇训练法和高原训练法三种。此外，乳酸阈强度训练法也较为常用。

（一）持续训练法

持续训练是采用强度较低、持续时间长且不间歇的训练方法，主要用于提高心肺功能和发展有氧代谢能力。持续训练可以根据速度的变化分为变速持续训练和匀速持续训练。

持续训练是建立在有氧训练的基础之上，速度慢、持续时间长，能量供应以糖和脂肪有氧氧化为主，可以提高有氧氧化酶的活性，提高心脏的功能，增大肌细胞的血流量及氧的利用能力。

（二）间歇训练法

间歇训练是指在两次训练之间有适当的间歇的组合训练。间歇训练法可分为间歇训练和重复训练。如果两次练习间休息时间较短，人体运动能力尚未完全恢复就进行下一次练习，称为间歇训练；如果两次练习间休息时间较长，人体运动能力在下一次练习前就能够完全恢复，称为重复训练。

从运动生理学角度分析，间歇训练主要有两个特点：第一个是完成的总运动量大；第二个是对心肺功能的影响较大。因此，经常进行间歇训练，能使心血管功能得到明显的改善，特别是心脏工作能力得到显著提高。

（三）高原训练法

高原训练是人体在高原低压、低氧环境下训练，通过高原缺氧和运动双重刺激，使运动员产生强烈的应激反应，以调动人体内的功能潜力，从而产生一系列有利于提高运动能力的抗缺氧生理反应。

（四）低氧训练法

低氧训练是一种在高原训练研究和应用基础上发展起来，利用人工低氧环境进行训练的方法。这种训练方法既能弥补传统高原训练的不足，又能提高有氧运动能力。但由于低氧持续刺激时间较短，对机体心肺的刺激和功能状态的改善方面不如高原训练明显。

（五）乳酸阈强度训练法

个体乳酸阈强度是发展有氧耐力训练的有效强度，以此强度进行耐力训练能显著提高有氧运动能力。

一般无训练者，常以其50％最大摄氧量的运动强度进行较长时间的运动，而血乳酸几乎不增加或略有上升。运动员可达到60%~70%最大摄氧量强度,优秀的耐力专项运动员,如马拉松、滑雪运动员可以85%最大摄氧量强度进行长时间运动。

由于乳酸值测定具有一定的损伤,且不方便,故在具体应用乳酸阈指导训练时,常采用达到乳酸阈对应的心率来控制运动强度[1]。

三、有氧耐力的生理基础(影响因素)

人体有氧耐力取决于机体氧的运输系统功能、肌肉利用氧的能力、神经调节能力和能量供应特点等因素。心肺功能是影响有氧耐力的中枢机制,而肌纤维类型的百分比组成及其骨骼肌的代谢特征是影响有氧耐力的外周机制。

(一)氧运输系统的功能

人体通过呼吸系统和心血管系统共同完成氧气的摄取和运输功能,因此将它们合称为氧运输系统,该系统功能的强弱是运动中供氧充足与否的制约因素,也是有氧耐力素质重要的生理学基础。

肺通气与肺换气机能。肺通气量越大,吸入体内的氧就越多;呼吸频率和呼吸深度可影响肺通气量的变化。

心脏的泵血功能。心输出量受每搏输出量和心率的制约,在一定范围内,心输出量随每搏输出量和心率的增加而增大。

红细胞的数量。红细胞数量也是影响有氧耐力的因素之一。血液中红细胞所含的血红蛋白具有携带氧进行运输的机能,运动员血红蛋白含量下降10%,就会引起运动成绩下降。

(二)骨骼肌的特征

有氧耐力的高低不仅与氧运输系统有关,而且与肌肉肌纤维的类型和氧的摄取与利用能力直接相关。

肌组织的有氧代谢机能。肌肉内毛细血管网开放数量的增加,可使单位时间内肌肉血流量增加,血液就可以携带更多的氧供给肌肉。

肌纤维类型。优秀的耐力运动员慢肌纤维百分比高,肌纤维内肌红蛋白、线粒体和氧化酶活性高,毛细血管数量增加,有氧耐力就较强。

(三)神经调节能力

大脑皮质神经过程的稳定性,以及中枢之间的协调性影响有氧耐力。长期耐力训练可

---

[1] 王瑞元,苏全生. 运动生理学[M]. 北京:人民体育出版社,2012.

以改善神经的调节能力，节省能量消耗，以保持较长时间的肌肉活动。

（四）能量供应特点

糖和脂肪在有氧条件下能保持长时间供能的能力，是影响有氧耐力的重要因素之一。供能物质的储存量、肌肉有氧氧化过程的效率、各种氧化酶的活性及动用脂肪供能的能力等，均会影响有氧运动能力[1]。

四、有氧耐力的评定指标

最大摄氧量和乳酸阈是评定人体有氧工作能力的重要指标，前者主要反映心肺功能，后者主要反映骨骼肌的代谢水平。系统训练对最大摄氧量提高的可能性较小，它受遗传因素的影响较大。而乳酸阈较少受遗传因素影响，训练可以大幅度提高运动员的个体乳酸阈。

最大摄氧量是指人体在进行有大量肌肉群参与的长时间剧烈运动中，当心肺功能和肌肉利用氧的能力达到人体极限水平时，单位时间内所能摄取的氧量，即最大摄氧量是评定人体有氧工作能力的重要指标之一。

（一）最大摄氧量的生理学机制

最大摄氧量的生理基础是心肺功能和肌细胞摄取、利用氧的能力。前者是影响最大摄氧量的中央机制，后者是影响最大摄氧量的外周机制。心肺功能取决于心脏容积和心肌收缩力，在一定的范围内心脏容积越大、心肌收缩力量越强，最大摄氧量就越大；肌细胞摄取和利用氧的能力与肌纤维类型、毛细血管分布、肌红蛋白含量、线粒体数量和体积及有氧氧化酶的活性有关，因此慢肌纤维占优势的人最大摄氧量相对较大。

（二）最大摄氧量的影响因素

肺的通气与换气功能。空气中的氧通过呼吸器官的活动吸入肺，并通过物理弥散作用与肺循环毛细血管血液之间进行交换。因此，肺的通气与换气机能是影响人体吸氧能力的因素之一。肺功能的改善为运动时氧的供给提供了先决条件。

血液及循环系统运输氧气的能力。血红蛋白含量及其载氧的能力，心脏的泵血机能及每搏输出量的大小都是影响最大摄氧量的重要因素。

肌组织利用氧气能力。肌组织利用氧气的能力主要与肌纤维类型及其代谢特点有关，慢肌纤维摄氧和利用氧的能力较强。

其他因素。遗传：最大摄氧量的遗传度为 93.5%，而训练使最大摄氧量提高的可能性

---

[1] 王瑞元，苏全生. 运动生理学 [M]. 北京：人民体育出版社，2012.

一般为 20%～25%。年龄、性别：最大摄氧量在少儿期间随年龄增长而增长，并于青春发育期出现性别差异，男子一般在 18～20 岁时最大摄氧量达峰值，并能保持到 30 岁左右；女子在 14～16 岁时即达峰值，一般可保到 25 岁左右。

运动训练：在训练引起最大摄氧量增加过程中，训练初期最大摄氧量的增加主要依赖于心输出量的增大；训练后期最大摄氧量的增加则主要依赖于肌组织利用氧的能力的增大。但由于受遗传因素限制，最大摄氧量提高幅度受到一定制约[1]。

（三）最大摄氧量在运动实践中的意义

最大摄氧量是评定有氧工作能力的客观指标。最大摄氧量是反映心肺功能的综合指标。许多学者发现耐力性项目的运动成绩与最大摄氧量高度相关。

最大摄氧量是评定心肺功能的指标。在运动过程中，人体达到最大摄氧量时，心肺的功能达到极限水平，因此最大摄氧量的大小可较为客观地评定心肺功能。

最大摄氧量是选材的生理指标。最大摄氧量有较高的遗传度，故可以作为选材的生理指标之一。

最大摄氧量是制定运动强度的依据。将最大摄氧量强度作为百分百最大摄氧量强度，然后根据训练计划制定不同百分比最大摄氧量强度，使运动负荷更客观、更实用，更好地为运动训练服务。

（四）最大摄氧量的实际应用

马拉松、滑雪等长时间耐力运动项目，体重较轻则有利于运动，因此最大摄氧量相对值与运动成绩密切相关。

中长距离游泳、速滑、自行车、划船等运动项目，运动时并不是直接负荷身体的重量，同时产生推动力的能源与肌肉量的多少有密切关系，因此这些运动项目最大摄氧量的绝对值与运动成绩密切相关。

在球类项目运动中，不仅项目不同，其最大摄氧量不同；而且在同一项目中，由于站位不同，其最大摄氧量也不尽相同。

（五）乳酸阈

在渐增负荷运动中，血乳酸浓度随运动负荷的递增而增加，当运动强度达到某一负荷时，血乳酸出现急剧增加的那一点（乳酸拐点）称为乳酸阈。

个体乳酸阈是指个体在渐增负荷中的乳酸拐点。波动范围为 1.4～7.5 mmol/L。

---

[1] 王瑞元，苏全生. 运动生理学 [M]. 北京：人民体育出版社，2012.

1. 乳酸阈的生理机制

运动时肌肉缺氧。人体在运动中随着运动强度的增大，运动肌肉的氧供应不足，使得一部分肌糖原在无氧的条件下，分解供能产生乳酸，乳酸由肌细胞扩散进入血液中，导致血乳酸浓度增高。

需氧量大于机体的摄氧量。机体以有氧供能为主转向以乳酸供能为主，有氧供能逐渐减少，乳酸供能增加。

肌纤维类型的动用。在低强度的运动中，慢肌纤维的动用占优势，随着运动强度的渐增，快肌纤维的动用逐渐转向优势，导致血乳酸浓度增加。

肝脏对乳酸的消除能力降低。在运动中由于血液的重新分配，流入肝脏的血液减少，降低了肝脏对乳酸的消除能力。

血乳酸浓度也与能量代谢物质的动用有关。在运动前大量摄取咖啡或高脂肪膳食，使血液中的游离脂肪酸浓度增加，在运动中脂肪作为能量物质的动用会抑制乳酸供能。

2. 影响乳酸阈的因素

肌纤维类型及酶的活性。慢肌纤维百分比组成高的人，其乳酸阈也高，有氧耐力训练可提高氧化酶的活性。乳酸阈的提高与肌纤维类型的动用、酶的活性等因素密切相关，训练的目的就在于改善这些因素。

性别。性别对乳酸阈值的摄氧量水平有一定影响，但不影响乳酸阈值的最大摄氧量百分利用率。男子乳酸阈值的摄氧量水平显著高于女子，而摄氧量百分比则无明显的性别差异。

年龄。年龄对儿童少年的乳酸阈有一定的影响。

训练水平。训练可以改善代谢能力，使乳酸阈值得到较大幅度的提高。其原因是遗传因素限制了最大摄氧量的提高幅度，而乳酸阈值主要与外周代谢因素的关系更密切。例如，肌肉的血流量、肌纤维类型的百分组成及酶的活性等。

运动项目。乳酸阈值与耐力性运动成绩密切相关，在这种强度的运动中，运动成绩主要依存于血乳酸浓度的减少和乳酸阈值的提高。因此，长跑、游泳、自行车等项目的运动员乳酸阈值及最大摄氧量利用率百分比要高于短跑、短距离游泳等项目的运动员。

环境条件。高原条件下乳酸阈值的机体摄氧量明显低于平原；在40℃条件下进行递增负荷运动与25℃条件下进行递增运动负荷相比，乳酸阈值的机体摄氧量也有明显的差异。

3. 乳酸阈在体育运动实践中的应用

评定有氧耐力。个体乳酸阈值的跑速可作为评定运动员有氧耐力的指标，乳酸阈值越高，有氧能力就越强。由于乳酸阈反映肌肉的氧化能力，它与肌纤维中线粒体的数目、体积、氧化酶活性及毛细血管发达程度密切相关。因此，可用乳酸阈评定运动能力和训练强度。

制定有氧耐力的训练强度。利用乳酸阈制定有氧耐力训练的运动强度是十分有效的。因为利用个体乳酸阈水平为基准进行训练，可抑制代谢性酸中毒的过早出现。

制定康复健身运动处方。有些国家已将乳酸阈、通气阈用于病人的康复和中老年人健身运动处方的制定。主要是由于有氧代谢运动中没有乳酸堆积而又不易发生过度通气的现象，其增强心脏机能的效果较好。此外，利用乳酸阈、通气阈强度进行有氧运动，对防止肥胖、高血压等慢性病也有较好的效果[1]。

（六）最大摄氧量和乳酸阈的关系

1. 相同点

乳酸阈同最大摄氧量一样，都是反映有氧耐力的一个重要指标。

2. 不同点

概念不同。最大摄氧量是指人体在进行剧烈运动时，心肺功能和肌肉利用氧的能力达到人体极限水平时，单位时间所能摄取的最大氧气量。

乳酸阈是指当运动强度超过某一负荷时乳酸浓度急剧上升的开始点，是人体的代谢供能方式由有氧代谢为主开始向无氧代谢为主过渡的临界点，通常以血乳酸急剧增加的起始点所对应的强度来表示。

反映的负荷强度不同。最大摄氧量反映人体在运动时所摄取的最大氧量，而乳酸阈则反映人体在递增负荷运动中血乳酸浓度没有急剧堆积时的最大摄氧量实际所利用的百分比，即最大摄氧量利用率。

反映的生理机制不同。最大摄氧量主要反应的是心肺功能，乳酸阈反映的主要是骨骼肌的代谢水平。

受遗传影响大小不同。通过系统训练，最大摄氧量提高的可能性较小，它受遗传因素影响较大。而乳酸阈较少受遗传因素影响，其可训练性较大，训练可以大幅度提高运动员个体地乳酸阈。

---

[1] 王瑞元，苏全生. 运动生理学 [M]. 北京：人民体育出版社，2012.

第五节　如何监测自己的运动量

一、心率

（一）心率概述

心率是指正常人安静状态下每分钟心跳的次数，也叫安静心率，一般为 60~100 次 /min，可因年龄、性别或其他生理因素产生个体差异。（卧位运动时，心输出量的增加主要是由于心率增加。）

（二）阶梯现象

阶梯现象是指由心率增快引起心肌收缩能力增强的现象，其产生机制与细胞内钙离子浓度升高有关。阶梯现象属于心肌的等长自身调节，有助于在心率增快的情况下维持一定的搏出量。

（三）心率对心输出量的影响

当心率超过 180 次 /min 时，由于心率过快，心舒期显著缩短，心室来不及充盈，导致搏出量下降。此时，心输出量不仅不增加，反而下降。

当心率低于 40 次 /min 时，由于心率过慢，尽管心舒期很长，然而心室充盈早已接近最大限度，不能再继续增加充盈量和搏出量，此时每分输出量也较低。

当心率在 120~180 次 /min 即最佳心率范围时，心输出量处于较高水平。

（四）心率在运动实践中的意义

1. 评定心脏功能及身体机能状况

通过定量负荷或最大强度负荷试验，比较负荷前后心率的变化及运动后心率恢复过程，可以对心脏功能及身体机能状况做出恰当的判断。目前常用的定量负荷试验有联合机能负荷试验及台阶试验。

2. 控制运动强度

运动中的吸氧量是运动负荷对机体刺激的综合反应，目前在运动生理学中广泛使用吸氧量来表示运动强度。但最近研究发现，心率和吸氧量及最大吸氧量呈线性相关，并发现最大心率百分比和最大吸氧量百分比也呈线性相关，这就为使用心率控制运动强度奠定了基础。

3.通过最大心率的计算也可以避免在运动过程中发生运动风险

一般来说，一个人的最大心率可粗略估计为 220 减去本人年龄，只要心率在这一范围内均表明属于本人可接受的范围之内，若心率超过本人最大心率则表明该运动者在进行危险运动，应尽快减小运动强度，使心率控制在最大心率之下，避免发生运动事故。

（五）运动时心率升高的原因

运动可导致心率明显增高，运动时心率变化速率与幅度因运动强度和时间而异。

1.机体完成单一较小强度运动时

心率在运动初期出现迅速上升，达到一定水平后较长时间维持在一个波动不大的范围，提示这段时间各系统机能处于相对稳定状态。随着运动的持续，机体各系统机能平衡被破坏后，心率将再次出现增高直至达到最大心率，此次心率的升高可视为机体的运动疲劳点。

2.机体完成单一大强度运动时

由于机体代谢水平很高，各系统机能水平不能保持在相对稳定的状态，因此心率的变化将持续增高直至达到最大心率。

（六）心率指标在学校体育中的应用

1.学校体育课的适宜生理负荷和依据（体育教学负荷阈）

体育课的适宜生理负荷的平均心率标准为 120~140 次 /min。其生理依据可归纳为以下几个方面。

（1）心搏峰理论

运动时，心率随负荷而增加，搏出量也随心率的加快而增加，当搏出量达到峰值时的心率水平称"心搏峰"，约平均心率为 110—130 次 / 分。体育课时生理负荷要在心搏峰的心率水平上持续运动一定时间，使保持心搏峰值的时间较长，以发展心肌的泵血功能。

（2）最佳心率范围理论

当心率增加到一定水平时，搏出量增到峰值后不再增加，此时心输出量的增加就主要取决于心率的加快。当心率达到一定限度时，心输出量达到最大值，通常将心输出量能保持较高水平的心率范围称"最佳心率范围"，约在 110~120 次 /min 至 170~180 次 /min 之间。

体育课时，还应注意到心搏峰时心率水平并不高，心脏泵血功能未发挥最大泵血效率。因此，体育课中应出现使学生心率能够达最佳心率范围上限的时间，以更好地锻炼青少年的心脏泵血功能。

2. 心率对体育教学的意义

心率是了解和评价体育课生理负荷的常用指标。

在体育课中,要让学生在心搏峰的心率水平上持续运动一段时间,使心搏峰值保持的时间较长,以锻炼心肌的泵血功能。

由于心搏峰时对应的心率并不高,每分心输出量并未达到最高水平。因此,在体育课中也应安排一定的大强度运动,使心率能够达到最佳心率范围的上限,让青少年学生的心脏功能在体育课中获得更好的锻炼[①]。

3. 心率贮备

运动后心率恢复得越快,则表明心脏功能越好。也可通过运动后第2天测晨脉或安静心率来判断疲劳程度。

个人心率贮备的计算公式为:

$$个人心率贮备 = 220 - 年龄 - 安静时的心率$$

心率贮备的60%+本人安静时的心率=对个人来说60%运动强度的心率对应值。可以用这一算法计算自身运动时心率值是否正常,尽量降低可能出现的运动风险。

(七)测定血压在运动实践中的意义

1. 测定基础状态血压在运动实践中的意义

清晨卧床时血压和一般安静时血压较为稳定,测定清晨卧床时的血压和一般安静时的血压对评定训练程度和运动疲劳程度有重要参考价值。

2. 测定定量负荷前后血压在运动实践中的意义

测定定量负荷前后血压及心率的升降幅度及恢复状况可检查心血管系统功能并区别其机能反应类型,从而对心血管机能做出恰当的判断。

3. 测定运动训练时血压在运动实践中的意义

运动训练时,可根据血压变化了解心血管机能对运动负荷的适应情况。

第六节 最佳运动时间

随着人们的生活质量越来越高,运动健身越来越受到大家的重视。运动除了能强身健体,还能减轻个人压力。同时,在运动时我们也需要清楚一天中的是最佳的锻炼时间。

最佳运动时间是指最适宜进行体育运动并能达到最好效果的时间,即下午15点—17

---

① 王瑞元,苏全生. 运动生理学[M]. 北京:人民体育出版社,2012.

点。研究发现，高强度运动可在饭后两小时进行；中度运动应该安排在饭后 1 h 进行；轻度运动则在饭后 30 min 进行最合理。

（一）早上 9 点—11 点

在这一时间段，人体进行剧烈运动时，可促使交感神经兴奋起来，这种急速变化可使机体产生一系列变化，并影响全天精神状态，对健康有害。另外，这个时段血糖正处于低水平，运动会消耗大量的血糖，容易导致低血糖的症状。不建议过早的时间进行锻炼。因为早晨人体血液黏度较高，对患有高血压和心血管疾病的人群更不利。

（二）下午 15 点—17 点

这个时间段是人一天当中身体状态最好的时候，选择这个时间段锻炼效果最好。这是因为体力的最高点和最低点受机体"生物钟"的控制，一般在傍晚达到高峰。比如，身体点吸收氧气量的最低点在下午 18：00；心脏跳动和血压的调节在下午 17 点—18 点最平衡，而身体嗅觉、触觉、视觉等也在下午 17：00—19 点之间最敏感。因此，综合来看，傍晚锻炼效果比较好。

（三）晚上 19 点—21 点

晚上的时间段是减脂的最佳时间。在此时间段进行运动，可使食物消化得更快，避免脂肪堆积，从而达到瘦身效果。晚上不建议从事强度大的运动，以免神经过度兴奋，难以入睡。

第七节　如何选择运动鞋

在不同季节运动时，应选择不同的服装，夏季注意轻薄透气，冬季注意防寒保暖。

运动鞋的功能性很重要，看购买的运动鞋是否有防滑功能、减震功能、稳定性等，防滑功能比较好的运动鞋可以增加鞋的摩擦力，降低摔伤滑倒的概率。减震性能好的运动鞋可以减缓外力对脚的冲击。稳定性能好的运动鞋能起到保护脚踝的功效。不同运动项目所需要的鞋子也不同。例如：参加田径运动中的 100 米跑项目时，应穿钉鞋；而在篮球运动中为了避免受伤，则需要穿着稳固性较好且能够保护脚踝的篮球鞋进行运动。

运动鞋的透气性和抗菌防臭性能也很关键，透气性能好的运动鞋可以使脚出的汗迅速挥发，避免发生细菌和真菌感染。购买具有抗菌防臭功能的运动鞋时，一定要仔细检查鞋的专利证书，避免上当受骗。购买篮球、羽毛球、乒乓球、排球等球类运动鞋时最好挑选牢固性和承受力好的鞋子。

购买运动鞋时，试穿时脚趾前端要预留一定的空间，避免脚在狭小的鞋内擦伤而出现红肿的现象。另外，鞋内有空间还能调节足部的湿气，让脚干爽舒适。购买运动鞋时，最好双脚都要试穿，因为人的两只脚大小是有差异的。

运动鞋的鞋垫最好是可拆洗的，这样才能保证鞋内的卫生。而且鞋垫是离脚最近的，可以有效地减缓运动给鞋底带来的冲击力，从而延长鞋的使用寿命。

运动鞋的鞋带最好是针织、塑料制成的，这样系起来方便快捷。鞋带最好系在踝关节的位置，这样可以使踝关节有较好的支撑。

穿运动鞋时，最好固定好鞋舌头，因为鞋舌头扭歪会让运动中有不舒适的感觉。

购买运动鞋时，一定要考虑好自己的脚型是平足的、正常足的，还是高足的。如果是平足的，应该挑选后帮坚硬、支撑力强的运动鞋。如果是高足的脚就应该选择减震强、脚跟稳定性好的运动鞋。正常足的脚购买什么样的运动鞋都可以。

第八节　特殊人群运动注意事项

一、老年人与运动

老年人健身活动中常常忽视力量训练，几乎被慢跑、散步和太极拳等活动代替。事实上力量训练对老年人更加重要。力量是保障生活质量和完成工作任务的基础。肌肉在30岁以后即开始萎缩，并呈加快趋势，而针对性的力量锻炼可以延缓这一进程[1]。

（一）老年人人体肌肉量发生增龄性减少

人的机体随着年龄增大在很多方面会发生显著的改变。大多数人随着年老，身体的脂肪比例可能增加30％以上，而肌肉含量可能消退35％～40％。研究发现，年过20岁的人，每10年就要流失2.25～3.15 kg肌肉。增龄性骨骼肌质量和力量的下降会增大摔倒、骨折的风险，危害老年人的健康。

（二）人体肌肉量发生增龄性减少的主要表现是快肌纤维减少

肌肉丢失的最直观解释就是肌肉蛋白合成与蛋白分解的失衡，即合成减少而分解增

---

[1] 武桂新，严翊. 简明运动生物化学 [M]. 重庆：重庆大学出版社，2017.

加或者相对增加。研究发现，随着年龄的增长，横纹肌型肌动蛋白变化最明显；肌球蛋白的变化主要表现在肌球蛋白重链异形体方面的转变，即 IIb 型向 IIa 型转变，进而向 I 型转变。

（三）运动是增强骨骼肌结构和机能的关键因素及延缓衰老的重要手段

力量训练可以减轻骨骼肌的氧化应激及脂质过氧化水平，纠正生长激素、雄激素、胰岛素样生长因子等激素及相关因子的代谢紊乱，提高蛋白质合成有关酶的活性，改善线粒体机能，进而延缓衰老性肌萎缩的发生。

（四）老年人运动增肌的健康效应

1. 提高整体身体机能

由于骨骼肌是消耗脂肪的主要器官，通过力量训练增大肌肉体积后，机体的有氧代谢能力会整体提高，从而更好地燃烧脂肪。在控制饮食的情况下进行自由力量训练，可以有效改善肥胖老年人的心血管系统，降低安静心率、舒张压和收缩压，提高心脏泵血功能；也可以有效改善心肺功能，增加肺活量。

2. 预防和减轻常见肌肉机能减退引起的问题

运动专家指出，做好臀部、大腿的力量锻炼，跑步时就不容易出现膝盖疼痛；做好背肌、肩部的力量锻炼，游泳时的肩痛就会得到控制；做好腰背肌肉的力量锻炼，就可以有效地预防运动锻炼中腰痛的出现。对于老年人而言，肌力练习结合有氧锻炼有助于减缓或防止因年龄增长而引起的许多功能衰退病症。

3. 增强老年人抗跌倒能力，提高生活质量

肌肉力量是身体依靠肌肉收缩克服和对抗阻力来完成运动的能力。人的一生中伴随肌肉丢失，肌肉绝对力量值可下降 30%～50%。肌肉丢失表现为肌肉力量的变化，其特点是主动肌与拮抗肌之间的协调能力降低、快速肌力减退较慢速肌力减退明显、速度力量较肌肉耐力降低明显等。而老年人动作迟缓、精细动作能力差等是这些特点的具体表现。美国运动医学会（ACSM）的专家指出，力量练习正是老年人（即使年龄很大或身体十分虚弱）必需的运动内容，因为这种运动不仅可以减缓肌肉的丢失，而且有助于提高肌肉的控制能力和稳定性，提高平衡能力，降低跌倒的风险。目前，力量训练在提高老年人生活质量方面的作用已得到公认[①]。

---

① 武桂新，严翊. 简明运动生物化学 [M]. 重庆：重庆大学出版社，2017.

(五)健身对老年人氧运输系统的影响

1. 循环系统

长期有规律的运动可以减缓由于衰老导致的心功能下降的情况。此外,运动还可以限制舒张末期回心血量,这是由于外周血容量及静脉扩张造成的,由此影响心脏的前负荷,使老年人的前负荷得到改善。

2. 呼吸系统

老年人经常进行有氧运动可以增加呼吸肌的力量和耐力,推迟呼吸肌的老化进程,提高肺通气量,可使安静时呼吸减少到8～12次/min。潮气量增加,出现呼吸机能"节省化"现象。

3. 血液流变学

近年来,健身运动对老年人血液流变学的影响引起了运动医学界的关注。研究表明,长期进行太极拳、长跑、舞蹈、门球锻炼对老年人血液流变学指标可产生良好影响。

(六)老年人健身运动原则

1. 适宜运动项目原则

老年人进行健身运动时,适宜从事耐力性项目,而不宜进行速度性项目。

2. 循序渐进原则

在进行健身运动的初期,运动负荷和运动量要小,经过锻炼对运动负荷和运动量适应后,再逐步增加和达到适宜的运动负荷和运动量。

3. 经常性原则

健身运动一定要持之以恒。每周锻炼不应少于2～3次,每次锻炼应不低于30 min。同时,要合理安排锻炼时间,养成按时锻炼的良好习惯。

4. 个别对待原则

老年人在锻炼前应做一次全面的身体检查。通过检查可了解其健康状况和各脏器的功能水平。要根据老年人的年龄、性别、体力特点、健康状况、运动基础及运动习惯来选择最适宜的运动项目,并制订合理的锻炼计划。

5. 自我监督原则

老年人参加体育锻炼时要加强医务监督。老年人要学会观察、记录自己的脉搏、血压及健康状况,以便进行自我监督,防止过度疲劳,避免发生运动损伤,提高锻炼效果和健康水平。运动时要注意适当安排短暂休息,运动前后要认真做好准备活动和整理活动[1]。

---

[1] 王瑞元,苏全生. 运动生理学[M]. 北京:人民体育出版社,2012.

二、儿童少年与运动

（一）体育锻炼对儿童少年生长发育的影响

1. 运动对体格发育的影响

体育锻炼能增强儿童少年的体质，促进其生长发育。

2. 运动对骨骼、肌肉系统发育的影响

体育锻炼可加快全身血液循环，改善肌肉和骨骼的营养，增加对骨端髓板的刺激，加速骨细胞的增殖，进而促进骨骼的生长。

3. 运动对呼吸系统的影响

体育锻炼可提高呼吸系统的功能。

4. 运动对肌力的影响

体育锻炼有助于肌力的增强

5. 运动对神经、内分泌和免疫机制的影响

运动使神经系统、细胞代谢、内分泌和免疫功能之间建立良好的网络作用，提高了抵抗外界不良环境的适应能力。

（二）儿童少年的生理特点及其运动生理特点概述

1. 骨骼与关节

（1）骨骼特点。儿童少年软骨成分较多，水分和有机物质多，无机盐少，骨密质较差，骨富于弹性而坚固不足，不易完全骨折而易于发生弯曲和变形。

（2）关节特点。儿童少年关节面软骨相对较厚，关节囊及韧带的伸展性大，关节周围的肌肉细长，关节活动范围大于成人，牢固性相对较差，在外力作用下较易脱位。

根据儿童少年骨骼和关节的特点，在运动时应注意保持正确的身体姿势和进行全面的身体锻炼；力量训练时应注意负荷的重量；应预防关节损伤的发生。

2. 肌肉

儿童少年的肌肉中水分多，蛋白质、脂肪和无机盐类少，收缩功能较弱，耐力差，易疲劳。随着年龄增长，肌肉中的有机物增多，水分减少，肌肉重量不断增加，肌力也相应增强。儿童少年肌肉的生长发育不均衡，躯干肌先于四肢肌，屈肌先于伸肌，上肢肌先于下肢肌，大块肌肉先于小肌肉。

根据儿童少年肌肉发育的特点，在运动时应注意根据年龄特点安排运动负荷，根据肌力发展规律安排训练方式。

3. 血液循环

儿童少年的血液总量比成人少，但按体重的百分比来看，相对值则略高于成人。

新生儿白细胞是成人的2倍，数天后很快减少。随着年龄的增长，白细胞总数逐渐减少，各类细胞的比例也有改变。

儿童少年心肌纤维较细，心脏的容积和重量均小于成人，心肌收缩力弱，每搏输出量和每分输出量比成人少，但相对值却大于成人，这说明儿童少年的心脏在胜任短时间的紧张的肌肉活动方面具有一定的潜力。

儿童心脏发育及神经调节还不够完善，而新陈代谢又比较旺盛，交感神经兴奋占优势。

4. 呼吸系统

儿童少年胸廓狭小、呼吸肌力较弱且呼吸表浅，新陈代谢旺盛，因而呼吸频率快，肺活量、肺通气量较成人小。随年龄的增长，呼吸深度增大，呼吸频率逐渐减少，而肺活量逐渐增大。

根据儿童少年呼吸系统的特点，运动时应该注意呼吸道卫生，呼吸与运动动作的配合，多采用发展有氧代谢为主的练习。

5. 神经系统

（1）神经系统的兴奋和抑制过程特点。儿童少年的神经系统的兴奋和抑制过程发展不均衡，神经活动过程不稳定，6～12岁左右兴奋过程明显占优势，兴奋容易扩散，表现为活泼好动，注意力不易集中，做动作时不协调、不准确，易出现多余动作。

（2）两个信号系统的特点。在儿童时期，神经活动中第一信号系统占主导地位，对形象具体的信号容易建立条件反射，而第二信号系统相对较弱，抽象的语言、思维能力差，分析综合能力发展还不完善。

根据儿童少年神经系统的特点，在运动时应该注意：体育课内容要生动、有趣，可穿插游戏和竞赛，尽量避免单调及静力性活动；要安排短暂休息，使学生情绪饱满，精力旺盛，不易疲劳。

在教学中既要注意采用直观形象的教法，又要注意培养和发展他们的思维能力。

（三）儿童少年的运动生理特点概述

1. 儿童少年血压比成人低

儿童少年心脏收缩力量比较弱，动脉血管和毛细血管的口径比成人宽，外周阻力比较小，而静脉血管则比成人窄，因此血压比成人低。

2. 儿童有氧和无氧工作能力比较差

儿童少年正处在生长发育阶段，体内代谢过程比成人旺盛，消耗的氧气多，但血红蛋白和肌红蛋白的含氧量都比成人少，心肺机能较弱，有氧代谢能力较差，故在长时间的活动中，有氧工作能力受到代谢机能的限制，工作不能持久。

儿童少年负氧债的能力较差，同时剧烈运动时，血乳酸含量也较少，说明无氧代谢的能源物质储备少，限制了儿童少年对无氧耐力的适应能力。所以，儿童少年无氧工作能力也比较差。

3. 儿童少年不宜过早、过多地进行力量训练

力量素质是人体肌肉紧张或收缩所表现出来的一种能力，人的跑、跳、投掷和攀登等各种运动能力和体力劳动都离不开力量素质。科学研究发现，17～18岁人体肌力大幅度增长，并一直可以持续到35岁以后。所以，力量素质的发展是较慢较晚的。

（1）儿童少年肌肉体重比较低。按照人体生长发育的规律，少年儿童时期是先长身高，后长肌肉；先长腿，后长腰。8岁儿童的肌肉仅占体重的27.2%，并且肌肉组织中含水分较多，含蛋白质、脂肪、糖和无机盐较少，能量储备差，故而显得力量较弱，身体单薄，且常常容易疲劳。这一情况往往要到15岁以后才能改善，这时肌肉重量与体重之比为32.6%，接近成年人肌肉重量占体重45%的比值。正因为这些缘故，少年儿童不宜过早地进行肌肉负重练习。

（2）过早进行力量训练会导致骺软骨较早愈合，影响儿童发育。在身高突增阶段，男少年13～15岁，女少年11～13岁，由于骨骼肌的快速增长，肌肉也相应地增加，其增长以长度为主，但肌肉的增长依旧落后于骨骼肌的增长速度，肌力相对薄弱，绝对力量相对下降。

负荷强度或负荷量过大会导致骺软骨较早地愈合，骨化过程提前结束，影响骨骼的继续生长。在生长发育的初期、中期和高峰期，应该尽量多采用轻负荷、高频率的练习。

（3）儿童少年大小肌肉群发育不平衡。在儿童时期与青春期的初期，肌肉群的发育是不平衡的。首先是较大肌肉开始发育，而后才是较小肌肉的发育。大肌肉群的发育速度要远比小肌肉群发育得快；而屈肌又比伸肌快。这些特点一直要持续到青春期中期后才逐渐平衡起来，过早的大负荷的力量锻炼会导致小肌群发育的不完善，也会造成大小肌群发育和力量素质发展的不平衡，影响技术动作的稳定协调，也容易造成大肌群的拉伤。

（4）儿童少年运动系统发育不完善，易受伤。儿童少年的骨骼、关节、韧带等运动系统都尚未发育完善，非常的脆弱，大强度的力量训练容易引起身体关节、骨骼和肌肉起

止附着部位的疲劳，出现疼痛、拉伸、撕裂、变形等伤病情况。故儿童少年不宜过早地、过多地开展肌肉负重练习[①]。

4. 青春期高血压

（1）青春期高血压的概念。青春期高血压是指发生在青春期的高血压，是由于青春期自主神经功能紊乱引起的原发性高血压，多数是暂时性的，平时无明显症状表现，只有在运动量过大或过度疲劳时才表现有轻微的头晕乏力等症状。

（2）青春期高血压的特点。①收缩压高而舒张压不高，高压可达140～150 mmHg，低压不超过85～90mmHg。②平时没有什么不舒服的感觉，只有在过度疲劳或剧烈运动后才感到一些不适，如头晕、胸闷等。③部分发生原因是与青春期神经内分泌剧烈变化，心脏发育加快，血管跟不上心脏的发育有关，过了青春期，血压会逐渐恢复到正常水平。

（3）要正确对待"青春期高血压"。随着年龄的增长，儿童少年的内分泌腺机能的稳定性、神经系统对心血管活动的调节能力和血管的生长发育会逐渐趋于成熟，青春期高血压症状便会自然消失。

①做好思想工作，消除紧张心理。

②对主观上无不良感觉的人，可照常参加体育活动，但运动的强度、密度要适当降低，并控制参加比赛的次数和密度。

③对有头晕、头痛等不良感觉的人，运动负荷应适当减小，并注意医务监督。此外，适当地进行体育运动，有助于血压恢复正常。

（四）儿童少年运动注意事项

（1）注意养成正确的身体姿势。儿童少年的骨骼易弯曲变形，因此要养成正确的站、立、跑、跳的姿势。

（2）注意全面的身体锻炼，避免单一的一侧运动。注意进行对称练习，发展小肌群和伸肌力量，防止发育不均衡。

（3）注意运动场地的选择：不宜在硬地上反复跳跃或着地动作过猛，以防软骨损伤或骨盆变形。

（4）慎用负重练习。不宜过早、过多、过长时间地进行负重练习，以防骨化过早完成，影响身高发育。

（5）注意矿物质补充。儿童少年的骨骼生长处于生长旺盛期，对钙、磷等元素的需求量大。

---

① 王瑞元，苏全生. 运动生理学[M]. 北京：人民体育出版社，2012.

（6）注意将柔软练习与负重练习结合。儿童少年的关节活动范围大，但牢固性差，易造成关节韧带损伤脱位。在发展关节柔韧性的同时，要注意发展关节周围的肌肉力量，增加其牢固性。

（7）注意肌肉的平衡发展。在生长加速期，骨骼增长较快，宜多采用伸展练习拉长肌肉，使之与骨骼同步发展；在骨骼增粗期，要注意发展肌肉力量，使骨骼肌变粗，力量变大。

（8）合理安排运动负荷。活动应以短时间速度性练习为主，不宜采用过多的耐力性练习、力量性练习和静力性练习。运动的密度要小一些，间歇的次数要多一些。

（9）要注意区别对待。对心脏发育较差的儿童少年，运动的强度和量都要循序渐进、严格控制；对出现青春期高血压的学生，运动量不可过大，不宜做举重等憋气练习，需定期检查，加强医务监督。

（10）不同年龄段采用不同的心肺耐力发展方式。为发展心肺耐力，12～13岁后力量及耐力性练习的比例可稍增加。15～17岁后可参加较为激烈的活动，可适当进行长距离项目训练，而超长距离项目的训练建议在20岁后进行。

（11）掌握正确的呼吸方法。儿童少年在运动中，应注意根据动作的结构、节奏及用力情况，掌握适宜的呼吸方法。

（12）不宜做过分精密、难度较大的动作，应多安排以游戏和模仿性质为主的各种基本技能的活动。在进行耐力性练习时，要注意经常变换肌肉的活动方式[1]。

三、女性的生理特点与运动能力特点

（一）生理特点

1. 身体发育特点

女性青春期的生长加速期比男性约提前2年出现，女孩从10～12岁开始，男孩从12～14岁开始。

2. 氧运输系统特点

女性的胸廓较小，呼吸肌力量较弱，安静时呼吸频率较男性快4～6次/min，且呼吸深度浅。

3. 运动系统特点

（1）肌肉。在青春发育期，女孩的肌肉发育慢于男孩，肌肉体积及重量均低于男孩，

---

[1] 王瑞元，苏全生. 运动生理学[M]. 北京：人民体育出版社，2012.

这主要是由于雄性激素的同化作用所致。

（2）骨骼。女性骨骼重量占体重的15％，较男性轻10％左右，抗弯能力较差，但韧性较佳。脊柱椎骨间软骨较厚，弹性和韧性优于男性，因此柔韧性优于男性。

4. 身体成分。

女性适宜的体脂含量应占体重的20％左右，主要分布在胸、腹、臀和大腿等部位的皮下。

（二）运动能力特点

1. 力量和速度

女性的肌肉力量约为男性的2/3，因此在需要绝对力量及绝对速度的项目中，女性的运动能力明显弱于男性。

2. 耐力

女性的有氧能力弱于男性，这与女性最大摄氧量水平较低、运氧能力及耐酸能力较差等综合因素有关，限制了运动中氧的利用，使其耐力水平较低。

3. 柔韧和平衡

由于女性的肌肉和韧带弹性好，关节活动范围大，因而动作幅度大而稳定，具有较好的柔韧性。另外，由于女性特有的肩窄盆宽体型，决定了女性具有身体重心较低的特点，因此平衡能力强于男性。

第九节　运动创伤的分类和预防

减肥的方法很多，运动减肥是最有效、也是最为人们所接受的方式。但必须看到，不科学的运动方式引起的运动损伤越来越常见，积极预防运动损伤显得很有必要。在人体很多关节中，有的关节是主灵活的，有的关节是主稳定的。例如，踝关节是主灵活的，膝关节是主稳定的，胸椎是主灵活的，颈椎是主稳定的，可以从中发现，灵活和稳定是交叉排列的。主灵活的关节要求灵活性协调，主稳定的要求稳定有力。不然，我们在做一些运动的时候会出现问题，如跑步、打球时，会出现身体不平衡，此时我们的身体负荷会增加，运动损伤的风险会大大增加。

首先，运动减肥前，个体要对身体进行机能评价、运动能力测试，以此确定运动减肥方式、运动强度、减肥目标、运动时间、运动频率和注意事项。在运动减肥方式的选择上，一般主要是强度中等、运动时间较长的有氧运动，辅以力量性运动及球类运动。比如，长距离步行、骑自行车、跳健身操及游泳等水上运动等。

水中运动被认为是最有效的减肥运动，水的阻力可以增加人的热量消耗，使体内脂肪均匀分布在皮下，还可以避免运动损伤。力量性运动主要是进行躯干和四肢大肌群的运动，可进行仰卧起坐、下蹲起立、俯卧撑及利用哑铃或拉力器等力量性运动。球类运动可选择有氧无氧混合的羽毛球、乒乓球、网球、排球、篮球等。

运动强度是否适当，将直接影响减肥效果。运动强度过小，达不到身体刺激强度阈值，没有减肥效果；运动强度过大，不仅运动效果不会进一步增加，还可能会造成运动损伤。一般可根据自己在运动中的主观体力感觉和心脏耐受来把握强度。运动时间则要根据运动方式及个人身体机能状况确定。

由于减肥运动应以中等强度为主，脂肪的动用又需要较长的时间，所以持续时间应稍长，每次运动应在 30~60 min。需要注意的是，运动时间也不宜过长，否则会使疲劳累积，影响健身效果，还可能引起运动损伤。根据受伤组织结构分类，运动损伤可分为皮肤损伤、肌肉和肌腱损伤、关节软骨损伤、骨和骨骺损伤、囊损伤、神经损伤、血管损伤、内脏损伤等。

一、膝关节半月板及十字韧带撕裂

原因：通常是由于大重量的深蹲练习造成的，由于膝盖受力过大，弯曲或扭转等各种原因，导致膝关节半月板及周围的组织韧带等部位发生撕裂。

预防：运动前应做好充分的热身运动，如慢跑、伸展关节、拉伸肌肉等；在运动的过程中尽量避免与别人发生碰撞，涉及落地、急停扭转等动作时一定要分外小心。喜欢橄榄球、篮球、足球、滑雪的减肥人群在平时进行力量训练时，应该加强膝关节控制能力的训练，平时训练时不仅要练股四头肌的力量，更需要锻炼腘绳肌的肌肉力量，股四头肌和腘绳肌的肌力平衡才能够维持膝关节的稳定。运动时着装一定要符合运动要求，必要时佩戴护具，如在足球运动中需佩戴护膝、护腕、护踝、护腿板等护具。

二、过度训练造成肌肉拉伤

原因：肌肉拉伤是指肌纤维撕裂导致的损伤，通常是运动过度或者热身不足造成的。一般来说，疼痛越严重，说明受伤越严重。

预防：在运动的过程中，如果感觉到肌肉突然疼痛，最好立刻停止运动，可以局部冷敷。冷敷能够促进血管收缩，减轻充血和水肿的症状。

三、训练中不规范动作导致肌腱拉伤

原因：这是由于长期做剧烈的跑跳动作导致跟腱锻炼过度而引发的损伤，常见于跑步、篮球、足球、团操、舞蹈等运动。在长期高强度的健身过程中也会因疲劳而产生跟腱损伤。

预防：平时加强小腿肌肉的拉伸和锻炼，如有受伤，要及时冷敷。

四、不规范的跑步姿势导致脚踝扭伤

原因：扭伤是关节部位突然过度扭转导致的损伤，扭伤主要伤及关节外面的韧带和肌腱，疼痛、肿胀为主要表现。

预防：运动前应充分活动脚踝，受伤后要先进行冷敷，但别休息超过 1 天，轻微活动会让脚踝伤痊愈得更快。

五、腰部扭伤

原因：腰扭伤多是因行走滑倒、跳跃、闪扭身躯、跑步而引起的，多为肌肉、韧带遭受牵制所致，故损伤较轻。

预防：有腰椎间盘突出和坐骨神经痛的患者尽量不要选择剧烈的运动。

六、擦伤

擦伤是最常见的运动损伤，是指皮肤的表皮擦伤。这也是最轻的运动损伤类型，擦伤部位比较浅，患者只需要用水清洗，外用药物，很快就能够缓解。为了避免擦伤，在运动之前一定要做好热身活动，在运动过程中要避免跌倒。

七、脱臼

原因：脱臼也就是关节错位，手腕关节、肩关节、踝关节都是容易发生脱臼的部位。

预防：在运动之前要认认真真做好准备活动，做一些环绕、伸展的活动，拉一拉韧带，活动活动筋骨，让自己的关节部位得到活动，避免因为没做好准备活动而脱臼。运动之前，要检查一下运动的器械是否是牢固的，场地是否平整，是否适合做运动。运动的时候自己要采取保护措施，自己要加强对易脱臼部位的保护，可以自己在手腕，脚部带护腕，保护自己的手、腿关节部位，防止脱臼。

八、运动性眼外伤

原因：运动所致眼球及其附属器发生损伤。以机械性钝挫伤为主，多见于球类及跳水等运动项目，由球击、碰撞、器械打击和入水时冲击等原因引起。

预防：佩戴运动相关护具，保护眼睛。

九、疲劳性骨膜炎

原因：疲劳性骨膜炎事一种应力性损伤，多见于初参加运动训练的青少年。多因训练方法不当、足尖用力跑跳过多、场地太硬、动作不正确、落地缓冲不够等造成肌肉不断牵拉骨膜，骨膜与骨质的正常结构遭到破坏，或因身体重力和支撑面相互反作用于小腿骨，产生应力性改变致伤。

预防：训练中严格遵守循序渐进的原则，合理安排运动负荷，防止突然连续加大运动量，避免长时间过分集中地跑、跳、后距等练习，尤其是初参加训练的青少年；掌握正确的技术动作，及时纠正错误动作；合理地选择和使用场地，尽量避免在水泥地等硬场地做跑、跳和支撑练习；训练前充分做好准备，训练后采用热敷或按摩等方法及时消除局部疲劳。

十、骨折

原因：骨的完整性遭到部分或全部断裂。骨折分为闭合性骨折和开放性骨折两种。前者皮肤完整，较易治疗；后者皮肤破裂，骨折端与外界相通，易发生感染，治疗较困难。

预防：摄入富含钙和维生素 D 的食物；佩戴护具。

主要参考文献

[1] 武桂新，严翊. 简明运动生物化学 [M]. 重庆：重庆大学出版社，2017.

[2] 谢敏豪，林文弢，冯炜权. 运动生物化学 [M]. 北京：北京体育大学出版社，2008.

[3] 陈云群. 浅析运动与减肥 [J]. 科技视界，2016（2）：104；121.

[4] 梁霄，赵雪影. 体育运动与减肥效果的影响分析 [J]. 金田，2013（9）：351.

[5] 王瑞元，苏全生. 运动生理学 [M]. 北京：人民体育出版社，2012.

第五章 良好生活方式的养成

第一节 营养素与运动

在运动过程当中，为了维持与运动相匹配的运动强度，机体需要持续不断地从外界吸取各种营养物质在体内进行分解代谢，在分解过程中营养素中所储藏的化学能转化成人体运动过程中所需要的能量，同时也要将代谢产生的废物排出体外。可见，营养素和运动是不可分割地联系在一起的。

人体在运动中所需要的营养素的种类与正常机体代谢所需要的相似，摄取的途径大多来自食物，主要包括水、矿物质、糖类、脂肪、蛋白质和维生素等，但由于运动中机体供能的特殊性，在运动过程中对于不同营养素的需求与正常生命活动也不尽相同，人体在运动过程中对于营养素的需求也间接印证了营养素在运动过程中不可或缺的地位。人体主要的三大供能物质为糖类、脂类和蛋白质，这三种物质在能量供应过程中，其中所储存的化学能被释放到机体内，成为机体各种生命活动及运动的能量来源。

体育运动过程中对于能量代谢的要求较高，运动过程中的能量消耗相较于安静状态之下，相对代谢率要比安静时高 3 倍或以上（表 1.1），但运动项目的能力代谢特点也不同于体力劳动，运动参加的时间一般趋向于几个小时以内。以一个小时为计算单位，对优秀运动员的训练课的能量消耗与国内不同强度参加体力活动的能量消耗相比较，由表可得由于训练所产生的能力消耗与大负荷的劳动消耗量相等或更高（表 1.2）。

表 1.1 不同运动项目特点下能量消耗率与相对代谢率

运动项目	能力消耗率（$kcal \cdot kg^{-1} \cdot min^{-1}$）	相对代谢率
准备活动	0.071 1 ± 0.003 5	2.7
准备活动	0.124 4 ± 0.004 3	5.6
杨氏太极拳	0.100 2 ± 0.002 2	4.3
吴氏太极拳	0.081 4 ± 0.007 9	3.3

续表

运动项目	能力消耗率（kcal·kg^{-1}·min^{-1}）	相对代谢率
太极剑	0.119 4 ± 0.013 4	5.3
少林拳	0.191 4 ± 0.017 1	9.3
自由体操	0.277 4 ± 0.022 8	13.9
体操技巧	2.099 9 ± 0.081 7	112.4
举重（抓举 90 kg）	2.139 9 ± 0.270 8	133.0
举重（挺举 110 kg）	1.392 4 ± 0.052 9	86.0
摩托车（平地驾驶）	0.049 5 ± 0.002 3	2.6
摩托车（越野跑）	0.136 1 ± 0.007 7	7.1
摩托车（越野跳跃）	0.138 2 ± 0.013 0	7.2
摩托车（越野上下坡）	0.134 1 ± 0.011 7	7.0
芭蕾舞基本功	0.102 5 ± 0.019 6	4.6
芭蕾舞基本功（训练课）	0.106 3 ± 0.027 4	8.0
芭蕾舞基本功（双人舞）	0.154 7 ± 0.029 4	7.5
芭蕾舞基本功（单人舞）	0.190 1 ± 0.031 3	9.5
东方歌舞团舞蹈	0.183 2 ± 0.029 7	9.1
中央歌舞团舞蹈	0.179 4 ± 0.051 6	8.7

资料来源：运动营养学，陈吉棣。

注：相对代谢率=（运动的能量代谢率－安静的能量代谢率）/基础代谢率 1kcal=4.1844kJ

表1.2　单位时间内不同训练项目的平均能量消耗

运动项目	每小时（kcal）	每小时每公斤体重（kcal）	每小时每平方米体表面积（kcal）
游泳、投掷	大于600	大于7.0	大于300
篮球、排球、举重、摩托车、无线电测向、东方歌舞（非洲舞）	大于300	大于5.0	大于200
举重（最轻量级）、芭蕾舞、中国歌剧舞剧、中央歌舞团舞蹈、乒乓球、无线电多项、快速收发报	150～300	大于3.0	大于100

资料来源：运动营养学，陈吉棣。

注：中国预防医学科学院营养与食品卫生研究所提出我国劳动强度的分类标准：

轻体力劳动：120 kcal/h；中体力劳动：170 kcal/h；重体力劳动：270 kcal/h；极重体力劳动：370kcal/h

由于运动项目的自身特点，不同的运动项目也具有不同的运动强度、密度及运动的容量，也与运动员自身的身体状态、训练年限、饮食营养等因素相关，这也就导致了不同的运动项目所需要供给的营养素种类及含量有所差异。

一、糖类和运动

（一）机体中糖类的储存及供能形式

糖类由碳、氢、氧三种元素构成，因此也被称为碳水化合物，糖类因为在水中的溶解度不同可以分为以下几个类别（表1.3）。糖类是机体中基本的物质能量来源，机体通过食物摄取获得糖原和葡萄糖，以此来作为机体储备的糖类物质能量。机体的能量来源70%来自食物中所摄取的糖类物质，食物中的糖类在机体中大多以双糖和多糖的形式存在，双糖和多糖在机体（主要是小肠）内经过消化道体液的分解之后转化成单糖后由血液吸收，用于合成肝糖原，运输到肌肉组织合成肌糖原储存，维持血液的血糖浓度和血液中组织的氧化利用率，从而使糖类物质以血糖、肝糖原及肌糖原等多种形态存在于体内，并以此为核心使体内血糖水平保持动态平衡。

表1.3 膳食中糖的种类与组成

分类（DP）	亚组	组成
糖（1~2）	单糖	葡萄糖、半乳糖、核糖
	双糖	蔗糖、乳糖、海藻糖、麦芽糖
	糖醇	山梨醇、甘露醇
寡糖（3~9）	异麦芽低聚寡糖	麦芽糊精
	其他寡糖	棉子糖、水苏糖、低聚果糖
多糖（≥10）	淀粉	直链淀粉、支链淀粉、变性淀粉
	非淀粉多糖	纤维素、半纤维素、果胶、亲水胶质物

（二）糖的代谢

虽然在运动过程中三磷酸腺苷（ATP）是直接、快速的供能物质，但由于储存含量的关系，并不能维持长时间的中高强度的运动。糖类物质在中高强度的运动过程当中扮演着三磷酸腺苷再合成的重要底物，以糖原的形式存在于肝脏与肌肉组织中，虽然在能量上不能与机体内甘油三酯储存的能量相比较，但在高强度运动中，脂肪的代谢是不足以满足高负荷的运动强度，所以糖的无氧代谢对于能量的供应是十分必要的。当运动强度逐步增加，大部分的糖类物质会被调动来供能，这是因为三磷酸腺苷的转化需要导致募集的酵解Ⅱ型肌纤维和酵解酶活化增加所引起。

（三）糖类物质的供能过程

1.糖类的无氧糖酵解

糖类物质在机体中不需要氧气的参与就可以分解成乳酸，换而言之，糖类物质在机体缺氧或氧气供应不足的情况之下，仍然能够经过代谢分解产生乳酸，并释放供机体利用。此过程与酵母菌生醇的形式类似，故被称为糖酵解（图1.1）。

糖酵解指机体发生一系列相关酶反应。在机体大强度运动时，机体因为供氧不足的原因，糖类物质经过无氧代谢及一系列反应，分解生成乳酸。糖酵解的过程可以简单总结为糖原或葡萄糖→丙酮酸→乳酸，在此过程当中一份葡萄糖分子产生两分子三磷酸腺苷并释放能量，这部分能量用于二磷酸腺苷合成三磷酸腺苷。糖酵解的代谢废物——乳酸，可以在氧气充足时氧化分解，分解部位一般发生在心脏、骨骼肌细胞中；另一部分会进入血液，经过糖异生的作用，在肝脏中重新转变成糖原和葡萄糖，以便于机体的循环利用，但糖异生的过程需要氧气与能量的供给才能够进行。

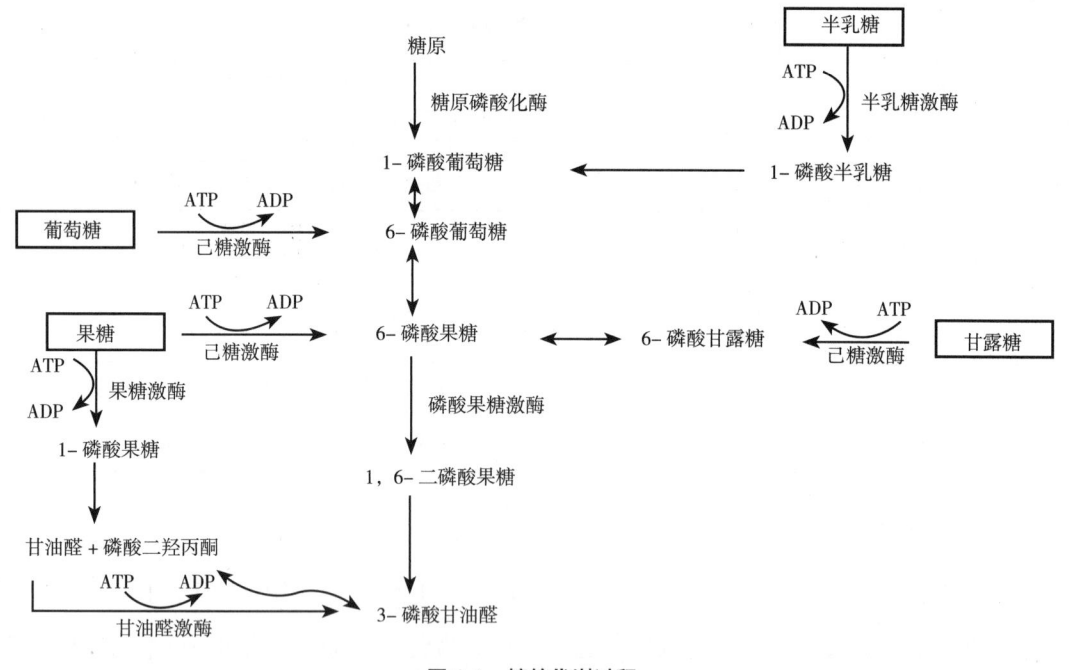

图1.1 糖的代谢过程

2.糖类的有氧氧化

糖类物质在氧气的供应之下发生氧化反应，最终生成二氧化碳和水的过程就是有氧氧化。糖类物质的有氧氧化一般分为三个阶段：第一个阶段，与无氧糖酵解相同，由糖类物质分解生成丙酮酸；第二个阶段，丙酮酸经过氧化作用产生乙酰辅酶A；第三个阶段，乙酰辅酶A通过三羧酸循环产生二氧化碳与水。每个过程都有氢键的断裂，脱氢下的氢原子与氧经过反应生成水的过程，并随着大量能量的产生，用以合成三磷酸腺苷。糖的有氧氧化过程产生的能量远远高于糖酵解，一分子葡萄糖完全氧化时，产生38分子三磷酸腺苷，多达糖酵解的十几倍，该方式也是机体在正常生理条件下长时间供能的主要方式。

3. 糖异生

糖异生的主要场所是肝脏，由糖酵解产生的乳酸一部分进行有氧氧化产生能量，有一部分则通过血液运输到肝脏进行糖异生，重新转化成糖原或葡萄糖，这一过程叫作糖异生[1]。

4. 磷酸戊糖代谢途径

磷酸戊糖代谢途径是葡萄糖代谢的另一种形式，代谢产物是辅酶Ⅱ和核糖。

（四）运动中糖类物质的功能

（1）机体运动的供能物质。不管是短时间大强度的运动，还是长时间低强度的运动，糖类物质通过糖酵解或有氧氧化首先为机体提供能量，在长时间低强度的运动中，当糖类物质消耗过多，机体才会动员脂肪或蛋白质进行能量的供应，相较于脂肪的氧化过程，糖类物质在消耗等量氧气的条件之下，产生能量的效率要比脂肪高4.5%[2]，糖类物质的代谢过程对于氧气的需求不高并且代谢的最终产物是二氧化碳和水，安全且高效，不会对机体产生副作用。

（2）大脑的供能物质。因为大脑中缺乏储存的营养物质，所以大脑主要是依赖于糖的氧化进行供能；糖类物质可以经过血液的流动进入血脑屏障，为大脑内的神经细胞提供营养物质。血糖浓度过低，首先受到影响的就是大脑中枢神经，伴随着头晕、疲劳甚至昏厥等现象。

（3）对含糖量较多的食品，可提供某些人体所必需的矿物质、维生素等；豆类食品或豆荚类食品可提供天然植物化学物；牛奶或酸奶中含有丰富的钙、维生素及蛋白质。但在进行比赛、运动前或运动中不应该选择纤维素过高的含糖食物，否则会影响肠胃的消化，影响在运动中的表现。

（4）糖类物质在人体中的功能还有很多。比如：维持血糖的正常浓度，不管是运动状态还是安静状态，血糖的上升和降低都对机体有着向好的作用，补充糖类物质可以使皮

---

[1] 王瑞元，苏全生. 运动生理学[M]. 北京：人民体育出版社，2012.
[2] 陈吉棣. 运动营养学[M]. 北京：北京大学医学出版社，2002.

质醇和生长激素减少，单核细胞吞噬作用及抗炎细胞介质反应等生理应激程度减轻；另外，糖类物质在神经组织和细胞核中占有重要地位，其中肝脏和肌肉中糖原含量最多，核糖、脱氧核糖对核酸、核蛋白的合成等具有重要作用；糖类物质还能降低脂肪酸分解，具有抑制酮体产生等作用；糖类物质的摄入也可以对蛋白质有保护作用，同时也会增加机体的饱腹感。

（五）运动与补糖

机体对于糖类物质的储存相对有限，当机体内肌糖原的含量低于临界值，常引发疲劳，此时运动的强度就会降低，或者运动停止。特别是对于参与时间持续 60～90 min 的运动，糖类物质是限制运动能力的重要因素。因此，在运动过程当中适当地进行补糖，直接或间接地调节运动机能，可以促进运动过程当中疲劳的恢复，保持运动过程当中的强度，提高训练的效果和比赛的成绩，从而有效延缓运动性疲劳的发生。研究表明，对于长时间的耐力性运动项目，如马拉松跑、长距离游泳及自行车项目，有必要在运动过程当中进行糖的补充。

1. 补糖时间与补糖量

大多数研究学者认为，不管是运动前、运动中或者运动后进行补糖，都有助于在长时间的运动中，维持充足的血糖供应，保持血液和肌肉中的血糖含量。目前大多数研究表明，运动前 2 h 进行补糖，可以增加肌肉中糖原的储备量；在锻炼前 5 min 补糖效果也较为明显。第一种说法是糖从胃吸收→小肠→血液，通过提高血液中血糖的浓度而刺激胰岛素的分泌，而胰岛素释放就在一定程度上花费了时间。第二种说法是运动对于某种激素的释放，具有刺激作用，如肾上腺素，运动的特性可以刺激肾上腺素的分泌，从而抑制胰岛素的分泌。胰岛素的分泌会影响血液中血糖的水平，同时也会减少运动对于肌糖原的消耗。这里有一个需要注意的点是，运动前 1 h 左右，不要进行糖原的补充，避免因为胰岛素的分泌而降低了血液中血糖的浓度，导致运动能力下降。在长时间、长距离的运动中，如长距离自行车、长距离的跑步比赛，可以通过中途设置能量补给站的方式来进行适量的补糖。为了更好地促进身体的恢复，运动后即刻补糖，具有较好的效果。理想的补糖时间应是锻炼后立即、锻炼后 2 h 和每 1～2 h 持续一次。耐力性项目运动员在进行大强度的耐力训练期间或高强度比赛之后，在日常的饮食中，糖类含量应该占到总量的 70 %，有助于机体糖原的恢复。运动前或比赛前的补糖与运动中或比赛中的补糖不同，运动前或比赛前可采用较高浓度的溶液（35 % 左右）进行补糖，补糖量控制在 40～50 g；运动中或比赛中补糖时采用的糖浓度应该较低（5 %～8 % 左右），摄入饮料中糖的浓度较高（高于 10 %）时，会影响胃的排空速率，进而影响运动表现。直接补充葡萄糖的方式是吸收最快的，并且对于肌糖原的合成也有促进作用；果糖的吸收速度也较快，并且肝脏对于果糖的利用效果也较为显著；低聚糖的补糖效果较为明显，作为一种人工合成糖（2~8个单位葡萄糖合成的低聚糖），易渗透，相对分子质量也高于葡萄糖。据研究表明，浓度为25%的低聚糖的渗透压相当于5%的葡萄糖的渗透压，补糖效果比较理想，可以用作低渗透压、高热量补糖液体。

2. 运动与糖代谢

糖类物质供能快，是机体在无氧条件之下唯一能够提供能量的底物，在有氧状态之下糖类物质也能够快速分解，对于氧气的消耗也较少，没有过多的不利代谢废物，在运动过程中占据比较重要的地位。

在长期大强度锻炼中，锻炼前肌糖原储量的多少决定了到达锻炼力竭所需时间的长短，并对耐力训练及比赛中锻炼能力有直接的影响。在低强度运动中，约有50%的摄氧量是由肌糖原储量提供的，因此它对人的力量—运动能力起着重要作用。糖原耗竭与低血糖症也存在一定的联系，但长期大量的运动会使肌糖原储量增加，从而影响乳酸的产生和无氧代谢能力下降。而有氧氧化反应又会导致糖酵解作用增强，从而产生更多的葡萄糖消耗。这样不但会导致机体能量消耗的增加，还会降低肌肉蛋白质的合成。因此，在训练中必须注意营养补充和运动强度的安排，以提高运动员的竞技能力。如果能量摄入不足，则会引起骨骼肌萎缩；若摄入过多就会影响肌纤维形态结构及功能，也可发生某些并发症。所以，对于以无氧代谢供能为主的运动项目，在赛前1~2天用高糖饮食，可以避免因肌糖原储备不足而影响运动成绩。

在锻炼之前或者比赛之前进行补糖是为了优化肌肉，增加肝脏糖原储备，保持锻炼期间血糖平稳，确保1 h快速锻炼能力，以及在长期锻炼结束后的冲刺力；还可以避免造成锻炼期间胃肠不适、血浆胰岛素浓度升高等问题，而这种升高有时可能导致易感人群出现反射性低血糖。所以，选择适当的补糖方案对运动员是至关重要的。目前，关于补糖对机体影响的研究主要集中在短期、中距离和长距离运动上，而针对长期大运动量训练的相关内容却不多。笔者认为，不同项目的补糖时间不同，较短项目（时间小于40 min）于比赛前半小时内进行，而较长运动项目于比赛前2 h进行，旨在回避胰岛素效应时间。运动前2 h左右补糖，可以降低胰岛素水平，提高运动能力；运动后2 h左右补糖会使机体消耗约70%~80%的热量，同时也增加了机体的摄氧量。所以，在锻炼前进行补糖，其利弊要结合具体情况及运动员个体差异来评判。

在运动过程中，骨骼肌作为乳酸产生的重要部位，其乳酸生成量与其收缩肌肌纤维种类、运动强度和时间相关。在短时间极量运动过程中乳酸生成量增加，这是因为运动所需收缩肌能量大于有氧代谢最大供能能力而不得不通过糖酵解系统供能。长时间亚极量运动时，乳酸的生成主要出现在运动初期和达到稳态氧耗率之前，是糖酵解速率高于有氧代谢速率的过程。当机体处于低氧环境下或肌肉恢复到无氧状态时，乳酸的生成量增加，并随时间延长而减少。这一现象就叫作"乳酸积累"效应。乳酸是肌肉活动产生能量的主要来源之一。当机体处于缺氧状态时，乳酸将以更快速度和更深程度被消耗。乳酸是引起肌肉疲劳的主要原因之一。血乳酸浓度和骨骼肌乳酸产生及消失速率紧密相关；锻炼后乳酸的消除受休息方式影响较大，低强度锻炼时活动性休息比静止性休息乳酸消除速度更快；训练水平高的运动员血乳酸消除能力更高。

二、脂类与运动

（一）脂肪的概念

人体内脂肪的储备量很大，通常认为膳食脂肪主要由甘油三酯、胆固醇和磷脂构成。食物中所摄脂肪也有动物脂肪和植物脂肪之分，但其组成均为甘油三酯，均由甘油及脂肪酸组成；按脂肪饱和度来分，有饱和脂肪酸和不饱和脂肪酸之别。动物油脂主要来源于动物性食品（肉、蛋），其中以牛肉为最多。由于其具有高热能及较低胆固醇含量等优点，因此广泛应用于食品工业中。植物性脂类则很少被应用。但甘油摄入主要来源于甘油三酯，甘油在人体内主要是和碳水化合物代谢相关；胆固醇属于脂类物质，是机体不可缺少的营养物质，可以通过机体自身合成。胆固醇只存在于动物食物中，水果、蔬菜等其他非动物产品内没有胆固醇。

（二）脂肪的生理功能

脂肪作为三大供能物质，在长时间、长距离的运动中有着重要作用，并且脂肪供能时释放出的能量要远远高于糖类物质的供能。除此之外，从食物中获取的脂肪酸还为机体提供自身不能合成的必需脂肪酸，这些脂肪酸是组成细胞、线粒体及各种代谢酶的主要物质。例如，甘油磷脂是机体细胞膜的基本单位，花生四烯酸对于构成各种甘油磷脂具有重要作用，缺乏此类脂肪酸可能会引起细胞膜的损伤。不饱和脂肪酸如二十二碳六烯酸对于机体脑部神经系统的发育也有着重要作用，不饱和脂肪酸兼有降低胆固醇和保护心脑血管等功能；因此，人体需吸收食物中的必需脂肪酸来维持正常生命活动。与此同时，脂肪还具有其他作用，如促进脂溶性维生素在机体内的吸收、作为内脏器官的外围保护、保持机体体温等重要作用。

（三）脂肪的代谢

食物中的脂肪主要是甘油三酯，脂肪的消化部位在小肠，甘油三酯在各种酶和其他底物的作用下被分解为甘油一酯、甘油和游离的脂肪酸。其中，甘油易为肠黏膜所吸收并通过肝脏直接入血；不易吸收的脂肪酸及甘油酯则在肠内重新合成甘油三酯并通过淋巴系统重新流入血循环。被分解的脂肪酸大部分会由机体再合成脂肪储存起来，其余会伴随着血液流动进入身体的各个组织，如肌肉、进行供能或作为其他代谢活动的参与物质。脂肪转运场以血液为主，其转运方式通常以脂蛋白方式进行转运、乳糜微粒，低密度脂蛋白和其他物质均属于脂肪转运方式。

（四）脂肪与运动

机体的供能物质来源主要是碳水化合物、脂肪和蛋白质，其中碳水化合物占总能量的55%左右，其次是脂肪占比25%，蛋白质最少。同样作为能源物质脂肪供能时速度虽不及碳水化合物，但脂肪供能所产生的能量及三磷酸腺苷明显多于碳水化合物供能。不管是有无经过系统训练的运动参与者，体内脂肪的储存量都很大，一名普通的健康男性体内脂肪的储备量也能够达到20 kg。一个承受高强度训练的运动员体质很低但脂肪的储存量仍然能够达到运动时的要求。对于长距离、长时间的运动项目，如长距离的游泳、马拉松、铁人三项等项目，脂肪是主要的供能物质。运动强度低于最大摄氧量时，供能物质以脂肪氧化供能为主；同时，由于脂肪供能的特殊性质，在脂肪供能时也节约了糖原的消耗，从而提高了运动的耐久性。

运动时，当人体组织中的甘油三酯被调动起来时，血中游离脂肪酸的存在可以分为三期：①循环期：运动开始前10 min，血浆游离脂肪酸、甘油被肌肉所利用，浓度降低；②代谢期：血浆游离脂肪酸、甘油三酯含量逐步恢复正常甚至超过正常值；③恢复期：运动后血浆游离脂肪酸、甘油酯含量升高达到最大值，随后又逐步恢复正常。脂肪代谢过程表明，脂肪酸氧化利用受到肌肉对脂肪酸氧化能力和从血浆到肌细胞的转运速度等因素影响。脂肪代谢恢复期肌肉中利用脂肪酸急剧下降，而脂肪分解却持续进行，从而导致甘油及游离脂肪酸含量升高。通过对大鼠不同部位（颈总动脉、股动脉、躯干）进行实验研究发现：随着负荷强度增加，游离脂肪酸含量升高；血清脂质过氧化产物丙二醛的含量亦相应升高。而脂类代谢紊乱又是动脉粥样硬化的主要危险因素之一。运动使体内甘油三酯水平降低，与运动对甘油三酯的消耗、内源性合成甘油三酯的减少、运动提高脂蛋白酶活性对甘油三酯清除的促进作用等因素相关。从运动时脂肪代谢的过程可以看出，脂肪组织所动用脂肪的分解速度比较慢，往往在运动2~4个小时以后，当体内糖原储备减少时，游离脂肪酸是收缩肌最主要的能量来源，这时血浆游离脂肪酸达最大值[1]。

（五）运动与脂肪代谢的关系

脂肪在胃、胰脂肪酶的作用下，得到进一步的分解。其中一部分是甘油三酯，另一部分则是胆固醇。另外，还含有少量的脂类物质，如磷脂。胆固醇是人体中含量最多的脂质，约占体重的5%，而甘油三酯则在总胆固醇中所占的比例为40%，其中大部分分布于肝组织，肝内胆酸是其主要成分之一。胆汁主要来源于肝脏、胆囊及近端小肠中的脂肪。脂肪酸与甘油分子在肠细胞中穿过乳糜微粒，进入淋巴循环。脂肪包是由血液和组织毛细血管床组成的，其中含有一种叫作脂蛋白脂肪酶的物质能够分解脂肪成分，使脂肪成分被转运到脂肪细胞或运动肌细胞。一旦进入肌肉，这些肌肉能以燃料的形式进入线粒体的"熔炉"。

脂肪组织对运动起着供能作用，脂肪代谢同样受运动各方面因素影响，运动强度不同，运动时间长短和运动项目的差异均对脂肪代谢过程有影响。在低强度的运动过程当中，肌糖原参与供能的比例很小，脂肪组织由于运动的刺激而进行分解，此时进入血液中的供能物质主要是脂肪酸；脂肪供能比例随运动强度逐渐增加而减少。但是运动中仍有相当多的能量需要通过有氧代谢来满足。因此，提高机体对氧和糖的利用能力是非常重要的。脂肪的供能效率以运动强度达中等强度为最高；当运动强度升到80%以上时，脂肪的供能比例逐渐减少，此时肌糖原分解及葡萄糖介入，脂肪的氧化供能减少。同时，研究表明，运动可以改善体内脂代谢的水平，常年训练的优秀运动员血脂中高密度脂蛋白的含量高，并且该项指标也与运动过程中的最大摄氧量相关。运动也同样可以降低血液中甘油三酯和低密度脂蛋白的含量，提高高密度脂蛋白的水平，对于心血管系统有较好的促进作用，也能够延缓血管衰老。脂肪摄入过高或过低都会影响身体的生理机能，脂肪摄入过高会降低机体的心肺耐力，影响蛋白质和其他营养物质的吸收，增加高脂血症、肝脏受损、冠心病、肿瘤等的患病风险，所以在饮食选择过程中，脂肪的含量应该占到食物总量的25%左右，再根据人体的实际情况及参与运动项目的类型进行上下浮动；脂肪摄取不足，一方面会影响体内重要激素的合成，进而影响发育，如雌性激素的合成等；脂肪可以促进脂溶性维生素的吸收，这些维生素的摄入不足会影响机体的代谢，导致皮肤粗糙、失去光泽等。在婴幼儿时期，脂肪摄入不足会导致神经、大脑、视网膜等器官或组织发育不良。

---

[1] 吕晓华. 运动营养学[M]. 成都：四川大学出版社，2005.

三、蛋白质与运动

（一）蛋白质的概念、功能以及机体代谢

蛋白质是生物机体构成细胞的主要组成成分，主要由碳、氢、氧、氮、硫等元素构成，这些元素可以构成不同种类的氨基酸，在此基础之上，不同的氨基酸可以构成不同种类的蛋白质。

人体中许多重要的活性物质均由蛋白质组成，如酶、激素或者其他免疫物质等，蛋白质又是人体生命中存在的一种重要表现形式。目前研究表明，氨基酸的种类高达几十种，不同的排列组合可以衍生出不同的蛋白质类型，蛋白质比例约占身体的15%。蛋白质是人体内不可缺少的营养物质，人体内蛋白质损失过多，生命活动也将受影响。

（二）蛋白质的生理功能

1. 构成机体的重要组成部分

蛋白质是细胞的主要组成成分，在细胞组成物质中所占比例较高。蛋白质在体内具有多种生理功能和重要作用，它不仅能维持生命活动的需要，而且对人体健康也有重大影响。肌肉、骨骼、血液和其他组织均由蛋白质组成。机体内损伤的细胞都是由蛋白质进行修复，因此蛋白质在机体生长、恢复中都具有重要作用。

2. 调节人体各项机能

蛋白质是多种激素、酶的主要组成物质，血浆中蛋白质又是维持血液渗透压的重要因素。蛋白质在维持机体酸碱平衡方面亦起着举足轻重的作用。蛋白质中的部分氨基酸也是合成乙酰胆碱的重要物质，这也就与神经和兴奋的传导构成了联系。同时，蛋白质的存在也与抵抗力的高低有着不可分割的关系，当蛋白质不足时，就会出现免疫机能减退，白细胞数量下降的情况。体内未被利用的蛋白质和食物中摄取的多余蛋白质也可以在分解后放出能量供机体利用。

3. 蛋白质的机体代谢

事实上，无论机体处于运动状态或安静状态，蛋白质都不是主要的能量来源，但对于某种特殊情况，如从食物中摄取的糖类供应不足或脂肪被大量的消耗后，机体才会依靠组织蛋白分解产生氨基酸的方式功能。在蛋白质的分解代谢过程中，蛋白质的合成与分解是一个动态的平衡过程，运动中或运动后蛋白质分解代谢的活动加强，促进了肌肉的合成代谢，使肌肉质量和体积提高，所以在运动后适宜增加运动员食物中蛋白质的摄入量，可以有效地增加运动员肌肉质量和数量，但并不是作为能源物质的储备。

正因为蛋白质在人体内具有特殊的位置，所以在进行运动训练或者健身活动时，运动员或者健身人员都会对蛋白质进行补充，尤其是那些对力量和耐力项目有较高要求的人。简单的算法是，成人的蛋白质摄入量最低应达到 0.8g/（kg·d）；对于青春期的青少年来说，由于细胞代谢加强，对于蛋白质的需求量也就相应地增加，蛋白质摄入量为 2.5～3 g/（kg·d））；对于运动员的蛋白质供给要比普通人高，但这要根据运动项目和机体的需求来进行综合判定。在运动训练过程当中，运动员应该注重蛋白质的摄入，以促进肌肉蛋白质的合成，预防运动性损伤的发生。

（三）运动与蛋白质的关系

对青春期青少年而言，因细胞代谢增强，对蛋白质需要量也相应地增多。在运动过程中，人体氨基酸氧化所需能量约为 5%～15%，其中又以糖为主。肌糖原作为体内蛋白质合成的主要方式，在总能量中占据了约 5%，同时蛋白质在人体重中也占据了 6%～7%，两者间具有一定的比例平衡关系。在肌肉中，肌糖原储备耗竭导致氨基酸供能减少约 10%～15%，但仍可维持一定水平。氨基酸主要来源于丙氨酸—葡萄糖循环系统。肌肉组织中的蛋白质是构成运动肌肉的重要成分之一，而收缩蛋白质又是蛋白质的一个重要组成部分，它参与了机体对环境的适应性合成和对肝脏的保护作用。肌原纤维蛋白是由多种氨基酸组成，其主要成分为谷氨酰胺，还含有少量其他必需氨基酸如半胱氨酸等。这些氨基酸以肽键相连形成复合体。肌肉中的蛋白质合成和氨基酸的代谢池是不一样的。肌酸是参与机体能量消耗的主要物质之一，它通过影响氧自由基清除而减少线粒体呼吸链对有氧能力的损害。当乳酸产生过多时会导致酸中毒，但同时也会促进三磷酸腺苷的释放。蛋白质的分解是由水驱动的，而不是通过水的循环来完成其分解代谢地。代谢池中的自由氨基酸和氨基酸代谢对肌肉运动有重要影响。肌肉运动时，丙氨酸排泄增多，被肝脏氧化分解碳架合成糖原，氨基产生尿素。运动时，代谢池游离氨基酸浓度升高，和丙氨酸—葡萄糖循环率升高，这与运动诱发糖皮质激素含量升高和胰岛素含量下降刺激相关。

（四）运动对蛋白质需求量的影响

由于肌肉的特殊结构，大部分又是由蛋白质构成的。在运动过程当中，运动量的增加也就代表了参与运动的肌肉增多，那么机体在运动后对于肌肉的再生与恢复的需求也就会相应地增加，导致蛋白质需求含量的增加。运动对蛋白质的影响因素有很多，不同的运动项目和不同的运动强度都会影响蛋白质的吸收和利用。对运动员蛋白质的需求量的影响因素进行分析，归纳为以下几点。

1. 训练状态

人体在进行剧烈运动的前期由于细胞代谢活动的增加、肌细胞的参与及神经体液调节系统等一系列反应，都会对机体蛋白质的代谢系统造成影响，因此在进行大运动量训练后要及时补充蛋白质，防止运动性贫血的发生。

2. 训练的类型、负荷及频率

大强度的运动增强了人体蛋白质代谢活动，提高了人体对蛋白质的需要量；而力量训练还可增强肌肉组织代谢活动，因此运动训练强度、数量及负荷对蛋白质代谢活动均有一定的影响。在运动过程当中，糖原储备量也会影响蛋白质的需求量，当糖原储备不足时，机体会调动蛋白质进行供能。糖原不仅可以作用于肌细胞和肝脏中产生能量，也可以节约蛋白质的使用。气温也是影响蛋白质需求量的重要因素，夏季高温季节，汗液的代谢活动加快导致排汗量的增加，从而导致汗氮的排出量增加，使蛋白质的需求量增加。此外，蛋白质的摄入渠道也应该多样化，不只是摄入肉类，豆类食物、牛奶、谷物类食物和优质脂肪等的摄入也同样重要。

四、维生素与运动

维生素分为脂溶性维生素和水溶性维生素两种。脂溶性维生素包含维生素 A、D、E 和 K 四类，这些维生素也因为结构的不同，排列组合又有多种同类物质，如维生素 A 存有 A_1 和 A_2 两种、维生素 K 有 K_1 和 K_2 两种，这些维生素对于骨骼的生长发育、机体的抗氧化、激素的合成等方面有重要作用；水溶性维生素的种类非常多，比如维生素 B 族和 C 族、叶酸、烟酸等多种，它们的共同点是不溶于脂类，只溶于水，这些物质大部分是以酶的形式参加各种代谢活动，在机体的很多代谢环节具有重要作用，这些物质的营养水平可以在血液、尿液的检查中体现出来。B 族复合维生素的作用直接关系到运动过程中能量的生成及红细胞生成，同时还涉及蛋白质合成及组织（含中枢神经系统）的修复与养护。

这些维生素通常被认为是人体必需的物质，但也可能因为人体缺乏维生素而降低了它们的作用，因此增加维生素摄入量对于提高运动员的增能价值具有重要意义。但某些维生素（维生素 E、维生素 C）可通过降低氧化损伤来帮助运动员对训练产生更大的耐受能力，并有助于保持高强度训练过程中的健康免疫系统。各类维生素的作用见表 1.1。

表 1.1 维生素的种类、功能及推荐量

维生素	可能参与的作用
A	抗氧化剂，防止红细胞损伤
D	参与肌肉内钙的转运
E	抗氧化剂、防止红细胞损伤 提高氧化能系统水平
B_1	参与糖的分解过程 参与血红蛋白形成 保持适度的神经系统功能
B_2	参与糖和脂肪的供能过程
PP	作用于糖的有氧氧化与酵解过程 阻断脂肪组织释放游离脂肪酸
B_6	作用于糖的产能过程 参与血红蛋白和氧化酶的生成 保持神经系统的功能
B_{12}	参与红细胞生成过程
叶酸	参与红细胞生成过程 作用于糖和脂肪的分解供能过程
生物素	糖和脂肪的合成
C	抗氧化剂 促进铁的吸收 参与肾上腺素的合成 促进氧化能系统的供能 参与结缔组织的形成

（一）维生素 A

维生素 A 作为机体主要的维生素，参与构成视觉中的感官系统，对于夜间视力的维持有重要作用，人体视网膜中锥状和杆状细胞都是对光源进行接受的细胞，一个对强光敏感，另一个对暗光敏感，这两种细胞的生理功能与维生素 A 都有关系。当机体缺少维生素 A 时，对于黑暗中的光源敏感度就会降低，有可能会引发夜盲症。维生素 A 不仅对人体免疫机能和人体表皮组织的健康起着重要作用，而且在促进人体生长发育和骨骼生长中起着一定的作用。此外，维生素 A 能够防止体内脂肪的氧化脂质，降低癌症发生的风险。

（二）维生素 B 族

维生素 B_1（硫胺素）在机体中多以硫胺素双膦酸盐形态存在，维生素 B_1 在酸性溶液中容易稳定，碱性液中容易受到损伤，紫外线可使硫胺素降解和失活，铜离子可加速其损伤。硫胺素参与能量代谢（三羧循环）的生成，但是在糖及蛋白质代谢中也有关键作用。

维生素 B_1 是动物体内最主要的辅酶之一，参与能量合成与分解及氨基酸的运输等许多生理活动；还可以调节糖酵解、磷酸戊糖途径、线粒体呼吸链等多种酶系统活性。维生素 B_1 不足，其代谢物丙酮酸会蓄积，蓄积的丙酮酸首先在神经系统发挥作用，丙酮酸再转化成乳酸，乳酸蓄积会导致疲劳，损害有氧运动能力，影响正常神经冲动和传导，从而影响消化功能和食欲，还会造成心肌损伤和能量代谢失衡。

膳食中维生素 B_2 多以辅酶的形式和蛋白质相结合，受胃酸影响从蛋白质中分离出来，经磷酸化和脱磷酸化等积极过程而迅速被吸收。该维生素在人体内贮存较少，多从尿液中排泄，部分人至多以核黄素的原形排泄。许多疾病都与维生素 B_2 有关，其作用机理是抑制线粒体氧化磷酸化反应和促进细胞内谷胱甘肽过氧化物酶活性，因此可以用于治疗某些疾病。缺乏维生素 B_2 的前期表现有以下症状：疲劳、乏力、眼睛瘙痒、口腔病变等。

维生素 B_6 一般在小肠部位被吸收，涉及氨基酸及脂肪酸代谢、糖原代谢、多种神经介质合成代谢所必需物质等，并可能具有类固醇激素调节作用，其中维生素 B_6 为氨基乙酰丙酸合成所必需，维生素 B_6 的严重消耗影响血红蛋白合成进而影响氧气输送，该类物质的不足则会破坏 DNA 合成并影响免疫功能。

（三）维生素 D

维生素 D 被人们称为"阳光维生素"，它的摄入途径并不主要通过食物的摄取，而是在太阳光中紫外线的照射下，机体可以合成所需的维生素 D；还可以通过少数的食物摄取维生素 D。维生素 D 的主要功能是促进机体钙和磷物质的吸收及提高血浆钙和磷的水平；同时，在骨骼的代谢中，维生素 D 也能够促进骨质的溶解与钙化，对于细胞中钙、磷元素的转移及骨骼中营养物质的供给有促进作用。

（四）维生素 E

维生素 E 的种类有很多，被人熟知的作用是能够提高机体的抗氧化水平，但还有许多不为人知的生理功能。主要包括：维持生物细胞膜的正常功能及流动性，机体长时间缺乏该物质可能会引起细胞膜的破裂及贫血；与其他维生素共同作用，保护机体在这些必需维生素吸收过程中保持其特定的功能；其独特的抗氧化作用也对机体的衰老具有预防作用，同时改善皮肤组织的独特性质，刺激免疫系统，提高免疫系统对癌症的抵抗能力。

（五）维生素 K

维生素 K 的主要功能是促进血液细胞的凝血功能，当机体缺乏该物质时，机体内的凝血因子数量也会受到影响，进而影响血液流出体外后的血液凝固。维生素 K 主要存在于新鲜蔬菜和水果中。维生素 K 是维持机体正常生命活动不可缺少的物质之一。它不仅参与体内多种重要生理过程，而且还与许多疾病密切相关。维生素 K 含量比较丰富的食物有植物性食物，如绿叶蔬菜含量高，而水果、谷物含量低，动物性食物内脏、肉、奶类含量居中。在人体内，维生素 K 同类物储存在肝脏中，说明它们每天所需的维生素 K 大约 50% 来源于植物性食物，称为 Ki；其余部分则是通过肠道细菌的合成供给。其摄入量为约为 21 g/(kg·d)；若半数可以通过肠道细菌获得，那么由食物所需要的数量对此值就会少很多。若摄取不足，就可能发生出血或溃疡等疾病。

（六）叶酸

叶酸是一种水溶性维生素，它主要与体内酶转移辅助物质有关，起传递作用；它与脱氧核糖核酸、核糖核酸、氨基酸和血红蛋白有关。叶酸还在胚胎发育和胎儿生长发育中起重要作用。目前临床上用于治疗缺铁性贫血的药物有多种，其中以叶酸最为常用。但是由于其副作用大，所以限制了它的应用范围。叶酸不足可影响骨髓细胞内红细胞增殖速度，出现红细胞贫血；叶酸对于孕妇的作用是经常被提及的，缺乏叶酸会增加胎盘脱落的可能性，同时也会对婴儿神经系统的发育造成影响，怀孕初期缺乏叶酸会增加胎儿神经系统畸形的发生率。

（七）维生素 C

维生素 C 的主要功能包括提升机体的生理机能，提高自身免疫力、合成血管所需要的胶原，促进铁、钙等矿物质的吸收，增强机体某些代谢酶的活性，促进活性叶酸的转换，有效防止儿童时期红细胞贫血的发生，促进胆固醇在机体内转换成能够溶于体液的硫酸盐，有助于机体内胆固醇的消除。除此之外，维生素 C 对于疾病的预防及细胞的抗氧化机能具有重要作用，维生素 C 的缺乏可能会引起机体疲劳、肌肉酸痛、身体机能下降、食欲下降等情况，严重时可能会表现出牙龈出血、皮下组织出血或血肿的发生；如果儿童时期缺乏维生素 C，可能会出现发育不良、厌食肌肉酸痛等现象，可能伴随着皮肤、骨膜、牙龈下的出血等情况的发生。维生素 C 大部分来自新鲜蔬菜和水果，主要成分为乙醛（或醋酸）。由于它具有独特的生理活性作用，故被广泛应用于食品、药品、化妆品及其他行业中。如辣椒、菠菜、西红柿、韭菜、红果、柑橘、柚子、草莓等都含有丰富的水溶性维生素 C 和不溶性维生素 C，其中以维生素 C 含量最高。苜蓿、苋菜、刺梨、沙棘、猕猴桃和酸枣等蔬菜中含有丰富的维生素 C，但由于加工或贮藏不当而损失较多。烹调损失是导致维生素 C 摄入不足的重要因素之一。

五、矿物质与运动

机体内含有地球表层元素相似的各种元素，几乎包含了自然界存在的所有元素。在这众多的元素中，有几十种元素在人体组织的构成、机体生理活动的维持及生理活动等方面起着重要作用。其中，碳、氢、氧、氮这几种元素构成了机体内各种有机化合物，其他元素则被称为矿物质（无机盐或灰分）。这些元素在人体内的分布是不均匀的，人体对于各种元素的需求也是不同的，这些元素随着年龄的增加而增加，但元素之间的需求比例变化不大。机体对于矿物质的需求不同，也就代表着机体各个部位对于各种矿物质的需求不同。比如，钙、磷一般存在于骨骼、牙齿等部位，锌元素主要分布在肌肉纤维中，碘元素主要存在于甲状腺等。另外，这些矿物质的吸收也与自然环境和其他特殊条件有关，有些地区可能会伴有部分元素缺乏的问题。

机体内的常量元素有钙、磷、钾、钠、氯、镁、硫等七种，这几种的每日需求量在100 mg以上，都显著高于微量元素，这些常量元素的生理功能有以下几个方面：构成机体的组成部分，如骨骼、牙齿、血细胞等主要都是由这些常量元素构成的；常量元素在保持细胞膜通透性和神经系统兴奋性时，还起着维持人体正常渗透压和酸碱平衡作用；参与某些代谢酶组成，从事人体物质代谢。

（一）钙的功能与健康

钙是微量元素中占机体内含量最多的物质，钙不仅是构成骨骼的重要矿物质，同时也是肌肉收缩与舒张的重要介质，在机体生理及生化学方面起到重要的作用。机体中的钙物质大部分都存在于骨骼与牙齿当中，其余的以游离打的形式存在于体液和软组织当中。钙物质的功能有很多，主要有构成骨骼和牙齿的重要成分、在体液中以游离的形式存在，维持正常的生理活动、参与细胞的合成与代谢过程、调节细胞膜的通透性，维持细胞膜的渗透压与酸碱平衡。神经兴奋、传导，激素的分泌、肌肉收缩等过程都需要钙的参与。

钙的缺乏也是我国较常见的营养性疾病，成人钙摄入的含量每日应不低于400 mg，传统膳食中含钙丰富的不多，不能满足日常生活中对钙的需求；而通过食物摄取的草酸盐、磷酸盐等妨碍钙物质吸收的物质却很多，食物中磷的含量要比钙的含量要多得多，不能够完全达到适合机体吸收的磷钙比例，导致钙的缺失。儿童缺钙对于儿童的生长发育危害很大，严重缺钙伴随着蛋白质与维生素D的摄入不足，可能会出现生长发育迟缓、佝偻病、骨骼发育不良等现象，伴随着身材矮小、腿型不佳、鸡胸等身体现象，同时还会有厌食、易怒等症状。成人膳食缺钙，随着年龄的增加，容易导致骨密度降低，发生骨质疏松。钙过量的摄入也会危害身体健康，钙过量摄入的危害有以下几个方面：增加肾结石的风险，蛋白质、植物纤维容易与钙结合形成结石；过分摄入蛋白质可能会影响其他矿物质的吸收和功能，对铁的吸收、锌的生物利用、镁的代谢及磷的吸收都可能存在影响。不同人群如老人、小孩、孕妇等对于钙的需求都不同，所以在摄入钙的同时也应该考虑到不同人的生理条件。

（二）镁的功能与健康

镁是常量元素中含量最少的元素，大多分布在骨骼肌细胞当中，是多种酶活性的催化剂，在蛋白质合成、脂肪酸的合成及葡萄糖的分解等机体活动中扮演着重要角色，对于能量的供应与机体的物质代谢具有重要意义，镁离子可以促进蛋白质的合成、免疫球蛋白的数量、细胞的生长及核糖核酸的合成；镁离子在维持细胞酸碱平衡及神经肌肉的应激性方面有着重要作用，同时对于神经递质与受体的结合，各种类型钾离子通道的调节、内分泌调节等方面意义重大；镁离子也可以减少心肌梗死的发病率。

含有镁元素的食物是非常多的，所以机体对于镁的需求不需要过高，但甲状腺亢进、肾小管中毒、高血钙等疾病治疗过程中使用某种激素，可能会影响机体对于镁的吸收。机体缺乏镁元素的主要表现在神经及心血管系统方面，常见的症状为肌肉抽搐、昏迷和心律不齐等现象。镁缺失也可能会与心血管疾病、高血压存在相关性。植物性膳食中含镁元素的食物较多，干豆、坚果和蔬菜中都有丰富的镁元素，肉类、海产品也是镁的重要来源。

（三）钾的功能与健康

钾离子是机体重要元素之一，主要分布于细胞内。钾离子对于维持血压、维持心肌细胞的功能、参与新陈代谢、维持血液的渗透压都有重要作用。镁离子能够为心肌细胞提供营养，并且协同钙离子和镁离子维持心脏的功能，对于心肌细胞的兴奋性和传导性有重要作用。钾离子与钠离子相互作用于细胞内外，用于维持细胞内外的渗透压，维持细胞内外钾、钠离子的比例；钾离子能够激活肌细胞进行收缩，伴随着神经突触释放神经递质，维持神经肌肉的正常生理机能；钾离子可以保持身体的碱性，也可以通过排尿系统促进尿的排放，改善水、钠的储存，改善血压的状况。钾离子的缺乏会引起神经肌肉、血管、神经系统等功能单位发生功能性改变，最主要的就是与肌肉相关，钾离子缺乏时会导致肌肉发力，除身体的外部肌肉之外，内部的呼吸肌也会受到钾离子的影响，可能会伴随着呼吸功能的障碍，肠道肌肉的受损，表现为恶心、呕吐、厌食等状况；钾离子在心脏中心肌细胞正常波动中也有重要作用，钾离子的缺失会引起心脏跳动徐缓、交界性心动过速等症状。

严重缺乏钾离子时，可能会出现肌肉的溶解，可能会诱发肾功能下降。

（四）钠的功能与健康

钠元素也是机体中存在的重要物质，正常人血浆中钠离子的含量为 135～145 mmol/L。钠元素在机体扮演的角色有很多，钠离子主要存在于细胞外液之中，是细胞渗透压的主要构成部分，体内的水分子的含量主要靠钠离子来调节，摄入过多的钠离子会引起水肿；钠离子对于维持体液的酸碱度及渗透压具有较大的意义；同时，钠离子对于血压的维持也有很大影响，膳食中摄入的钠离子过多会导致血压升高。机体一般不会缺少钠离子，但在某些特定的情况下可能会引起钠离子的缺乏，甚至出现较为严重的情况，导致出现低血钠症，伴随着恶心、血压下降、肌肉抽筋甚至出现昏迷、休克等严重后果。相反，如果机体中钠元素的含量过高，也会增加机体损伤的风险，急性摄入钠元素过多可能会引起中毒，导致身体水肿、血压升高、胆固醇升高等；长期摄入较高量的钠元素，可能会损伤胃中的黏膜层，增加胃部疾病的发生率。

（五）微量元素

地球上形形色色的生命体，是由各种各样的化学元素构成的。微量元素是自然存在于土壤、植物和动物中的含量很低的化学元素。微量元素（也称为微量矿物质）的需求量虽然比常量矿物质少得多，但对于身体健康和表现来说是必需的。生长发育、繁殖、遗传、生化反应、能量转换、新陈代谢等生理和生理功能均以这些元素为物质基础，并通过体内的多种元素交换与合成来完成，因此它们之间存在着复杂而又相互联系的物质——分解代谢这一生物学过程。微量元素是指能够满足人正常生长和发育所需要的各种元素，如锌、铜、铁、锰、硒、碘、钴、镍、钼、钴、铝、镁、钙、磷、钾、钠、氯、氟、碘等，这些常量元素占人体元素总量的 0.05% 左右。它们具有重要的营养作用及特殊的生理功能，对维持机体生长发育与健康及维持正常的生命活动起着不可替代的作用，因此被称为化学元素中的必需微量元素。关于微量维生素的分类，国际组织将这些按照生物学层面的作用分为三类。

必需微量元素：铁、锌、硒、碘、铜、钴、钼、铬八种元素。

可能必需的元素：锰、硅、硼、钒、镍五种。

可能具有毒性的元素：考虑到剂量的问题，可能成为机体潜在的必需元素，包括锡、氟、铅、镉、汞、砷、铝七种。

微量元素可以通过参与机体的代谢、生理生化反应及能量供应的过程，在机体的生命

> 运动、营养与减肥

活动过程中发挥着不可缺少的作用，对于机体健康的维持打下基础，但微量元素并不是机体能够自身合成的，必须通过外界食物摄入机体，得以维持机体的正常代谢活动。

六、水与运动

水是机体生命活动过程当中必需的物质，男子身体内的水含量占体重的60％左右，而女子在50％左右，水在人体中的功能是其他物质所不能代替的。水分的缺失对于机体的心血管系统、呼吸系统和体温调节系统等功能都会有影响，而水分的过分缺失可能会危及机体的生命安全。对于机体内环境的稳态及细胞代谢的最佳状态，水分起着至关重要的作用。另外，水分是机体进行营养成分运输的重要物质，同时为细胞进行物质代谢提供介质及对机体产生的代谢废物运输到血液后重新分配或者经过循环系统排出体外。水分除作为营养物质为代谢通过介质之外，还是机体内体温调节系统的重要部分。机体在进行食物的吸收与消化过程、肌肉的运动当中都是需要释放出大量的能量的，这些热能只能靠水分进行吸收，并将这些热能散发到体液的代谢区域，随后通过皮肤、汗液的蒸发传导至机体外部。机体的一切代谢都离不开水分，水分就是维持机体生命及细胞代谢的必需物质；同时，水分也是机体各种营养物质或代谢废物的载体，对于机体的消化、吸收、分泌等主要生理过程，具有重要的作用；水分的存在对于机体吸收代谢产生的热能具有重要作用，水分通过血液及体液的运输至全身各处，通过皮肤散热、出汗等方式来降低机体的体温。机体的补水渠道有以下几个：纯净水和饮料，食物中的水分，蛋白质、脂肪和碳水化合物等能源物质分解产生的代谢水。机体的补水量也受机体的生理状态、体表温度、膳食等因素的影响，同时补水量也取决于个人的情况。健康的机体对于水分都保持着正常的含量，机体也会通过摄入水分含量的增加或减少自动调节代谢系统以维持水分的平衡。

在日常运动过程当中，水分的代谢活动会加快，体内的能量大多会转化成热能散失，机体会因为排热而大量出汗以维持体温的平衡。在运动过程当中，机体的出汗率与运动强度呈现显著的正相关，同时还与运动的持续时间、外部环境的温度有直接关系。大强度的运动训练引起出汗量的增加，导致机体的失水量增多，加之运动对于肾小球的影响，运动过程当中尿量也会随之减少。由于运动的特殊作用，在运动过程当中，其他组织也会进行代谢产生水分供机体使用。在运动过程当中，脱水过多会导致运动能力的下降，运动前补水是较好的补水方式，补水的方式应该少量多次，以防止胃部在运动过程当中出现不适，随着运动时间的延长，可以适当补充含有电解质或糖分的能量饮料，在运动结束后，也可以适当地进行水分、糖分、电解质和盐的共同补充。

第二节 能量的来源与去路

由于不同运动项目的运动特点、运动强度、负荷及代谢方式不同，运动时能量的供应也是不同的，但主要是以能源物质的供应为主。三磷酸腺苷（ATP）是人体在运动过程当中最快速、最直接的供能物质，从事短时间、大强度的体育运动时主要的供能物质就是三磷酸腺苷。但由于骨骼肌当中三磷酸腺苷的储存量很少，每千克湿肌肉只有4.6~6.0 mmol/L，此含量只能维持0.5 s的大强度运动所需要的能量；机体内储存的磷酸肌酸（CP）量也只能维持几秒钟大强度运动的需要，大约有76.8 mmol/kg湿肌肉；ATP-CP的量虽然在体内没有足够的储备，但其供能特点就是短时、高效，在大强度运动过程中三磷酸腺苷的消耗与合成相辅相成，以维持大强度运动的能量供应需要。三磷酸腺苷在酶的催化作用之下，迅速分解成二磷酸腺苷（ADP）和无机磷酸，并伴随着能量的释放，$ATP+H_2O \rightarrow ADP+Pi$，每摩尔分子ATP可释放71~2 kcal的能量。ATP在合成过程中，脂肪和糖类为其再合成提供了必需的能量，ATP-CP的来源是碳水化合物、脂肪和蛋白质三大能源物质。其次，在次高等强度、中等强度运动或低强度运动时中的主要能源物质、强度的可根据最大摄氧量来判断，当运动强度达到75%或以上时，此时机体的主要供能方式向糖供能转化，糖代谢的比例增加；当运动强度达到65%最大摄氧量以下时，脂肪的供能比例就会增加（表2.1）。

表2.1 不同营养物质代谢的能量系统

供能系统	利用情况	运动项目举例
三磷酸腺苷	所有情况	短跑，跑、跳、投项目，短距离游泳等运动项目
磷酸肌酸	运动开始时，极限强度运动及其短间歇	短跑，跑、跳、投项目，短距离游泳等运动项目
无氧糖酵解	高强度运动，尤其是30 s~2 min的运动	中长距离跑、中长距离的游泳等项目
糖有氧分解	运动持续2 min~5 h，强度越大，利用越多	慢跑
脂肪有氧利用	持续时间长的低强度运动	长距离跑步、游泳和骑车
蛋白质有氧运用	所有低强度运动	长时间耐力性运动

资料来源：运动营养学，陈吉棣。

一、运动的三个供能系统

机体在进行各种强度的运动时，都会有与运动强度相适应的不同的能量供给方式，三种机体的供能系统包括磷酸原系统、糖酵解系统和有氧氧化供能系统。各个系统有其对应的代谢底物、代谢方式及供能持续的时间，见表2.2。

表 2.2 机体运动时三大供能系统的特征

供能系统的类型	代谢底物	储存量 mmol/kg 干肌	合成 ATP mmol/(kg·s) 干肌	供给时间	供给 ATP 恢复的物质及代谢产物
磷酸原系统	ATP	24.6	——	小于 10 s	CP
	CP	76.8	100		CP+ADP → ATP+C
糖酵解系统	肌糖原	365	250	2～3 min	肌糖原→乳酸
有氧氧化供能	肌糖原	365	13000	1.5～2 h	糖 +O_2 → CO_2+H_2O
	脂肪	48.6	不受限制	不限时	脂肪 +O_2 → CO_2+H_2O
	蛋白质	——	——		蛋白质 +O_2 → CO_2+H_2O+ 尿素

资料来源：运动生理学，吕新颖。

（一）磷酸原系统

磷酸原系统也叫 ATP-CP 系统。该供能系统在供能过程中伴有磷酸肌酸（CP）的传递，运动中三磷酸腺苷被直接分解提供能量，磷酸肌酸为贮存高能磷酸基团的库房。但三磷酸腺苷在机体内的存储有限，不能满足长时间运动强度的需要，所以在机体供能过程当中需要分解和合成相辅相成，共同作用于机体的能量供应。静息状态之下，肌细胞内磷酸肌酸的浓度要远远高于三磷酸腺苷，但在大强度运动时，磷酸肌酸的含量会迅速下降用于为机体供能，而三磷酸腺苷因为能量的持续合成浓度不会变化太大。磷酸肌酸的合成速度与肌细胞中三磷酸腺苷的浓度、肌酸的含量有高度相关性。在磷酸原系统中，不管是三磷酸腺苷还是磷酸肌酸，都是以水解的方式进行供能，伴随着磷酸基团的断裂，磷酸原供能系统也是机体最迅速、最高效的供能系统。运动强度较大的项目都是伴随着磷酸原系统的持续供能，比如短距离的冲刺、跳跃、投掷等项目都需要磷酸原系统进行供能。所以，在运动训练过程当中也应该注重提高机体内磷酸原的储备量及三磷酸腺苷在供能时机体的合成速率。

（二）糖酵解系统

糖酵解系统也被称为乳酸能系统，代谢底物为肌肉中的肌糖原或者葡萄糖，糖酵解的特殊代谢环境就是在无氧条件下进行的，代谢的最终产物为乳酸并释放能量供肌肉利用。

当机体进行较大运动强度的运动时，首先动用的是磷酸原系统进行供能，由于该系统的供能时间不长，随后就是糖酵解系统介入，该系统在运动 30~60 s 左右供能功率达到最大，可以持续为机体供能 2~3 min。糖酵解系统对于运动过程当中氧气供应不足时，仍然能够持续为机体进行能量的供应，这对于中长距离项目的运动员是十分重要的。但美中不足的是该过程产生的代谢废物乳酸会影响机体细胞的酸碱平衡，从而影响运动状态，所以在训练结束后应该注重肌肉的拉伸与放松。

（三）有氧氧化供能系统

伴随着运动强度的下降与运动持续时间的延长，机体内肌细胞的糖原物质大部分在无氧代谢后，机体会利用氧气对糖类、脂肪和蛋白质物质进行供能，但主要还是糖类和脂肪，该供能系统虽然供能较慢，但供能产生的能量却远远高于糖类的供能，以维持长时间运动（糖类 1.5~2 h，脂肪甚至更长），都是为机体长时间供能的主要能源系统。

人体在供能过程中基本是有氧代谢与无氧代谢，不同代谢过程能给不同运动强度供能，但是无论哪种运动强度三大能源系统均按一定比例供能，而运动强度又决定着三大能源系统中供能所占比重。机体在安静状态之下对于体内的能量消耗不高，三磷酸腺苷与氧的供应都保持着较高的水平。在进行短时间大强度的运动时，机体对于能量的需求突然增高，主要供能以 ATP-CP 及无氧糖酵解供能为主。随着运动强度的增加，机体对于能量的需求大大增加，此时机体的供能以无氧和有氧混合供能为主。在机体进行长时间低强度的运动时，能量的供应主要是以有氧供能为主，主要的能源物质是脂肪代谢分离出的脂肪酸进行氧化供能。

二、能量连续统一体

不管是什么强度的运动，都不存在单一供能系统的供能，在不同运动强度、持续时间及项目自身特点等因素的影响下，三大能量供能系统也会存在一定比例的变化，每一个能量系统都会与运动专项有较强的相关性（表 2.3）。比如，在进行短距离跑的运动项目当中，100 m 跑是高强度、高功率输出的运动项目，在进行这类运动项目时机体的供能系统主要是磷酸原系统，但无氧糖酵解也占到一定的比例，能量的合成也是依靠磷酸肌酸的代谢活动进行。对于长时间、低强度的运动项目，如长距离自行车、长距离跑步等项目，在进行这类项目时主要是通过有氧氧化来为机体持续供能；而中长距离跑、中长距离游泳等项目，在机体进行此类项目的运动时，机体的供能方式主要是有氧和无氧混合供能。由上述可得，在运动过程当中，不同能量供应途径之间是相互联系的能量统一体，也就被称为能量连续统一体。

表 2.3 不同运动项目能量供应系统占比

运动类型	磷酸原系统与糖酵解	糖酵解和氧化能系统	氧化能系统
棒球	80	20	—
篮球	85	15	—
击剑	90	10	—
草地曲棍	60	20	20
足球	90	10	—
高尔夫球	95	5	—
体操	90	10	—
冰球（前锋、后卫）	80	20	—
冰球（守门员）	95	5	—
曲棍球（守门员、后卫、进攻手）	80	20	—
曲棍球（中锋）	60	20	20
娱乐性活动	—	59	5
划船	20	30	50
障碍滑雪	80	20	—
越野滑雪	—	5	95
英式足球（前锋、边锋）	80	20	—
英式足球（前卫）	60	20	20
垒球	80	20	—
游泳（50 m 项目）	98	2	—
游泳（100 m 各种项目）	80	15	5
游泳（200 m 各种项目）	30	65	5
游泳（400 m 自由泳）	20	55	25
1 500 m 自由泳	10	20	70
网球	70	20	10
田径（短跑）	98	2	—
田径（田赛项目）	90	10	—
400 m 跑	80	15	5
800 m 跑	3	65	5
1 500 m 跑	20	55	25
5 000 m 跑	10	20	70
10 000 m 跑	5	15	80
马拉松	—	5	95
排球	90	10	—
摔跤	90	10	—
自行车（100 km 公路）	—	5	95
自行车（100 km 公路团体计时）	—	15	85
自行车（25 km 团体）	5	15	80
自行车（16 km 场地）	10	20	70
自行车（400 m 个人追逐）	20	5	25
自行车（1 000 m）	80	15	5
自行车（冲刺）	98	2	—

资料来源：运动生理学，王瑞元。

能量连续统一体的主要形式：对于机体中糖、脂肪和蛋白质这三个能源物质，糖的供能效率最快，并且是一种较为高效的能源物质，但能源物质的利用也与运动的强度有着密切关系。一般来说，当运动强度达到 90 %～95 % 最大摄氧量时，肌糖原的利用率最大；当运动强度达到 65 %～85 % 最大摄氧量时，肌糖原的利用随着运动强度的降低及运动时间的减少而降低；当运动强度达到 30 % 时，机体主要的供能物质由糖开始转变成脂肪，对于肌肉中糖原的利用大大减少。

三、人体能量的需要量

机体每日从食物中摄取的蛋白质、糖类和脂肪都是用来分解供能的，产出的能量一方面用于物质能量的代谢，另一方面被机体作为热能散发到体外。机体对于能量的利用主要运用在维持机体的基础代谢、食物的特殊动力作用及机体正常的生理活动等方面的需要。

（一）基础代谢

在适宜温度条件之下（一般为 18～25℃），机体处于清醒、安静、空腹的状态之下的能量代谢，叫作基础代谢。测试时不应该受到肌肉活动、食物、精神和温度的影响，也不应该被误认为是机体停止活动的代谢。基础代谢的测试方式有很多，可以通过仪器测量，也可以通过公式计算，虽然不能够精确地计算出机体的基础代谢，但可以此来作为参考。根据基础能量的计算公式，可以直接计算出 24 h 内机体的基础代谢消耗量，也就是基础能量消耗。机体体表面积在一定时间内所耗费的基础代谢叫作基础代谢率，表 2.4 所示内容为我国居民正常基础代谢率平均值。

表 2.4 我国居民正常基础代谢率的平均值

单位 KJ/（m2·h）

年龄（岁）	11～15	16～17	18～19	20～30	31～40	41～50	大于 50
男性	195.5	193.4	166.2	157.8	158.7	154.1	149.1
女性	172.5	181.7	154.1	146.5	146.4	142.4	138.6

男性基础能量消耗 =66.4730+13.751× 体重（kg）+ 5.0033× 身高（cm）- 6.7550× 年龄（岁）

女性基础能量消耗 =655.0955+9.463× 体重（kg）+ 1.8496× 身高（cm）- 4.6756× 年龄（岁）

同时，基础代谢也受到一些因素的影响，如人体的年龄、性别、所处的环境、身材体型等情况。不管是动物还是人类，无论是体形大小，都与基础代谢存在一定的关系，但是机体表面与基础代谢的关系更为显著，一般来说，机体体表面积越大，对于热能的散发越快，基础代谢的数值也就越高。这也跟身体的体型有关系，瘦长型身材比矮胖型身材更容易散热，基础代谢的数值也就越高。基础代谢的数值随着年龄的增加也会降低，在机体的发育过程当中，青春期是基础代谢较高的一个阶段，但随着年龄的增长，基础代谢也会随着降低。在同一体表单位、同一年龄之下，不同性别对于能量的消耗是有差异的，女性的基础代谢要比男性低5%～10%。热带地区人群的基础代谢要比气温适宜的地区低8%左右，同时机体分泌的一些激素比如甲状腺素、肾上腺素等也会影响机体的基础代谢率。

（二）食物的特殊动力效应

食物的特殊动力效应是指机体由于食物的摄取而引起机体能量的消耗，一方面摄入的食物可以为机体代谢提供能量，另一方面摄入的食物可以经过代谢后作为能量储存起来。这也就会引起机体代谢率的反射性升高，这种升高会在食物摄入后2 h左右达到最高点，并在3个小时后开始逐步下降恢复至正常。不同的食物会引起不同的特殊动力作用，碳水化合物的摄入对于食物的特殊动力作用比碳水化合物本身产生的能力高5%左右，脂肪要高4%，蛋白质可高达30%。

（三）体力活动

体力活动是人体消耗能量的主要途径，而体力活动消耗量还与运动强度、运动量和运动持续时间有很高的相关性。随着生活水平和健康观念的改变，人们越来越重视身体健康，而体育运动则成为强身健体的首选方法之一。但是在剧烈运动中，人体内的产热量比安静状态下的产热量要高出许多倍，因此，当肌肉活动一段时间后就会出现能量代谢下降现象。其原因是运动一开始，人体需氧量马上就会上升，肌肉代谢消耗了大量的氧，而血液中的耗氧量又很高，此时由于体内的高能磷酸键被氧化成无氧代谢所需要的氧，所以在一定时间内摄氧量与耗氧量之间保持平衡。如果运动强度过大或持续时间过长，则会造成组织供氧过少而引起缺氧现象。由于人体血液中氧含量比组织液高3倍～4倍，因此在运动结束后很容易出现高血糖症。所以肌肉活动停止后的一段时间里，循环与呼吸机能仍应保持在一个比较高的水平上，才能吸收到较大量的氧气。一般来说，运动量越大则能量消耗越大。人们在日常工作与生活当中进行着各种活动，包括娱乐与体育活动等，而这一切均需通过肌肉活动才能实现。在人体全部能量消耗当中，肌肉活动或者体力活动这部分通常会占有很大比重。因为所有的活动都离不开能量的作用。众所周知，体力活动时热量之耗损包含基础代谢之耗损与体力活动之耗损，其能量之耗损大于基础代谢与休息代谢之耗损，亦包含摄取食物之耗损，若静静地躺在床上与参加繁重的农活相比较，二者之间可消耗的能量有8倍以上的差距。许多学者曾测定过各类活动中的能耗，有些是以每千克体重为基准，有些是以每平方米体表面积为基准，其值均可以用作某一操作或某一活动能耗的估算，以便以24 h活动总量为基础来确定某一对象人群的热量供应。当然，这一估计与群体中的实际情况相比，是比较符合个体实际情况的。由于相同类型的工作如在车床上作业时，有的人每分钟可生产一个部件，有的人可生产一个或多个部件；与此同时，相同强度的一类劳动则技术熟练的工人能耗较低，非熟练者则会花费较多的能量才能完成相同的任务，但是就整个群体而言，某类工种能耗却可明显区分开来，这种区分既可根据人群24 h总能耗来进行，由于能耗组成成分中该成分较高，又可根据主要工种每分钟能耗来进行，从而为具体工种能耗提供等级依据（表2.5、表2.6）。

表2.5 不同运动项目的热量消耗统计（单位体重为60 kg）

运动项目	全程内热量消耗（kcal）	运动项目	全程内热量消耗（kcal）	运动项目	全程内热量消耗（kcal）
短距离跑100 m	30	竞走10 km	515	自行车5 km	197
短距离跑200 m	60	竞走20 km	857	自行车10 km	368
中长距离跑400 m	86	竞走50 km	1 971	自行车20 km	635
中长距离跑800 m	111	滑冰500 m	68	自行车50 km	1 110
中长距离跑1 500 m	145	滑冰1 500 m	94	划船1.5~3 km	257
长距离跑3 000 m	240	滑冰5 000 m	171	划船1 h	1 029
长距离跑5 000 m	385	滑冰10 000 m	300	足球（全场比赛）	1 287
长距离跑10 000 m	645	游泳100 m	86	水球（全场比赛）	1 032
长距离跑30 000 m	1 542	游泳200 m	120	篮球（全场比赛）	772
跑步1 h	1 029	游泳400 m	171	排球1 min	8.6
马拉松	2 150	游泳1 500 m	428	摔跤（全场）	353
竞走5 km	300	自行车1 km	94		

资料来源：运动生理，宋高晴。

表 2.6 运动强度的等级划分及对应的生理机体状况

分级	每分钟通气量（L）	每分钟氧气的消耗量（L）	心率（分）	每分钟的能量消耗（kcal）
很轻	小于 10	小于 0.5	小于 80	小于 2.5
轻	10～20	0.5～1	80～100	2.5～5
中等	20～35	1～1.5	100～120	5～7.5
重	35～50	1.5～2	120～140	7.5～10
很重	50～65	2～2.5	140～160	10～12.5
过重	65～85	2.5～3	160～180	12.5～15

资料来源：运动生理，宋高晴。

四、日常能量摄入与消耗评估

人体内能量代谢最好的状态，就是要实现能量消耗和能量摄入之间的均衡。这一能量平衡可使人体处于健康状态，胜任所需的社会和经济活动。能量代谢失衡表现为能量不足与过剩都对健康不利。正常情况下，人体需要不断地从外界摄取一定数量的能量。如果人体日常摄入的精力不足，人体会用它来储备精力，甚至消耗它的组织以适应生命活动的需要。人体长时间处于饥饿状态，一段时间后，人体为了减少能量消耗，基础代谢下降，体力活动减弱，体重减轻，从而导致人体对能量摄入形成一种适应，这时能量代谢从负平衡进入了一个新的低水平平衡，结果可能造成孩子生长发育停滞、大人瘦弱、工作能力降低。反之，长期摄取过多的能量，可使人体肥胖，增加心脑血管疾病、糖尿病和其他退行性疾病发生的风险，不利于身心健康。所以，保持人体能量摄入和消耗之间的动态平衡，才是养生之本。从理论上看，人体日常能量消耗和摄入之间能够保持平衡，对于群体在一定时间内所做的测定更能体现出这种状况。埃德霍尔姆（Edholm）在系统观察后得出结论：测量个体热量平衡需要持续 5～7 天观察和平均计算才能看出它的消耗和摄入之间的关系。从理论上看，也有值得深思之处，虽然能量消耗和摄取受到多种因素影响，但如果个体每日糖摄入量超过其平均消耗量，若附加量再大，体脂量也将提高更多，所以能量的相对动态平衡就显得尤为重要。对某人群能量消耗和能量摄入进行较长时期的系统观测，尤其对工作量相同的成人人群进行摄入和体重变化的观测，具有实际意义。在集体生活或部队训练时期，由于环境和任务不同，所需的能量也不尽相同，因此对个体的能量消耗及摄入的研究就显得尤为重要了。以往对能量消耗的研究主要集中于以下三个方面：①通过测定人体各部位的能量消耗，包括基础代谢中的能量消耗、食物中的均数及使用可靠材料等数据作为计算基础。②用专人跟踪观察、登记被选物体的全部活动，也就是记录从晨起至晚睡前的所有活动（有条件者用电视摄像取样记录），据以整理当天工作方式、各活动占用时间、依据前项测得不同类型能量消耗（以千克体重或体表面积为单位），计算各物体24 h能量消耗总量并求其均值，也就是用时间、活动计算1天活动量及对应能量消耗总量等，这就是时间活动法。③对所有个体进行全面的调查（如体力和精神状况），了解每个人一天所吃东西的种类及其数量。这些都必须通过大量实验才能确定。④登记各物体全日食物摄入量和统计所吃各类食物能量以观察被测者相同时间能量摄入和消耗地关系。

（一）直接测量法

直接测量法的基本原理是对隔热情况下人体能量代谢全过程所散发的全部热能进行统一计量。人体对各种辐射的吸收、传导、对流及蒸发等作用也都可通过这一原理加以测定。此外，还可通过对环境（如日光照射）等因素的影响而改变其作用范围，从而得出各种情况下总热量的释放量。该测量方法比较简单，易于操作，适合于实验室应用。一般确定方法为：在密闭隔热的小房间内，在待测量物体内部执行特定活动（如阅读书籍、站立等），房间内的温度测量器还可测量循环进、出小室内的空气温差，然后测量由于待测量物体活动而导致的温度上升，依据总热量变动情况可求得某时刻总热量释放或耗损情况，为更加详细分析不同做功耗损情况，温斯洛（Winslow）利用热梯度多个测量点确定以上过程，使得各位置处温度变化能够及时反映出来。但是，直接测量法存在着测定热量小室体积有限，不便于在人们日常各项活动中用作实际测定，且实验室成本高，目前已很少使用等缺陷。

（二）间接测量法

间接测量法是目前实践中使用较为广泛的测量方法之一，其中以气体代谢法最为常用，该法通过采集某一动作时刻呼出气于橡皮气囊上，利用气体流量计测得气体数量，然后对氧气和二氧化碳组分进行分析，得出呼吸商，并依据不同呼吸商氧热价来推算单位时刻移动所消耗的能量。这种方法虽然简单，但不能准确地反映出氧消耗量和能量消耗之间的关系。这种方法均存在以下问题：①无法精确测定氧气或者二氧化碳的含量；②需借助大量仪器设备才能完成检测工作；③操作麻烦、费时、耗力等。因此，这种方法已不适用。目前，利用各种先进仪器对人和动物的劳动能量代谢进行测定时，一般都是用气体体积来表示，这种方法既不方便又不能实现自动取样。

运动和能量消耗测定一般在饭后2~3 h进行。但如果在课间休息时，采用不受时间限制的方法来测量其代谢能（即体重），则会影响对学生健康水平和身体机能状况的评定。为此，受试者在试验前不可以进行强度较大的体力活动，也不可以抽烟。通常的程序是：

让受试者明白要求—适应多种实验器材—休息 30 min 再进行实验；让受试者安静之后，在座位上进行各种不同强度的运动，再测定其气体代谢情况；一般以 10 min 左右为宜；测定安静站立时气体代谢；测定运动恢复期的气体代谢情况。恢复期的采气时间长短，视偿还氧债后所需的复采时间而定。氧气的消耗率及能量消耗率可以按照以下公式进行计算：

运动的氧消耗率（ml/min）=［运动时氧消耗量（ml）+恢复期氧消耗量（ml）-安静时氧消耗率（ml/min）× 恢复时间（min）］/ 运动时间（min）

运动的能量消耗率（kcal/min）=［运动时能量消耗（kcal）+恢复期总能量消耗（kcal）-安静时能量消耗率（kcal/min）× 恢复时间（min）］/ 运动时间（min）

运动之间的强度比较，可以采用相对代谢率来表示，计算的公式如下：

运动的相对代谢率 = 运动的能量消耗率 - 室内安静的能量消耗率 / 基础代谢率

除以上的方法之外，其他方法还有心率间接测定法、双标水测定能量消耗法等，但测试的难度相较于以上方法较为复杂，不易进行测量。

第三节 关于"美食"不得不说的秘密

一、五谷杂粮的营养价值

（一）五谷杂粮

在《黄帝内经》中将五谷分为："粳米、小豆、麦、大豆、黄黍"，而在《孟子滕文公》中五谷被分为"稻、黍、稷、麦、菽"，再到之后李时珍编著的《本草纲目》中记载了谷类共有 33 种、豆类共有 14 种。五谷杂粮是粮食或粮食作物的统称，也泛指粮食作物。所谓五谷指的是：谷、麦、豆、玉米、薯，同时人们也通常将米、面、面粉之外的粮食称为杂粮[①]。

（二）五谷杂粮的营养价值

1. 按照五谷杂粮来说

（1）提供人体所需热量：在我国居民生活中，从膳食中的淡水化合物吸收的热量占总摄入热量的 6% 以上，其中主要来自粮谷类食物中的淀粉，粮食谷物能够提供人们每天所需热量的 2/3 以上。

---

① 张海峰. 五谷杂粮——吃出来的健康[J]. 现代企业教育，2010（6）：157-158.

（2）提供蛋白质：粮食中含有 7 %～16 % 的蛋白质，是我们日常膳食中蛋白质的主要来源之一。

（3）提供人体所需的维生素：粗杂粮中的维生素能够促进食欲，增加消化，维护神经系统功能等。加工越细的粮食，维生素含量就越少，这是由于维生素主要集中在粮食颗粒的外层。相比之下，粗杂粮的加工很少追求精细化，所以维生素含量比细粮要高许多。

（4）提供膳食纤维：粗粮谷物含有丰富的膳食纤维，可以降低血糖，减少脂质，抵抗饥饿，减轻体重，解毒，预防癌症，提高对疾病的抵抗力。

（5）提供微量元素：由于加工程度不同，粗粮谷物比精制谷物的微量元素多，如铁、镁、锌、硒。另外，粗谷物中钾、钙、维生素 E、叶酸、生物黄酮的含量也比精制谷物丰富。

（6）中和人体的 pH 值：杂粮是碱性的，可以中和人体的酸性环境，消除疲劳，增加体力[1]。

2. 按照类别来说

五谷杂粮分为豆类、谷类、薯类三大类。

谷类：谷物的蛋白质含量一般为 7.5 %～15 %。谷物的外层比内层蛋白质含量高，所以很多精制米或面粉的外层清除过多，蛋白质含量相对低。谷物的脂肪含量一般很低，但谷物的脂肪大部分是不饱和脂肪酸，玉米和小麦胚芽的不饱和脂肪酸含量达到 80 %，其中亚油酸占 60 %，可以减少血液循环，预防胆固醇、动脉硬化等。淀粉是谷类中含量最高的，淀粉主要集中在胚乳内，烹调后容易被人体消化吸收，因此成为人类最理想、最经济的能量来源。B 族维生素是谷类中所含的主要维生素，其中维生素 B_1、维生素 B_2 和烟酸的含量最多。谷类加工的精度越高，维生素流失就越多，因此选择粗粮产品更有益于健康。

豆类：蛋白质是豆类中含量较多的物质，豆类中富含人体所需要蛋白质和氨基酸。豆类植物中的赖氨酸是谷类食物中所缺乏的，所以豆类、谷类一起用，一起补充是最经济的。大豆含有大量脂肪，多用于食用油脂的原料，脂肪大部分由不饱和脂肪酸组成。豆类和豆油经常被推荐为冠心病、高血压、动脉硬化症等疾病的预防和治疗的理想食品。豆类食品中富含丰富的铁元素，容易被人体吸收，患有贫血的病人可以适当多吃。晒干或烘干的豆制品中不含维生素 C。豆芽中的维生素 C 的含量明显多于豆类及豆制品。

薯类：薯类食品有地瓜、芋头、土豆等。多样的薯类所含有的营养素和健康管理功能是不一样的，所以应该同时食用多种品种，努力实现多样化。薯类的蛋白质含量在 4 %～7 %，薯类作物脱水后的蛋白质含量要更高些。薯类作物中的碳水化合物的含量较高，主要成分是淀粉和糖，利用率比较高，因此是人体热能的重要来源。薯类作物中含有丰富的钙、钾、

---

[1] 五谷杂粮的营养价值 [J]. 黑龙江粮食，2016（9）：56.

镁、铜等微量元素，B族维生素是薯类中所含的主要维生素，其中维生素 B_1、维生素 B_2 和烟酸的含量较多[①]。

3. 按照粮食作物来说

常见的粮食作物及其功效见表3.1。

表 3.1　常见粮食作物及其功效

种类	功能
大豆	大豆养肾，健脾益气，大豆中的黑豆被称为"肾之谷"； 中医认为大豆具有补肾强身、解毒、润肤的功效，对肾虚、浮肿有较好的食疗作用； 黄豆性平味甘，有健脾益气、清热解毒的功效，脾胃虚弱者宜常吃； 豆腐可宽中益气、清热散血，尤其适于痰热咳喘、伤风外感、咽喉肿痛者食用； 经常食用黄豆制品，可有效降低血清胆固醇，并帮助解除动脉血管壁已遭受的损害； 黄豆对患高血压、动脉硬化、冠心病及神经衰弱和体质虚弱的人具有良好的食疗效果； 用醋泡过的黄豆可用于治疗高血压和肥胖症
大米	大米润肺，补中益气，具有很好的滋阴润肺作用； 大米又名粳米，光亮柔润，北方人称之为"圆粒大米"，可以蒸食，煮粥最养人，老幼皆宜； 味甘性平，具有补中益气、健脾和胃、益精强志的功效； 北方冬季室内暖气较热，空气干燥，早晚喝点大米粥，可以远离口干舌燥的困扰； 等量大米煮成的干饭比稀饭对血糖的影响小
小米	小米养脾，小米是"五谷之首"，主要能补脾益胃，可补中益气、延年益寿； 小米又名粟米，味甘性平，有补中益气、健脾和胃的作用，适用于脾胃虚弱、不思饮食、反胃呕吐、腹泻及产后、病后体虚者食用； 小米粥可以健脾、益胃、补血，有较高的药用价值，不仅适宜消化性溃疡患者食用，而且可缓解某些药物对肠胃的刺激； 小米熬粥时上面浮着一层细腻的黏稠物，俗称"米油"。中医认为，米油的营养极为丰富，滋补力最强，有"米油可代参汤"的说法
小麦	小麦养心安神，小麦被称为"五谷之贵"； 中医认为小麦能养心安神、除烦去燥。小麦味甘性平微寒，有清热除烦、养心安神的功效； 《内经》称小麦为"心之谷"，可补益心气，如心烦失眠者可用小麦与大米、大枣一起煮粥服食； 用小麦二两煎汤或入药，有滋阴生津止渴的功效，治疗潮热盗汗、口干舌燥、心烦不安等； 小麦粉不仅可厚肠胃、强气力，还可做药物的基础剂，如小麦粉用香油调和涂患处可治烫伤、皮肤生疮等症； 麦麸含高膳食纤维，对高脂蛋白血症、痔疮、老年性便秘、结肠癌都有防治作用
高粱	高粱养肝，健脾益中，高粱和大豆都属于杂粮，高粱具有养肝益胃、收敛止泻、温中、健脾胃、消积等功效； 尤其是患有慢性腹泻的人，持续吃一段时间后，会有良好的功效； 高粱有收敛固脱的作用，患有慢性腹泻的病人常食高粱粥，有明显的治疗效果[②]； 高粱米与大枣炒研，可消食积，治小儿消化不良； 高粱对腹泻、慢性胃肠炎、胃痉挛、腹痛等症有一定辅助食疗效果

---

① 郭海婴. 五谷杂粮中的健康学问 [J]. 长寿，2011（1）：50-51.
② 童雅萍. 一谷补一脏 五谷杂粮养生又防癌 [J]. 健康博览，2017（08）：56-57.

续表

种类	功能
玉米	玉米补中健脾，玉米碹为细渣煮粥养人； 玉米味甘性平，具有补中健脾、利尿消肿、宁心活血的作用，还适用于有热象的各种疾病如头晕、头涨的肝阳上亢；胃热引起的消渴；湿热型肝炎；肺热型鼻衄、咯血，以及产后血虚、内热所致的虚汗； 玉米须煎汤饮用，可清湿热、利小便，治疗黄疸、水肿等病症； 玉米油中的亚油酸能防止胆固醇在血管内沉积，对防治高血压、冠心病有积极作用。玉米还有降血糖的功效，特别适合糖尿病患者食用； 吃玉米能刺激脑细胞，增强人的记忆力； 玉米中所含的黄体素和玉米黄质可以预防老年人眼睛黄斑性病变的发生
荞麦	荞麦清热利湿，气味甘、平、寒、无毒。具有开胃宽肠、下气消积、清热利湿之功效； 荞麦面可除湿热、祛风痛、消积滞； 荞麦叶"下气，利耳目，多食即微泄"； 荞麦苗可止泻痢； 荞麦所含的芦丁可降低人体血中胆固醇，具有软化血管、保护视力和预防脑血管出血的作用，可治疗高血压、控制糖尿病，有预防微血管脆弱性出血的作用
白薯	白薯酸碱平衡，白薯有健脾胃、强肾阴的功效，白薯含有丰富的维生素 A 和维生素 C； 白薯的营养既丰富又平衡合理，一般米面等粮谷类食物及动物性食品等均属酸性食品，而白薯却是碱度较高的碱性食品； 对以精米白面为主食，又爱吃肉、蛋类的现代人来说，适量吃些白薯有利于人体保持酸碱平衡

二、蔬菜水果的营养价值

（一）蔬菜水果的分类

1.蔬菜的分类

蔬菜是指可以被烹饪成为食物的草本植物或食用菌类。蔬菜是由野菜经过长时间的育种而来，在人类历史的发展过程中，使得蔬菜的味道和营养价值都得以提升。蔬菜的分类及代表蔬菜见下表（表 3.2）。

表 3.2 蔬菜分类

蔬菜种类	代表蔬菜
根菜类	萝卜、芥菜头、甜菜根、苤蓝等
鲜豆类	扁豆、蚕豆、刀豆、豆角、荷兰豆、龙豆、毛豆、豌豆、豇豆、豆芽等
茄、瓜菜类	茄子、番茄、辣椒、柿子椒、冬瓜、佛手瓜、葫芦、黄瓜、苦瓜、南瓜、丝瓜、西葫芦等

续表

蔬菜种类	代表蔬菜
葱蒜类	大蒜、青蒜、蒜黄、蒜苗、大葱、小葱、香葱、洋葱、韭菜、韭黄等
嫩茎、叶、花菜类	大白菜、小白菜、菜薹、油菜、油菜薹、甘蓝、紫甘蓝、菜花、西蓝花、芥菜、芥蓝、菠菜、萝卜缨、芹菜、生菜、香菜、苋菜、茼蒿、莴笋、春笋、冬笋、百合、金针菜、芦笋等
水生蔬菜类	菱角、藕、水芹菜、茭白、荸荠、莼菜、茨菇、西洋菜等
薯芋类	马铃薯、山药、芋头、姜、洋姜、豆薯、凉薯、葛等
野生蔬菜类	艾蒿、白花菜、败酱草、番杏、槐花、马齿苋、马兰头、牛蒡、香椿、鱼腥菜等
食用菌	草菇、猴头菇、黄蘑、金针菇、口蘑、木耳、平菇、松蘑、香菇、银耳、榛蘑等
海藻类	发菜、海带、石花菜、苔菜、紫菜等

资料来源：晓雪，蔬菜水果——人类的营养宝库，2013。

蔬菜的营养价值多种多样。一般蔬菜的蛋白质和脂肪含量少，维生素和矿物质的含量较高。它还含有多种多样的化学物质，具有抗氧化、抗菌、抗病毒，甚至抗癌的效果。蔬菜还含有丰富的食用纤维，可以保护肠道健康，刺激肠道运动。

2. 水果的分类

水果果汁多且大多数有甜味，不但含有丰富的营养素，而且能够帮助消化。水果分类及代表水果见下表（表3.3）。

表 3.3　水果分类

水果种类	代表水果
核果类	桃、杏、梅、李、樱桃、枣等
仁果类	苹果、梨、山楂、海棠果等
浆果类	葡萄、草莓、猕猴桃、沙棘、醋栗、石榴、无花果、柿子、桑葚等
柑橘类	橙、柑橘、柚、柠檬等
亚热带和热带水果	香蕉、菠萝、杧果、椰子、番石榴、荔枝、枇杷、阳桃等
瓜果类	西瓜、甜瓜、哈密瓜、黄金瓜等

水果的营养特性与蔬菜相似，能量、蛋白质及脂肪含量少，糖分含量高，维生素、矿物质及植物化学物质丰富。水果具有增强食欲、促进消化、利尿等作用。有些水果含铁、铜较多，适合贫血患者食用。水果中的膳食纤维可促进肠蠕动，利于消化。水果还具有降低血压、延缓衰老、减肥、保养皮肤、明目、抗癌、降低胆固醇等保健作用。

（二）蔬菜水果的营养价值

1. 按照颜色来说

不同颜色蔬果的营养价值见表3.4。

表3.4 不同颜色蔬果营养价值

蔬菜水果种类	营养价值
红色蔬菜或水果	含番茄红素、原花色素、鞣花酸； 有益于前列腺及心脑血管的健康，能够抗辐射和保护身体健康
黄色蔬果或水果	含β—胡萝卜素、α—胡萝卜素、β—隐黄素、叶黄素、玉米黄质、槲皮素和橙皮苷等； 促进眼睛健康，维持皮肤水分，抵抗氧化，对成长和发育有好处
绿色蔬果或水果	含异硫氰酸酯、玉米黄质和儿茶素等，有益于肺和肝脏的健康；
紫色蔬果或水果	含白藜芦醇、花色素等，有良好的抗氧化作用，可延缓衰老；
白色蔬果或水果	含大豆异黄酮、大蒜素、槲皮素等，有益于骨骼健康，能增强免疫力

资料来源：晓雪，蔬菜水果——人类的营养宝库，2013。

2. 按照蔬菜水果对比来说

红葡萄和绿葡萄：红葡萄含有丰富的钾、水杨酸、铁、花色苷和鞣质，其中水杨酸可降低胆固醇，花色苷有助于供血，鞣质酸稀释血液，所以红葡萄可以预防心肌梗死和中风。绿葡萄仅含有钾、铁及维生素 B 和维生素 C。

红苹果和绿苹果：两者都含维生素 B 和维生素 C，以及矿物质，如钾、镁、硼、钙等，有助于神经和大脑发育，增强免疫系统，降低血压和促进大脑活动，有助于骨骼生长。此外，两者最好都带皮吃，果皮中的黄酮类还可防冠状心血管钙化。

萝卜和芹菜：两者都含调节血压和保护神经的钾，萝卜所含有的叶酸、维生素 C、E 比芹菜多1倍。另外，萝卜里的芥子油能抵抗癌细胞。

红辣椒和绿辣椒：每百克红辣椒含有 200 mg 维生素 C，是绿辣椒的 2 倍。红辣椒还富含胡萝卜素、维生素 B、维生素 E 和叶酸，能增强免疫力。

胡萝卜和黄瓜：胡萝卜中含有丰富的维生素 A，还含有防癌物的胡萝卜素类、维生素 B_1、维生素 B_2、维生素 C 以及钾、钙等多种矿物质。黄瓜含的碱是蔬菜中最高的，所以是治疗痛风和风湿的理想食物，两种各有所长。

草莓和醋栗：每百克草莓含有 37 卡热量，另含有铁及调节新陈代谢的锰，所含的维生素 C 要高于橙子。醋栗中的钾含量比草莓多，但维生素 C 要少于草莓。

3. 具体蔬菜水果的营养价值（举例）

番茄：番茄既是可以用来当荤菜烹饪，也是可以用来像其他水果蔬菜那样直接生食，是餐桌菜单上最常用到的蔬菜食品，味道口感好，食用营养价值也高。番茄汁中还富含有大量丰富的天然烟酸、番茄红素、胡萝卜素、叶酸等和多种微量元素，是一种物美价廉的天然"防癌高手"。番茄红素可有效防人体前列腺癌，维生素C则可预防人体的消化系统的癌症，维生素B_6则可预防膀胱癌。叶黄素可以有效保护老年人眼睛，防止形成老年黄斑。番茄汁可有效促进肾脏清除血浆蛋白中多余的钾钠，有助于降血压[1]。

树莓：树莓又名覆盆子、托盘、马林果，为蔷薇科、多年生、常绿、小灌木类落叶果树。果实都是黄金浆果，颜色诱人，宝石状，成串成丛，柔嫩而多汁，口味十分特殊，所以被称为是"黄金浆果"和"水果之王"。树莓作为第三代水果，其含营养素十分丰富全面而又完整，富含各种易于直接被人体所消化和吸收的，以及人体所不能缺乏的各种营养元素，如维生素B_2、钙、锌、镁等，特别的是其维生素C含量约为苹果含量的五倍。

樱桃：樱桃的含铁量是水果中最高的，铁元素可以有效提高人体内血红球蛋白，还可以有效提高人体内红细胞的正常造血的功能，有助于预防和缓解缺铁性贫血。另外，还可以用来健脑益智、强体质。樱桃果肉中含有丰富的胡萝卜素和多种维生素，能够有效促进人体肌肤的再生和细胞新陈代谢，使肌肤更加红润光滑、细致饱满且有弹力。樱桃汁中丰富的水溶性维生素C还可以避免面部色素的堆积。长期食用樱桃有助于延缓皮肤衰老、保护眼睛抗辐射[2]。

番薯：清热解暑，健胃、化痰、消食，去血脂、减压，保护心脏血管，增补多种营养素，增强机体免疫力，降压、减肥、降糖，通便润肠。红薯能够大量吸收人体多余水分、脂肪和碳水化合物，食用新鲜红薯还有助于清除在人体内积聚下来的各种毒物，加速人体血液循环，提高新陈代谢。番薯粉中还富含大量黏液蛋白质，有助于消除人体的血浆中多余的游离胆固醇，使人体毛细血管迅速扩大，减少血液黏稠度，增加血液循环速率。番薯中的主要成分有各类维生素、碳水化合物、蛋白质、糖类及矿物元素，这些物质很易于被身体吸收，可以更好地补充微量元素，降低相关疾病发生率[3][4]。

大白菜：大白菜也叫结球白菜。其心叶洁白鲜嫩，质细味美，是供食用的部分。大白菜较耐低温贮藏保鲜和长途运输，为我国秋、冬、春季重要食用蔬菜之一。大白菜中的锌

---

[1] 西红柿的营养功效[J]. 吉林蔬菜，2019（3）：2.
[2] 樱桃的营养价值[J]. 吉林蔬菜，2021（4）：19.
[3] 庄纪然. 地瓜的营养价值与种植技术[J]. 农业开发与装备，2018（11）：215；218.
[4] 田圣陶. 番薯的营养价值与种植技术[J]. 乡村科技，2019（35）：100；103.

元素含量在所有果蔬类中也是屈指可数的，铜、锰、钼和硒的含量也很丰富。

圆白菜：也可称结球甘蓝、包心菜、洋白菜、莲花白。此菜叶洁白脆嫩，食用方法多。我国南北各地几乎都有种植。圆白菜维生素 C 等物质含量均显著地超过了大白菜，胡萝卜素等物质含量也要远高于大白菜。圆白菜中的钼、维生素 P 等的含量比较丰富。

韭菜：韭菜为我国一种主要食用的香辛菜。韭菜的嫩叶片为可食用的部分，茎、花等亦可食用。我国南北各地几乎都有种植。韭菜属于一种营养很丰富的绿叶蔬菜，它的类胡萝卜素等维生素含量都较高，维生素 B_2、维生素 C、磷钾和微量元素铁等的含量也都较高，青韭类与黄韭类的营养价值远远低于韭菜[1]。

4. 深色蔬菜的营养价值

深色蔬菜指深绿色、红色、橘红色、紫红色蔬菜（表3.5），含有多种色素物质，如叶绿素、叶黄素、番茄红素、花青素等，以及其中的芳香物质，赋予蔬菜特殊的色彩、风味和香气，有促进食欲的作用，并呈现一些特殊的生理活性。

表 3.5 深色蔬菜分类

蔬菜颜色类别	代表蔬菜
深绿色	菠菜、油菜、冬寒菜、芹菜叶、蕹菜（空心菜）、莴笋叶、芥菜、西蓝花、西洋菜、小葱、茼蒿、韭菜、萝卜缨等
红色、橘红色	西红柿、胡萝卜、南瓜、红辣椒等
紫红色	红苋菜、紫甘蓝、蕺菜等

虽然深色蔬菜的营养价值可能会优于浅色蔬菜，但也记得不能因此忽视了浅色蔬菜，多方面摄取各种蔬果才能做到营养全面[2]。

三、肉、奶、蛋类制品的营养价值

（一）按照肉蛋奶分类来说

肉类和肉制品：富含蛋白质、维生素及矿物质等多种营养成分，每天摄入一定量的肉类和肉制品有助于人体长期保持营养平衡与身体健康。肉类和肉类制品富含丰富的蛋白质、脂肪、不饱和脂肪酸、油酸、亚麻酸、亚油酸、花生四烯酸、维生素 A、维生素 B_{12}、烟酸、叶酸，以及锌、铁、钙、硒等矿物质。肉和肉制品是人类获取蛋白等营养成分的重要来源，

---

[1] 罗小萌，黄婉婧，张晓彤. 浅谈绿色蔬菜的营养价值以及对人的健康作用[J]. 中国化工贸易，2014（14）：306.

[2] 深色蔬菜的营养价值高[J]. 吉林蔬菜，2018（3）：26.

每天摄入一定量的肉及肉制品有利于人体营养均衡与健康[1]。

蛋类和蛋制品：蛋类包括鸡蛋、鸭蛋、鹅蛋、鹌鹑蛋等。蛋制品主要是咸蛋、松花蛋和鸡蛋粉等。同肉类和蔬菜类一样，蛋类及其制品是人们常吃的副食品之一，营养价值较高，方便易得。蛋类和蛋制品富含丰富的蛋白质、脂肪、维生素和无机盐[2]。全蛋中甲硫氨酸、色氨酸、赖氨酸含量十分丰富，体内缺乏氨基酸的人群可食用蛋类和蛋制品来补充。蛋黄比蛋清含有的营养成分丰富。蛋黄中含有大量的钙、磷和铁等无机盐，以及维生素A、维生素D、维生素B_1和维生素B_2[3]。

奶类和奶制品，奶类和奶制品富含丰富的蛋白质、氨基酸、脂肪、甘油三酯、乳糖、维生素A、维生素B_1、维生素B_2、维生素D以及钙、磷、钾、铁、锌等矿物质[4][5]。奶类所含的营养素比较全面，营养价值很高又易于消化吸收，适合于病人、幼儿、老年人等人群食用。

（二）具体肉蛋奶的营养价值（举例）

1. 肉类

猪肉：猪肉，性平味甘，含有丰富的蛋白质、脂肪、无机盐、烟酸等。其还具有清热滋阴、润燥、滋养、补阴的双重作用，可用来辅助治疗燥咳、下泄、风湿病等。猪皮，性凉味甘，含有大量的蛋白质、动物胶质，猪皮还可以用来熬制动物胶膏，是一种优良的营养滋补品。猪皮中蛋白质的主要成分为胶原蛋白质和弹性蛋白，其中胶蛋白占猪皮蛋白质的85%。猪皮具有推迟机体老化的功效，还能滋阴养心、补血、活血、止血、止咽喉肿痛，对下痢、血亏、再生障碍性贫血、声音嘶哑等都有效果。

牛肉：牛肉被誉为肉类中营养价值排行第一的健康食品。它的营养十分丰富，含有大量钙、磷、铁、硫胺素、烟酸等，以及多种微量元素和多种烟酸，蛋白质含量达21%[6]，并且牛肉脂肪含量较低。牛肉，性温味甘，可用于补胃、壮腰脚、止消渴、益气血、强筋骨、消水肿。牛肉属温补肉食，不上火，是滋补养生的健康食品，是患慢性腹泻、脱肛、面浮足肿等症时的最佳食品。

羊肉：羊肉，性热味甘，含有丰富的蛋白质、脂肪、磷、维生素B_1、维生素B_2和烟

---

[1] 李诗义,诸晓旭,陈从贵,等. 肉和肉制品的营养价值及致癌风险研究进展 [J]. 肉类研究,2015,(12): 41-47.

[2] 荫士安. 蛋类及其制品的营养价值 [J]. 中国家禽, 2004（24）: 32-33.

[3] 刘健炜,练彬斌,范舒琴,等. 蛋类与蛋制品的营养价值及其应用 [J]. 食品安全导刊, 2015（18）: 79.

[4] 梦萱. 奶及奶制品的营养价值 [J]. 食品与健康, 2005（1）: 11.

[5] 徐逢昌. 奶类的营养价值及保健作用 [J]. 中国乳业, 2002（10）: 30.

[6] 张红梅. 锡盟地区羊肉及其副产品加工现状的调查研究 [J]. 肉类工业, 2013（12）: 53-54.

酸等成分。有补气养血、温中暖肾、开胃健力、通乳治带的功效。对气血不足、虚劳羸瘦、脾胃虚冷、腹痛、少食或欲呕、肾虚阳衰、腰膝酸软、尿频、阳痿等均有一定疗效。但要注意，羊肉性热，虽为冬令补益佳品，但痰火湿热、实邪热病及疫病初期者，均不宜食用。

鸡肉：含丰富的蛋白质、脂肪、钙、磷、铁、硫胺素、核黄素、烟酸等。中医认为，鸡肉味甘性温，有温中益气、补精添髓的作用。

鱼虾：鱼肉富含蛋白质、维生素 A、维生素 D，以及硒、锌、碘等矿物质。鱼虾类脂肪以不饱和脂肪酸为主，其中的二十二碳六烯酸有助于婴幼儿的大脑发育、延缓老年人大脑和眼睛衰老，二十碳五烯酸有助于清楚血液中堆积的脂肪。两者均属于 ω-3 型多不饱和脂肪酸，有助于预防血脂异常和冠心病。

2. 蛋类

鸡蛋：鸡蛋含丰富的优质蛋白，每百克鸡蛋含 12.7 g 蛋白质，鸡蛋中还含有铁、钾、钠、镁、磷等微量营养素，蛋黄中的铁质高达 7 mg/100 g。鸡蛋中维生素 A、维生素 B_2、维生素 B_6、维生素 D、维生素 E 及生物素的含量也很丰富，特别是蛋黄中的含量极其丰富，鸡蛋中的维生素 A、维生素 D、维生素 E、维生素 K 与脂肪溶解容易被机体吸收利用。

鸭蛋：鸭蛋含有蛋白质、磷脂、维生素 A、维生素 B_2、维生素 B、维生素 D、钙、钾、铁、磷、锌、硒等营养物质。鸭蛋所含的卵磷脂具有降低胆固醇的效果，并能促进脂溶性维生素的吸收。鸭蛋中蛋氨酸和苏氨酸含量最高，还含有较多的维生素 B_2，是补充 B 族维生素的理想食品之一。中医认为，鸭蛋味甘、性凉，有滋阴养血、清肺、丰肌、泽肤等作用。

鹌鹑蛋：鹌鹑蛋中含有丰富的蛋白质、脑磷脂、卵磷脂、赖氨酸、胱氨酸、维生素 A、维生素 B、铁、钙、磷等。鹌鹑蛋对神经衰弱、失眠多梦、女性月经不调、缺铁性贫血、身体虚弱、皮肤护理有很大的改善，其含有的芦丁有降低血压的作用。

鹅蛋：鹅蛋在各种蛋类中胆固醇含量最高，每百克鹅蛋黄含胆固醇 1 696 mg，鹅蛋中的脂肪含量相比其他蛋类要高。

鸽子蛋：鸽蛋含有优质的蛋白质、磷脂、铁、钙、维生素 A、维生素 B、维生素 D 等营养成分，有改善皮肤细胞活性，提高皮肤弹性，增加颜面部红润等功能，是滋阴补肾之佳品，营养价值很高[①]。

3. 奶类

牛奶：牛奶中富含丰富的蛋白质、脂肪、油酸、亚油酸、乳糖、无机盐、维生素维生素 A、维生素 D、维生素 E、维生素 K、各种 B 族维生素和微量的维生素 C 等，牛奶中还

---

① 各种蛋类的营养价值 [J]. 中南药学（用药与健康），2015（10）：32-33.

富含钙、磷、钾、镁等微量元素。牛奶中还含有大量的生理活性物质，如乳铁蛋白、免疫球蛋白、生物活性肽等，这些均是有益于健康的营养物质。牛奶是一种富含多种营养且易于吸收的一种食品，具备较高的营养价值，适量摄入牛奶能够提高人们的健康水平，有效避免各种慢性疾病[1]。

马奶：马奶是一种白色稍有淡青色的稀薄液体，其主要成分是水分、蛋白质、脂肪、乳糖、矿物质、维生素及酶类、免疫体、色素、气体等[2]。马奶含有丰富的、人体不可缺少的蛋白质、氨基酸、脂肪酸、乳糖、维生素和矿物质[3]。

羊奶：羊奶在国际界被称为"奶中之王"，羊奶的脂肪颗粒体积为牛奶的1/3，更利于人体吸收，并且长期饮用羊奶不会引起发胖。羊奶中富含脂肪、蛋白质、维生素A、维生素B_1、维生素B_2、维生素C、泛酸、烟酸、胆固醇、核酸（脱氧核糖核酸、核糖核酸），以及钙、磷、钾、镁、氯、锰等矿物质。羊奶还具有食疗价值。

奶酪：奶酪是牛奶中的精华，通常10 kg牛奶才能制作出1 kg奶酪，奶酪中含有丰富的蛋白质、脂肪、维生素和矿物质等，营养价值很高。奶酪中含有34%左右的脂肪，其中66%是饱和脂肪酸，大约30%为单聚不饱和脂肪酸，而剩下的4%为多聚不饱和脂肪酸。食用奶酪有助于降低人体的血清胆固醇，有利于预防心血管疾病[4]。

四、目前流行的饮品类、甜品类、小吃类食品

（一）流行饮品及其分类

饮品，指经加工制成的适于供人饮用的液体，尤指用来解渴、提供营养或提神的液体。如水、奶、酒、饮料（饮料和饮品不是同一物体）。通俗来讲，饮品是指能够满足人体机能正常需要，可以直接饮用，或者以溶解、稀释等方式饮用的食品。

（二）流行甜品及其分类

甜品也叫作点心、甜点，概念较广，大致可以分为中式甜点和西式甜点。中式甜点其中又包括中式面点（又称为面点）是我国重要的特色食品。中式面点种类很多，可以突出地域特点，不同地方都有属于自己的标志性面点小吃，如天津的麻花、北京的驴打滚、上

---

[1] 阴明杰，吴丹. 论牛奶的营养价值与健康的密切关系[J]. 畜牧兽医科技信息，2021（4）：95-96.
[2] 杨茉莉，樊凌翰. 马奶成分分析及开发利用现状[J]. 陕西农业科学（自然科学版），2001（1）：13-14；25.
[3] 孔杭如，唐善虎，胡洋，等. 酸马奶研究现状及进展[J]. 中国乳品工业，2016，44（5）：32-35.
[4] 武爱群. 奶酪的营养价值及国内消费市场培育研究[J]. 食品安全导刊，2018（21）：166-167.

海特色小笼包及山东的大煎饼等。详细甜品分类见表 3.6。

表 3.6 中西式甜点

甜点	代表甜点
中式甜点	糖果、糕饼、甜羹、糖水、牛奶炖蛋、双皮奶、芒果西米露、杨枝甘露等
西式甜点	蛋糕、曲奇、布丁、班戟、华夫、巧克力、苹果派等

中式面点的种类非常多,经过我国数千年的创新和发展,形成了各种各样的造型,如自然形、象形、几何形等。中式面点种类很多,具体分类见表 3.7。

表 3.7 中式面点分类

类别	代表面点
包类	水晶包、糖包、金鱼包、寿桃包、小笼包、三丁包子等
饺类	混沌、水饺、花式蒸饺、小混沌、锅贴、虾饺、蒸饺、眉毛饺、咖喱酥饺等
糕类	棉花糕、白糖年糕、猪油松糕、小圆松糕、蜂糖糕、千层油糕、花式蛋糕、清蛋糕、花生糕、栗糕、马蹄糕、山药糕、蔬菜、杂粮、干果及水果等材料制作的糕点等
团类	双馅团、鸽子圆、汤圆、麻团、果馅汤圆等
卷类	菊花卷、蝴蝶卷、四喜卷、荷叶卷、猪爪卷、鸡丝卷、银丝卷、芝麻卷、擘酥卷、鲜奶卷等
饼类	酒酿饼、黄桥烧饼、清油饼、薄饼、苏式月饼、葱油酥饼、煎饼、锅饼、荸荠饼等
酥类	麻酥饼、藕丝酥、鸳鸯酥油、苹果酥、莲蓉甘露酥、桃酥等
条类	打卤面、炸酱面、担担面、酱汁卤面、花色汤面、清汤面、炒面、烩面、焖面、凉面、过桥米线、油条等
其他	烧卖、粽子、麻花、馒头等

资料来源：杨超,中式面点的分类与制作,2016。

现阶段流行的甜品见表 3.8。

表 3.8 流行甜品及其分类

类别	代表甜品
糕点类	费南雪、磅蛋糕（柠檬/抹茶巧克力）、玛德琳（抹茶/红丝绒/巧克力/覆盆子玫瑰/柑橘）等
慕斯类	草莓酸奶芝士、白桃蔓越莓抹茶慕斯、椰香杧果热情果慕斯、青柠菠萝柑橘芝士、覆盆子黑加仑蒙布朗、水果夏诺特、雪山、树桩、平安果、白巧克力覆盆子玫瑰、红茶伯爵巧克力等
蛋糕卷类	草莓香缇蛋糕卷、草莓卡仕达年轮甜品卷、巧克力黑森林蛋糕卷、栗子蛋糕卷、网红橙子蛋糕卷、抹茶红豆蛋糕卷等
芝士甜品类	轻芝士蛋糕、半熟芝士蛋糕、北海道牛乳芝士蛋糕、纽约芝士蛋糕、冷冻芝士蛋糕等
泡芙类	开心果酥皮泡芙、扶手柑香缇酥皮泡芙、椰子青柠闪电泡芙、茉莉花闪电泡芙、无花果闪电泡芙、波波脆柠檬法棍泡芙等
饼干类	法式柠檬蛋白塔、异域风情水果塔、网红曲奇小花、奶香脆牛油、醇香咖啡杏仁切片、美式巧克力软曲奇、焦糖杏仁沙布列、可可沙布列、巧克力可可脆片、抹茶奶香方块饼干、山核桃黑芝麻手工饼干、红糖夏威夷榛果饼干等
马克龙	韩式胖马卡龙、异形马卡龙、手绘马卡龙等

续表

类别	代表甜品
迷你慕斯类	樱桃酸奶、清新杧果、酸甜草莓、柠檬凤梨等
冰激淋系列	草莓、杧果、香草、巧克力、抹茶等
其他	仿真南瓜、熊宝宝、泡芙趣味小丸子、潮流盒子蛋糕卷等

（三）流行小吃及其分类

小吃是一类在口味上具有特定风格特色的食品的总称。小吃就地取材，能够突出反映当地的物质文化及社会生活风貌，是一个地区不可或缺的重要特色，更是离乡游子们对家乡思念的主要对象。小吃的品种有很多，具体分类根据不同的地区、口味、烹饪方式等不同。

按烹饪方式归类：炸的、蒸的、煎的、煮的等；按口感归类：清甜味特色小吃、甜味特色小吃、怪味特色小吃、盐味特色小吃等；按地区归类：北京小吃、安徽徽州特色小吃、成都小吃、保定小吃、邯郸小吃、开封小吃、台湾美食、天津小吃、重庆小吃等（表3.9）。

表 3.9 各地区小吃分类

地区	代表小吃
北京	焦圈、蜜麻花、豌豆黄、艾窝窝、炒肝爆肚等
上海	蟹壳黄、南翔小笼馒头、小绍兴鸡粥等
天津	嘎巴菜、狗不理包子、耳朵眼炸糕、贴饽饽熬小鱼、棒槌果子、桂发祥大麻花、五香驴肉等
太原	栲栳、刀削面、揪片等
西安	牛肉泡馍、乾州锅盔等
兰州	拉面、牛肉面、油锅盔等
新疆	烤羊肉、烤馕、抓饭等
山东	煎包、煎饼等
江苏	葱油火烧、汤包、三丁包子、蟹黄烧卖等
浙江	酥油饼、重阳栗糕、鲜肉粽子、虾爆鳝面、紫米八宝饭等
安徽	腊八粥、徽州饼、豆皮饭等
福建	蛎饼、手抓面、五香捆蹄、鼎边糊等
台湾	担仔面、鳝鱼伊面、金爪米粉等
海南	煎堆、竹筒饭等
河南	枣锅盔、白糖焦饼、鸡蛋布袋、血茶、鸡丝卷等
湖北	三鲜豆皮、云梦炒鱼面、热干面、东坡饼等
湖南	新饭、脑髓卷、米粉、八宝龟羊汤、臭豆腐等
广东	鸡仔饼、皮蛋酥、冰肉千层酥、广东月饼、酥皮莲蓉包、刺猬包子、粉果、薄皮鲜虾饺及第粥、玉兔饺、干蒸蟹黄烧卖等
广西	大肉粽、桂林马肉米粉、炒粉虫
贵州	肠旺面、丝娃娃、夜郎面等
云南	卤牛肉、烧饵块、过桥米线、乳扇、小锅饵丝、石屏臭豆腐、蒙自年糕、火烧干巴等

第四节 为什么说"民以食为天"

一、膳食与肥胖的关系

（一）发生肥胖的原因

科学研究表明，肥胖会导致血压增高，增加糖尿病的发病概率，造成内分泌紊乱和新陈代谢变慢，过度肥胖还会对肺功能有严重影响，严重的还会导致在夜间睡眠时突然产生睡眠梗阻性的呼吸停止现象。肥胖产生的病理原因也是非常复杂多样的。这其中有营养饮食原因、社会环境因素、遗传体质原因、神经内分泌原因等[①]。饮食习惯是发生肥胖的一个重要原因。当人体摄入的总能量远远地多于整个机体消耗的能量时，多余的能量就会转化为脂肪被机体储存下来，导致肥胖的发生，所以一个不健康的饮食习惯才是造成肥胖发生的首要因素。

（1）摄食次数过多。摄食次数过多也被称为过食。因为人体摄入热能过剩，肉食蛋白质和动物性脂肪摄入量过多，脂肪的吸收利用率远远超过了摄入的碳水化合物和动物性蛋白质，过剩摄入的总热能最终将会以脂肪的形态贮积于脂肪组织，导致身体发胖。

（2）不良的进食习惯。据调查研究表明，在一日之内进食3~6次的人，无论是男性还是女性，进食频次较少的人产生肥胖症的概率和严重程度高出进食频次稍多的人。另一种不良的饮食习性是晚上进餐，又被称为"夜食综合征"。在夜间，人的生理学节律使副交感神经兴奋性增加，摄入的食品特别易于以油脂的形态贮存在体内，日积月累则令人"发福"[②]。

（3）"快餐"的摄入增多。快餐的显著特点就是"三高"，即高热量、高脂肪、高蛋白质，"快餐"的摄入增多，导致摄入体内的热量远远超出人体所需，多余的热量以脂肪形式堆积，造成人体肥胖。

（4）酒的摄入过多。酒类作为纯热量物质，其热量仅次于脂肪，摄入过多会导致热量堆积，肥胖。

（5）维生素与微量元素的缺乏。维生素与微量元素是人体所需的矿物质，有些微量元素需要通过饮食摄入，但往往被人们忽视，导致微量元素摄入不足，如人体缺镁就可导致肥胖。

---

① 杜松明，马冠生. 儿童肥胖影响因素的研究进展 [J]. 国外医学（卫生学分册），2006（5）：265-270.
② 薛长勇. 肥胖和膳食的关系及其膳食治疗 [J]. 现代康复，2001（17）：10-11.

（二）膳食与肥胖营养

（1）脂肪与肥胖的关系：与碳水化合物、蛋白质比较，进餐后脂类的氧化物溶解要慢得多，而且脂类还会阻止葡萄糖的氧化分解。高脂肪膳食还有较好的色、香、味及其能量密度系数大的特性，上述原因常常引起食用过量的高脂肪食物。

（2）蔗糖与肥胖的关系：高碳水化合物特别是高蔗糖膳食具有良好的可口味美的特点，这个特点对其引起的进食过多和肥胖具有重要的作用，高蔗糖膳食可引起高胰岛素血症。胰岛素的作用之一是促进脂肪的合成，胰岛激素水平增高可引起人体脂类堆积，主要是皮下组织脂类和腹腔内酯类。肥胖症就是甘油三酯在脂肪细胞内的不断积累。甘油三酯在脂肪细胞内蓄积取决于脂蛋白脂酶的活性，这是肥胖症产生的条件之一。

（3）肥胖与膳食能量：据营养专家研究发现，导致肥胖症的一种病因是饮食能力过剩，影响体形的因素是饮食能力的营养摄入与机体耗能，当膳食能量的摄入等于机体能量的消耗时称能量平衡；当膳食能量的摄入大于机体能量的消耗时称能量正向平衡，多余的能量以脂肪的形式储存在体内，因而产生肥胖；当膳食能量的摄入小于能量的消耗时称负向能量平衡，体重减轻。显然肥胖是处于正向能量平衡状态，这类人一般食欲旺盛，偏喜高糖、高脂食物，且运动较少，多余的能量转变为脂肪导致肥胖。

（4）肥胖和营养不良：肥胖的人也可能营养不良，这是由于饮食习惯不良、饮食结构不合理、偏爱高脂高能量饮食、不愿意摄入低热能的蔬菜水果引起的。长此以往就会造成营养不平衡，人体所需的微量元素、维生素、矿物质及膳食纤维缺乏，造成营养不良。

（三）肥胖的营养疗法

（1）合理营养与减肥：不少人采用饿肚子、吃药物、口服利尿药、服用兴奋剂、少睡觉等方式来进行减肥，这种既无法长期保持，也损害了自身的身体健康，显然上述方式均不可取。健康减肥应遵循的理念为平衡营养，适量运动。为了做到营养平衡，各种食品摄入要多样、平衡、合理。健康的减肥应该是控制高热量食物的摄入，而不仅仅是控制油脂的摄入量。减肥期间要保持营养素均衡摄入。

（2）科学合理的膳食：科学、合理、有效的膳食构成能为我们带来充分的营养素及适中的能量。要避免高热量食品的摄入，尽量减少动物性脂肪及油炸食品的摄入，烹调用油改为植物油，注意隐形脂肪，多吃水果和蔬菜，适当降低主食的摄入量。

（3）养成健康的饮食习惯：改正错误的饮食习惯是减肥成功的关键所在。肥胖者常见的错误饮食习惯有不吃早饭，而午饭和晚饭尤其是晚餐食用过量；爱吃零食、甜食；进餐速度过快等。肥胖者应该根据自身的实际饮食习惯，提出适当的矫正方案。

二、平衡膳食与膳食结构

（一）膳食结构

健康生活方式的四个基石：科学合理饮食、适度锻炼、戒烟限酒、心态平衡，其中科学合理饮食被摆在了第一位。科学合理的饮食结构对于保持身体健康、防治慢性疾病方面有着重大意义。

东方膳食模式：大多数发展中国家属此类别。是以植物性食品为主的饮食结构，该模式以植物性食品为主、动物性食品为辅，谷类食品多、动物食品少；膳食能量基本满足需要；膳食纤维充足；动物脂肪低。

经济发达国家膳食模式：大部分欧美国家属于这个类型。是以动物性食品为主的饮食结构，该模式以动物性食品主导，即动物性食品摄入量多、植物性食品摄入量少；高脂、高蛋白、高能量、低膳食纤维。

日本饮食模式：以日本、新加坡为代表，是动植物均衡的饮食结构，其动植物膳食配比合理；膳食能满足需要；各种营养素配比合理。

地中海饮食模式：地中海饮食是指地中海沿岸各国的传统膳食。其膳食以意大利、希腊、法国和地中海各国为代表。其优点：饮食中含有植物性食品，有新鲜的水果、青菜、全谷物、豆制品和坚果等；食物新鲜度高、加工程度低，以食用当季和本地区生产的食品居多；食用油以橄榄油居多，橄榄油富含较高的不饱和脂肪酸，对心血管防治有积极效果[1]。

（二）平衡膳食八大准则

1989年首次发布《中国居民膳食指南》以来，我国先后于1997年、2007年、2016年进行了三次修订病发布。2022年4月26日，中国营养学会正式发布《中国居民膳食指南（2022）》（表4.1、图4.1）。

表4.1 平衡膳食八大准则

平衡膳食 八大准则	核心推荐
食物多样， 合理搭配	（1）坚持谷类为主的平衡膳食模式； （2）每天的膳食应包括谷薯类、蔬菜水果、畜禽鱼蛋奶和豆类食物； （3）平均每天摄入12种以上食物，每周25种以上，合理搭配； （4）每天摄入谷类食物200~300 g，其中包含全谷物和杂豆类50~150 g，薯类50~100 g

---

[1] 熊苗. 什么膳食结构符合我们——地中海膳食模式值得推荐[J]. 餐饮世界，2022（03）：42-43.

续表

平衡膳食 八大准则	核心推荐
吃动平衡， 健康体重	（1）各年龄段人群都应天天进行身体活动，保持健康体重； （2）食不过量，保持能量平衡； （3）坚持日常身体活动，每周至少进行 5 d 中等强度身体活动，累计 150 min 以上； （4）鼓励适当进行高强度有氧运动，加强抗阻运动，每周 2～3 d。 （5）减少久坐时间，每小时起来动一动
多吃蔬果、 奶类、全谷、 大豆	（1）蔬菜水果、全谷物和奶制品是平衡膳食的重要组成部分； （2）餐餐有蔬菜，保证每天摄入不少于 300 g 的新鲜蔬菜，深色蔬菜应占 1/2； （3）天天吃水果，保证每天摄入 200～350 g 的新鲜水果，果汁不能代替鲜果； （4）吃各种各样的奶制品，摄入量相当于每天 300 ml 以上液态奶； （5）经常吃全谷物、大豆制品，适量吃坚果
适量吃鱼、 禽、蛋、瘦 肉	（1）鱼、禽、蛋类和瘦肉摄入要适量，平均每天 120～200g； （2）每周最好吃鱼 2 次或 300～500 g，蛋类 300～350 g，畜禽肉 300～500 g； （3）少吃深加工肉制品； （4）鸡蛋营养丰富，吃鸡蛋不弃蛋黄； （5）优先选择鱼，少吃肥肉、烟熏和腌制肉制品
少盐少油， 控糖限酒	（1）培养清淡饮食习惯，少吃高盐和油炸食品，成年人每天摄入食盐不超过 5 g，烹调油 25～30 g； （2）控制添加糖的摄入量，每天不超过 50 g，最好控制在 25 g 以下； （3）反式脂肪酸每天摄入量不超过 2 g； （4）不喝或少喝含糖饮料； （5）儿童青少年、孕妇、乳母及慢性病患者不应饮酒，成年人如饮酒，一天饮用的酒精量不超过 15 g
规律进餐， 足量饮水	（1）合理安排一日三餐，定时定量，不漏餐，每天吃早餐； （2）规律进餐、饮食适度，不暴饮暴食、不偏食挑食、不过度节食； （3）足量饮水，少量多次，在温和气候条件下，低身体活动水平成年男性每天喝水 1 700 ml，成年女性每天喝水 1 500 ml； （4）推荐喝白水或茶水，少喝或不喝含糖饮料，不用饮料代替白水
会烹会选， 会看标签	（1）在生命的各个阶段都应做好健康膳食规划； （2）认识食物，选择新鲜的、营养素密度高的食物； （3）学会阅读食品标签，合理选择预包装食品； （4）学习烹饪、传承传统饮食，享受食物天然美味； （5）在外就餐，不忘适量与平衡
公筷分餐， 杜绝浪费	（1）选择新鲜卫生的食物，不食用野生动物； （2）物制备生熟分开，熟食二次加热要热透； （3）讲究卫生，从分餐公筷做起； （4）珍惜食物，按需备餐，提倡分餐不浪费； （5）做可持续食物系统发展的践行者

资料来源：《中国居民膳食指南（2022）》，中国营养学会，2022。

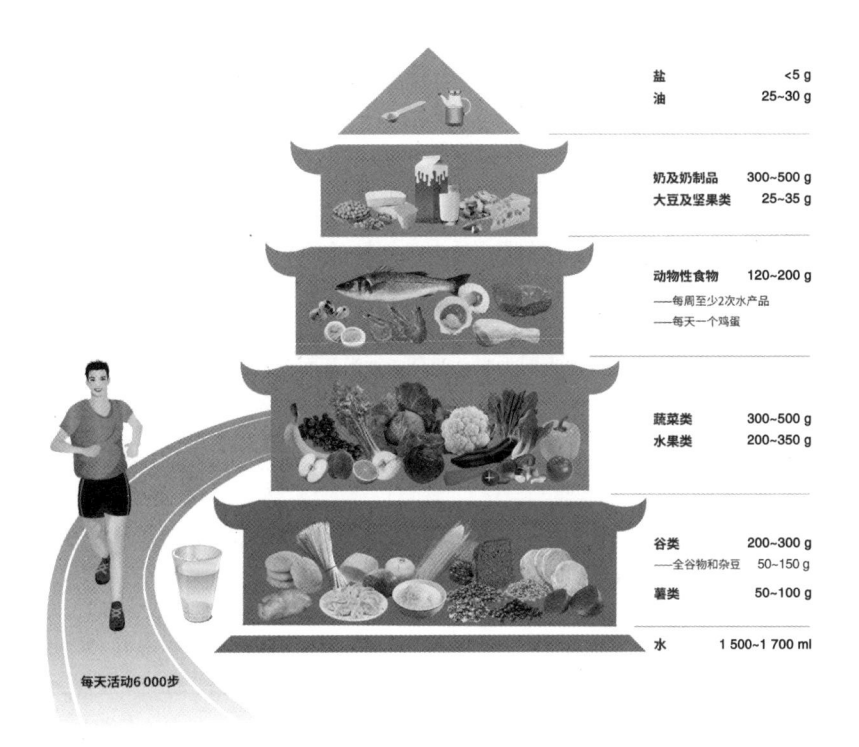

图 4.1 中国居民平衡膳食宝塔（2022）

（三）我国不同地区的膳食结构

我国不同地区的膳食营养状况见表 4.2。

表 4.2 不同地区的膳食营养现状

地区	包含省份	膳食营养现状
西北地区	陕西省、甘肃省、青海省、宁夏回族自治区、新疆维吾尔自治区等	居民的主食以玉米和小麦等耐旱农作物制品为主，多为汤面辅以蒸馍、烙饼，以酥油茶、油泼辣子、细盐和蒜助食； 蔬菜食用很少； 肉食以牛、羊、鸡为主； 乳制品在当地居民日常膳食中也占有重要比重； 摄入的蛋白质以动物蛋白为主，植物蛋白较少，动植物蛋白摄入不平衡

续表

地区	包含省份	膳食营养现状
北方地区	东北三省、黄河中下游甘肃省东南部、内蒙古自治区、江苏省、安徽省北部等	以小麦、高粱为主，北方居民的日常主食以馒头、面条、烧饼、饺子等面食为主； 蔬菜品种较为单一，蔬菜摄取量偏少，腌制蔬菜食用较多； 谷薯类食物摄入充足，畜肉类摄入均以猪肉为主，其次是牛、羊肉； 盐摄入量较高； 食物消费种类广泛，每日摄入的食物种类包括粮谷类、薯类、蔬菜和水果、乳制品、豆制品、水产品及畜禽肉、坚果等； 日常摄取的蛋白质中畜禽类、蛋类等动物蛋白占比较大，奶类与豆类等植物蛋白摄取较少；
青藏地区	青海省、西藏自治区和四川省西部	主要以青稞为主，糌粑、大米和面粉是西藏居民日常膳食的主要构成； 对蛋类、豆制品、水果、蔬菜等摄入明显不足； 动物蛋白的来源单一，以牛肉为主、羊肉为辅，猪肉、禽肉摄入不足； 蔬菜和水果摄入不足
南方地区	长江中下游六省一市，南部沿海和西南四省、市大部分地区等	摄入蔬菜、水果、肉的种类与其他地区相比更加多元化； 主食以水稻为主，面食为辅； 动物蛋白来源以猪肉为主，鸡、鸭、鱼、蛋为辅； 植物蛋白的主要来源是水稻、大豆、玉米，对于粗粮的摄入量不足

资料来源：覃尔岱，王靖，覃瑞，等.我国不同区域膳食结构分析及膳食营养建议，2020。

铸造人体防御疾病的坚硬盔甲，离不开科学合理的膳食结构。我国自古就有"民以食为天"的说法，把"五谷为养、五果为助、五畜为益、五菜为充"（《黄帝内经》）当作饮食的搭配准则，所以健康和食物的关系非常紧密。人们只有掌握科学合理的饮食习惯，才能适应机体生理活动的正常要求，进而增强抵抗力，更有效地防治疾病[①]。

（四）膳食结构与健康

合理营养与膳食。随着人们生活水平的提高，人们的膳食结构也发生了相应的变化，人们不仅要吃得饱，更要吃得健康。均衡膳食指一日三餐所供给的营养素可以满足身体的正常生长、发育和各种生理学、体能、社会活动所需要的饮食。其包括两方面内容：一方面是健康营养全面的膳食。平衡膳食能够保证不同群体对不同营养素的生理需要，以预防营养缺乏病的发生。另一方面也指营养平衡的膳食，如饮食营养搭配科学合理，可以避免一些营养摄入过度而造成机体不必要的负担和新陈代谢障碍。其中，"平衡"是均衡膳食的核心与关键。

---

① 马淑然，赵春秀.膳食结构与健康——中医食疗的基本知识系列之二[J].生命世界，2020（6）：56-61.

平衡膳食结构。膳食结构是指居民消费的食品品种与总量的相对结构。均衡饮食结构是指均衡膳食中食物的品种与总量，既能适应机体的营养需求，也可避免营养过剩。

平衡膳食的饮食习惯。古人常说"食不厌精，脍不厌细"，我国人对食物味道的要求历来都很高，这便决定了各个地方的人的烹饪方式、烹调风格各不相同。除烹调方式需要注意外，我们还必须尽力做到"食饮有节"。节律是指每日三餐要定时，并且时间与食量要相对稳定，两餐间隔在 4~6 h 较适宜，早餐不能不吃，而晚餐则不要吃得太晚。

营养缺乏或不足。导致营养素摄入量不足的常见因素：一是战乱、灾荒、贫穷等社会经济原因造成的食品匮乏；二是不良的饮食习惯，如偏食、忌食或挑食等使某种食物摄入量不足或缺少所造成的营养素缺乏；三是不合理的烹饪加工，导致食品中营养素的破坏与损失。

营养过剩或比例失调。引起营养过剩或比例失调的主要因素为：①饮食结构不合理。饮食中动物性食品比例过大，植物性食品比例过小，精制食品多，蔬菜、水果少，这是造成营养过剩和营养不均衡的首要因素。②不良的饮食行为与习性。摄食高盐食物、大吃大喝、暴饮暴食、崇尚食物享受和优质食品集中消费，这些不良饮食习惯和消费行为是导致营养过剩的主要因素。

三、中国居民膳食指南

膳食指南是健康教育和公共政策的基础性文件，是国家实施《健康中国行动（2019—2030 年）》和《国民营养计划（2017—2030 年）》的一个重要技术支撑。自 1989 年第一次颁布《中国居民膳食指南》至今，我国已先后于 1997 年、2007 年、2016 年进行了三次修订并发布，在各个时期对引导城乡居民采用均衡饮食、改善营养健康状况、防治慢性病、提高健康素养起到了很大效果[①]。

（一）一般人群的膳食指南

1. 饮食多样化，合理搭配

均衡饮食模式是保证人类营养与身体健康的基本准则，饮食多样化是均衡饮食的基石，合理搭配是均衡饮食的保证。各个种类食品中富含的营养素及其他有益成分的类型与量有所不同。只有通过合理搭配的各种膳食构成的饮食，才能适应身体对能量和各类营养素的需求。合理搭配是指每天摄入的食物种类及重量在人们一日三餐中的合理分配。

《中国居民膳食指南（2022）》（以下简称《指南（2022）》）提出平衡饮食应实现膳食

---
① 周萍. 平衡膳食八准则 [N]. 中国市场监管报，2022-04-28（007）.

多样化，人均每日摄入12种以上食品，每周摄入25种以上，合理搭配一日三餐。成年人应每天摄入谷类200～300 g，其中全谷物和杂豆类50～150 g；每天摄入薯类50～100 g。平衡膳食模式能最大限度地满足人体正常生长发育及各种生理活动的需要，提高机体免疫力，降低膳食相关疾病的发生风险。

2. 食动平衡，健康体重

膳食摄入量与人体活动量是维持能量均衡、保持健康体形的两项关键因素。长期能量摄入量大于能量消耗量可导致体重增加，甚至导致超重及肥胖症；反之则出现体重过轻或消瘦。体重过重和过轻都是不健康的体现，易患各种病症，缩短寿命。成人健康体重的体重指数（BMI）应保持在 $18.5～23.9 \ kg/m^2$。

《指南（2022）》中指出，充足的身体活动不但可以维持健康体重，还可以增强体质，减少全因死亡风险及心血管疾病、肿瘤和慢性病发生风险；同时也可以调整心态平衡，减少抑郁与焦虑，改善认知、睡眠和生活质量。不同年龄人士都需要每天做好身体活动，维持力量均衡和健康体重。建议成年人积极开展日常活动和体育锻炼，一周最少完成五天中强度身体活动，累计150 min以上；每日完成主动身体活动6 000步。鼓励适当开展高强度的有氧体育锻炼，加强抗阻体育锻炼，多动多获益。减少久坐时间，每个小时起来动一动。多动慧吃，维持健康体重。

3. 多吃蔬菜水果、奶类、全谷、大豆

蔬菜水果、全谷物、牛奶、大豆和豆制品为均衡饮食的主要成分，坚果为均衡饮食的有益补充。蔬菜水果为维生素、矿物质、膳食纤维及植物化学物的主要来源，对于增加膳食微量营养素及植物化学物的摄取具有关键作用。循证研究发现，保证每天丰富的蔬菜水果摄入，能保护机体健康、改善肥胖，有效减少心血管疾病和肺癌的发生风险，对防治食管癌、胃癌、结肠癌等主要消化系统肿瘤有保护作用。

全谷类食物是膳食纤维和B族维生素的主要来源，适量食入可大大降低2型糖尿病的发病危险，也可保证肠道健康。奶类富含钙和优质蛋白质。提高奶制品摄入对提高儿童骨密度有一定效果；酸奶有助于改善便秘和乳糖不耐症。大豆、坚果含有优质蛋白质、必需脂肪酸和各种植物化学物。多食黄豆及其制品有助于减少绝经后妇女骨质疏松、乳腺癌等疾病风险。适量食用坚果有助于降低血脂水平和全因死亡的发生风险。

4. 适量多吃些鱼、禽、蛋、瘦肉

鱼、禽、蛋和瘦肉均属于动物性食品，含有大量优质蛋白质、脂类、脂溶性多种维生素、B族类维生素群及多种矿物质元素等，为人体均衡营养饮食中的主要成分。此类食品蛋白质的含量一般比较高，且氨基酸构成更符合身体需求，利用率高，但摄入量过多会增加肥胖症与心血管疾病等的发病风险，需要合理摄入。

目前我国多数居民摄入畜肉较多而鱼等水产类较少，需要调整比例。《指南（2022）》提出，建议成年人平均每天摄入鱼、禽、蛋、瘦肉总量120～200 g，相当于每周吃鱼2次或300～500g、蛋类300～350 g、畜禽肉类300～500 g。

5. 少油少盐，控糖限酒

高盐是食品烹调及肉制品加工的主要调料。中国居民的饮食习惯中高盐摄入量较高，但过多的食盐摄入量与高血压患者、急性脑卒中、胃癌和全因死亡相关，所以要减少食盐摄入量，养成清淡口味，逐步实现定量用盐，建议每日食盐摄入量不大于5 g。

烹调油包括植物油和动物油，是人体必需脂肪酸和维生素E的重要来源。目前我国居民烹调油摄入量较多。过多烹调油的使用会增加脂肪的摄入，导致膳食中脂肪供能比超过适宜范围。过多摄入反式脂肪酸还将增加心血管疾病的发作危险性。应降低烹调油和动物油脂用量，建议每日的烹调油摄入量为25～30 g。成年人脂肪提供热能应占总热能的30 %以内。

过多摄入添加糖或含糖饮品，将提高龋齿、超重及肥胖症等的发病概率。建议每日摄入添加葡萄糖提供的热能不要大于总热能的10 %，最好不要大于总热能的5 %。对儿童青少年而言，含糖饮品是增加糖分的首要来源，建议不饮用或者尽量少喝，少饮用高糖分食品。

过度饮酒和许多疾病相关，会提高肝功能损害、胎儿酒精综合征、痛风、心血管疾病及一些肿瘤的发病风险，所以应防止过度饮酒。

6. 规律进餐，足量饮水

规律进餐是实现平衡膳食、合理营养的前提。一日三餐、定时定量、饮食有度，是健康生活方式的重要组成部分，不仅可以保障营养素全面、充足摄入，还有益健康。饮食不规律、暴饮暴食、不合理节食等不健康的饮食行为会影响机体健康。应规律进餐，每天吃早餐，合理安排一日三餐，早餐提供的能量应占全天总能量的25 %～30 %，午餐占30 %～40 %，晚餐占30 %～35 %。

水是构成身体成分的主要物质并发挥着巨大的生理学功能。水分的摄入与排泄要均衡，以保持适当的水合状态与正常的生理功能。充足饮水是机体健康的基本保障，可以保证人体活动和认知能力。在温和气候条件下，低身体活动水平成年男性每天喝水1 700 ml，成年女性每日饮水1 500 ml。应主动、足量饮水，少量多次，推荐饮用白水或茶水，不要用饮料代替白水。含糖饮品摄入量过多会提高龋齿、肥胖症的发病风险,尽量少喝或不喝含糖饮品。

7. 会烹会选,会看标签

不同类别食物中含有的营养素及有益成分的种类和数量不同,每人或每个家庭均应有每天的膳食设计和规划,按需选购备餐,按类挑选优质蛋白质来源和营养密度高的食物;优选当地、当季新鲜食物,按照营养和美味搭配组合。烹调是膳食计划的重要组成部分,学习烹饪,做好一日三餐,既可最大化地保留食物营养价值、控制食品安全风险,又可尽享食物天然风味,实践平衡膳食。

加工食品在膳食中的比例日渐增大,学会读懂预包装食品标签和营养标签,了解原料组成、能量和核心营养成分含量水平,慎选高盐、高油、高糖食品,做出健康聪明选择。对于外卖食品或在外就餐的菜品选择,应根据就餐人数确定适宜分量,做到荤素搭配,并主动提出健康诉求。

8. 公筷分餐,杜绝浪费

加强饮食卫生安全,是通过饮食能得到足够的营养、增强体质、防止食物中毒和其他食源性疾病事件发生所采取的重要措施。日常生活中应首先选择当地的、新鲜卫生的食物。食物制备生熟分开,储存得当。多人同桌使用公筷公勺或采取分餐或份餐等卫生措施,避免食源性疾病发生和传播。

勤俭节约是中华民族的优良传统,食物资源宝贵,来之不易。人人都应尊重食物、珍惜食物、在家在外按需备餐,不铺张浪费。社会餐饮应多措并举,倡导文明用餐方式,服务消费者健康选择。从每个家庭做起,传承健康生活方式,树立饮食文明新风,促进公众健康和食物系统可持续发展。

(二)特定人群的膳食指南

1. 孕妇、乳母膳食指南

孕妇、乳母膳食指南见表 4.3。

表 4.3 孕妇、乳母膳食指南

时期	核心推荐
备孕和孕期妇女膳食指南	(1)调整孕前体重至正常范围,保证孕期体重适宜增长; (2)常吃含铁丰富的食物,选用碘盐,合理补充叶酸和维生素 D; (3)孕吐严重者,可少量多餐,保证摄入含必需量碳水化合物的食物; (4)孕中晚期适量增加奶、鱼、禽、蛋、瘦肉的摄入; (5)经常户外活动,禁烟酒,保持健康生活方式; (6)愉快孕育新生命,积极准备母乳喂养

续表

时期	核心推荐
哺乳期妇女膳食指南	（1）产褥期食物多样不过量，坚持整个哺乳期营养均衡； （2）适量增加富含优质蛋白质及维生素 A 的动物性食物和海产品，选用碘盐，合理补充维生素 D； （3）家庭支持，愉悦心情，充足睡眠，坚持母乳喂养； （4）增加身体活动，促进产后恢复健康体重； （5）多喝汤和水，限制浓茶和咖啡，忌烟酒

资料来源：《中国居民膳食指南（2022）》，中国营养学会，2022。

2. 婴幼儿喂养指南

婴幼儿喂养指南见表4.4。

表 4.4　婴幼儿喂养指南

时期	准则	核心推荐
0—6月龄婴儿母乳喂养指南	母乳是婴儿最理想的食物，坚持6月龄内纯母乳喂养	（1）母乳喂养是婴儿出生后最佳喂养方式； （2）婴儿出生后不要喂任何母乳以外的食物； （3）应坚持纯母乳喂养至婴儿满 6 月龄； （4）坚持让婴儿直接吸吮母乳，只要母婴不分开，就不用奶瓶喂哺人工挤出的母乳； （5）由于特殊情况需要在婴儿满 6 月龄前添加母乳之外其他食物的，应咨询医务人员后谨慎做出决定； （6）配偶和家庭成员应支持鼓励母乳喂养
	生后 1 h 内开奶，重视尽早吸吮	（1）分娩后母婴即刻开始不间断的肌肤接触，观察新生儿觅食表现，帮助开始母乳喂养，特别是让婴儿吸吮乳头和乳晕，刺激母乳分泌； （2）生后体重下降只要不超过出生体重的 7% 就应坚持纯母乳喂养； （3）婴儿吸吮前不要过分擦拭或消毒乳房； （4）通过精神鼓励、专业指导、温馨环境、愉悦心情等辅助开奶
	回应式喂养，建立良好的生活规律	（1）及时识别婴儿饥饿及饱腹信号并尽快做出喂养回应，哭闹是婴儿表达饥饿信号的表现； （2）按需喂养，不要强求喂奶次数和时间，但生后最初阶段会在 10 次以上； （3）婴儿异常哭闹时，应考虑非饥饿原因
	适当补充维生素 D，母乳喂养无需补钙	（1）纯母乳喂养的婴儿出生后数日开始每日补充维生素 D10 ug； （2）纯母乳喂养的婴儿不需要补钙； （3）出生后应注意补充维生素 K
	任何动摇母乳喂养的想法和举动，都必须咨询医生或其他专业人员，并由他们帮助做出决定	（1）绝大多数母亲都能纯母乳喂养自己的孩子； （2）母乳喂养遇到困难时，需要医生和专业人员的支持，母亲不要放弃纯母乳喂养，除非医生针对母婴任何一方原因明确提出不宜母乳喂养的建议； （3）相对于纯母乳喂养，给 6 月龄内婴儿任何其他食物喂养，对婴儿健康都会有不利影响； （4）任何婴儿配方奶都不能与母乳相媲美，只能作为母乳喂养失败后的无奈选择，或母乳不足时对母乳的补充； （5）不要直接用普通液态奶、成人和普通儿童奶粉、蛋白粉、豆奶粉等喂养 6 月龄内婴儿

续表

时期	准则	核心推荐
0—6月龄婴儿母乳喂养指南	定期监测婴儿体格指标，保持健康生长	（1）身长和体重是反映婴儿喂养和营养状况的直观指标； （2）6月龄内婴儿每月测量一次身长、体重和头围，病后恢复期可适当增加测量次数； （3）选用国家卫生标准《5岁以下儿童生长状况判定》（WS/厂 T 423—2013）判断婴儿生长状况； （4）出生体重正常婴儿的最佳生长模式是基本维持其出生时在群体中的分布水平； （5）婴儿生长有自身规律，不宜追求参考值上限
7—24月龄婴儿母乳喂养指南	继续母乳喂养，满6月龄起必须添加辅食，从富含铁的泥糊状食物开始	（1）婴儿满6月龄后继续母乳喂养到2岁或以上； （2）从满6月龄起逐步引入各种食物，辅食添加过早或过晚都会影响健康； （3）首先添加肉泥、肝泥、强化铁的婴儿谷粉等富铁的泥糊状食物； （4）有特殊需要时须在医生的指导下调整辅食添加时间
	及时引入多样化食物，重视动物性食物的添加	（1）每次只引入一种新的食物，逐步达到食物多样化； （2）不盲目回避易过敏食物，1岁内适时引入各种食物； （3）从泥糊状食物开始，逐渐过渡到固体食物； （4）逐渐增加辅食频次和进食量
	尽量少加糖盐，油脂适当，保持食物原味	（1）婴幼儿辅食应单独制作； （2）保持食物原味，尽量少加糖、盐及各种调味品； （3）辅食应含有适量油脂； （4）1岁以后逐渐尝试淡口味的家庭膳食
	提倡回应式喂养，鼓励但不强迫进食	（1）进餐时，父母或喂养者与婴幼儿应有充分的交流，识别其饥饱信号，并及时回应； （2）耐心喂养，鼓励进食，但绝不强迫喂养； （3）鼓励并协助婴幼儿自主进食，培养进餐兴趣； （4）进餐时不看电视，不玩玩具，每次进餐时间不超过20 min； （5）父母或喂养者应保持自身良好的进餐习惯，成为婴幼儿的榜样
	注重饮食卫生和进食安全	（1）选择安全、优质、新鲜的食材； （2）制作过程始终保持清洁卫生，生熟分开； （3）不吃剩饭，妥善保存和处理剩余食物，防止进食意外； （4）饭前洗手，进食时应有成人看护，并注意进食环境安全
	定期监测体格指标，追求健康生长	（1）体重、身长、头围等是反映婴幼儿营养状况的直观指标； （2）每3个月测量一次身长、体重、头围等体格生长指标； （3）平稳生长是婴幼儿最佳的生长模式； （4）鼓励婴幼儿爬行、自由活动

资料来源：《中国居民膳食指南（2022）》，中国营养学会，2022。

3. 儿童膳食指南

儿童膳食指南见表 4.5。

表 4.5 儿童膳食指南

时期	核心推荐
学龄前儿童膳食指南	（1）食物多样，规律就餐，自主进食，培养健康饮食行为； （2）每天饮奶，足量饮水，合理选择零食； （3）合理烹调，少调料，少油炸； （4）参与食物选择与制作，增进对食物的认知和喜爱； （5）经常户外活动，定期体格测量，保障健康成长
学龄儿童膳食指南	（1）主动参与食物选择和制作，提高营养素养； （2）吃好早餐，合理选择零食，培养健康饮食行为； （3）天天喝奶，足量饮水，不喝含糖饮料，禁止饮酒； （4）多户外活动，少视屏时间，每天 60 min 以上的中高强度身体活动； （5）定期监测体格发育，保持体重适宜增长

资料来源：《中国居民膳食指南（2022）》，中国营养学会，2022。

4. 老年人膳食指南

老年人膳食指南见表 4.6。

表 4.6 老年人膳食指南

类别	核心推荐
一般老年人膳食指南	（1）食物品种丰富，动物性食物充足，常吃大豆制品； （2）鼓励共同进餐，保持良好食欲，享受食物美味； （3）积极户外活动，延缓肌肉衰减，保持适宜体重； （4）定期健康体检，测评营养状况，预防营养缺乏
高龄老年人膳食指南	（1）食物多样，鼓励多种方式进食； （2）选择质地细软，能量和营养素密度高的食物； （3）多吃鱼禽肉蛋奶和豆类，适量蔬菜配水果； （4）关注体重丢失，定期营养筛查评估，预防营养不良； （5）适时合理补充营养，提高生活质量； （6）坚持健身与益智活动，促进身心健康

资料来源：《中国居民膳食指南（2022）》，中国营养学会，2022。

5. 素食群体膳食指南

素食群体是指以不食畜禽肉、水产品等动物性食物为主饮食方法的群体，主要分为全素和蛋奶素。素食群体更应该仔细设计自身的饮食，合理使用膳食，搭配合理，以保证满足营养需求和增进身体健康。

核心推荐：①食物丰富，谷类为主；适量增加全谷类。②增加黄豆及制品的摄入量，选择发酵豆制品。③常食坚果、海藻和菌菇。④蔬菜、果品应丰富。⑤合理选用烹调油。⑥定期监测营养状况。

四、大众健身运动的膳食营养原则

（一）健身运动原则

适时而动：锻炼择时而进行，就是按照天气、时辰、身体状况来实施。一般来说，当气候特别酷热、特别潮湿和特别严寒或刮风时，刚吃饱饭之后，或全身不适时，或肌肉关节有疾病，都不能运动。

量心而动：依据自身在运动中的心率变动状况，适时调节运动量。

视身而动：根据自己的身体状况来挑选适合自己的项目。

多项而动：选择多项运动项目，不易产生厌倦感，单一的运动项目训练的部位相对局限，人体不能进行全面的运动，因此要多项而动。

持恒而动：要想通过参加体育运动来达到健身的最终目的，不是说一朝一夕就一定可以实现的，需要长期不断地努力，才能达到预期效果。

循序而动：进行运动时，应该从小运动量入手，并量力而行。尤其是平时不经常运动的人，突然用力过度，会造成骨折、肌肉拉伤等意外损伤。

众人共动：提倡几个人共同运动，这样才能彼此照顾，一起训练，其乐融融。

（二）运动健身饮食原则

（1）锻炼前少许进食，空腹或饭后锻炼对健康不利，在锻炼前30 min或1 h食用少许食物，能够防止由于体能活跃而引起的消化系统功能障碍，而且还能够增加锻炼成效。晨练时，早餐不要服用不易消化吸收的食物，可以适当食用一些奶类或奶制品、谷类、水果等。

（2）运动过程及时补给水分，如运动持续时间不足1 h，需要每15 min饮水150 ml～300 ml；如运动持续时间在1～3 h内，除了按时补给水分外，还要适时补给糖类和无机盐，避免出现低血糖等问题。运动时一定不要喝冰水，剧烈运动时喝冰水会刺激消化系统，从而出现消化系统问题。

（3）体育运动后，体内的糖、脂类、蛋白质被大幅溶解，生成乳酸、磷酸等酸性产物，这种产物会影响身体脏器，使人感到肌肉、关节等部位的酸胀和精神疲惫。专家建议，锻炼后应多吃一点果品、新鲜的蔬菜、豆制品等碱类食品，以维持人身体的酸碱均衡，进而达到缓解疲惫、维持健康的目的。

（三）膳食营养平衡搭配原则

（1）膳食多样性，以谷类居多：主要是指粗细粮的搭配。能够提高就餐者的食欲，提高机体对食品的消化与吸收率。

（2）主食与副食配比均衡：主食一般讲究粗粮与细粮均衡，副食则讲究荤素相配。由于食材制作原料的品类与总量有所不同，它们所含的营养物质素也有所不同。所以，在饮食中所涉及的食品品种越多越好，食物种属越远越好。动物性食品和植物性食物更需要合理搭配，可增加机体对于蛋白质的利用，同时可以维护机体的酸碱度平衡，避免亚健康状况。

（3）主副食的科学合理配置：是指要依据主食的具体情况恰当地配置副食，若主食以粗粮居多，则要多配置一点肉蛋这样的食品做副食；要是主食以细粮居多，则要多选择一点果蔬类的食物做副食，主副食协同配合，有利于提高饭菜口感，又有利于营养的均衡，还可帮助消化系统吸收。

（4）干稀饮食的合理搭配：如米饭、面条搭配小米粥、菜汤或蛋汤、开胃鸡汤等。这不仅有助于胃肠道的消化吸收，还可充分吸收食品的营养。

（5）寒热要均衡：食品的属性有寒、温、热、凉之分，所以在食品配制上要注意食品的属性，要达到寒热相辅相成，温凉平衡。一要能够根据不同食品的属性进行合理调和，二要注重食品入腹时的温度适宜。

（6）按照各个年龄阶段的营养素需要合理搭配：幼儿、少年等处在生长发育的高峰期，运动量大，需要全面、平衡、合理地摄取各类营养物质，特别要确保蛋白质、碳水化合物，以及钙、铁、锌类无机盐的摄入量。所以饮食中动物性和大豆类食品的量应足够。

对于中年人来说，合理的饮食搭配方式不但对身体有利，而且还能起到推迟老化、延年益寿的效果。应食用富含谷类、豆类、鱼肉、菌类、藻类等的食物，适当增补蛋白质、糖类、脂质、有机纤维素、无机盐等身体需要的营养素[1][2]。

（四）健身运动合理膳食基本原则

（1）保持三种营养素的科学合理配比，即糖类占60%～70%，蛋白质占10%～15%、脂类占20%～25%。

---

[1] 于直军. 餐饮业膳食营养平衡搭配的原则及必要性[J]. 科技风，2013（21）：211.
[2] 郭小根. 日常膳食营养平衡搭配的原则及策略[J]. 知识文库，2019（3）：199.

（2）糖类：主要由谷物、薯类等淀粉类食物组成，应控制蔗糖及其制品的摄入。

（3）脂肪：要注意以食用植物油摄入为主，尽量减少各种动物性油脂类的摄入量。

（4）蛋白质：应有 1/3 以上的优质蛋白（动物蛋白和大豆蛋白），若以氨基酸为基础计算，成年人每日供给的蛋白质中，20% 需要由氨基酸来供给，以维持氮平衡。

（5）维生素：要按供给量标准配膳，有特殊需要者另外增加。一般维生素 B_1、维生素 B_2、烟酸三者之间的比例为 1∶1∶10 较为合理。

（6）膳食中钙磷比例要适当：膳食中钙磷比例要基本符合机体的吸收及发育情况。若维生素 D 营养状况正常时，不必严格控制钙磷比例。

（7）膳食中搭配的食物种类越多越好：一日三餐都要提倡食物多样化。最好包括鱼、肉、蛋、奶、米、豆、菜、果、花，还有菌类食物，组合搭配。将动物性食物与植物性食物搭配在一起，比单纯植物性食物之间搭配组合更有利于提高蛋白质的营养价值。

五、健身运动中合理搭配膳食营养的方法

1. 调整三餐摄入的营比例

体育锻炼者在健身活动中不要以过度降低饮食量来换取体脂降低，不然会导致严重的能量失调，危及健康。在计划锻炼阶段的膳食安排时，必须合理搭配一日三餐的营养素摄入量配比，以便实现营养平衡，并补充运动锻炼过程中的能量消耗。锻炼者在卧床休息一晚后，次日早晨的热量需求量会更高，此时人体对各种碳水化合物、蛋白质、脂类等的热能需求量也很大，可适当地选择一些鸡蛋、牛奶、面包制品等食品。午饭时，必须为下午的运动消耗补充热能储备，此时应主要以油脂与蛋白质为主，可选用牛肉、鸡肉、鱼类为补给热能的主要营养来源。晚餐应该适量减少食品摄取比例，由于夜间锻炼量较小，身体脂肪积累的风险发生可能性更高，所以必须尽量避免摄取过多蛋白质与油脂类食品，应该选择维生素较高的蔬果等食品[①]。

2. 调整运动时间与进餐时间

运动时间和进餐时间的合理搭配是最重要的环节之一。不要在空腹状况下参加体育活动，不然易导致体力下降过快，无法完成锻炼指标或者发生低血糖现象；不要饮食过多，不然在运动时易导致胃压力升高，而剧烈运动过后可能会产生腹胀或恶心等现象。运动过后，人体的血液流动被重新分配，此时肠胃的消化吸收及分析饮食的能力将会受到影响。为避免进食时出现不良反应，不宜在大量运动过后马上进食，而且必须在运动后心率、血

---

① 哈尼克孜·哈德尔. 新疆师范大学学生运动与膳食营养现状调查研究 [J]. 和田师范专科学校学报，2015，34（1）：42-46.

压、人体机能回复常态之后进行补充营养[①]。

3. 用餐时尽量补充各种营养元素

营养物质的多样化是保证身体健康的基本要求，在体育健身中对营养素的多样化要求更高，这主要和运动消耗量有很大关联。健身过程中，体循环加速，多种维持体能平衡的微量元素大量流失，如碳、氢、氧、氮、磷、硫、钙、镁、钠和钾等。这些微量元素是维持人体健康的必要基础，加大微量元素的补充是维持身体机能、保证训练计划不受影响的必要措施。这一部分的营养物质主要来自豆制品、谷物、蔬菜、水果等。

4. 养成良好健康的饮食习惯

饮食不规律也会产生某些负面影响。长期不规律的饮食会使人体在需要营养时没有得到及时供应与补充，甚至在并不需要储备能量时盲目摄入了大量营养素，导致营养物质吸收不合理。所以，在体育健身活动中，应当养成良好的饮食规则与良好的饮食习惯，实现运动锻炼与身体健康和谐发展。

六、常见的健身运动项目膳食营养特点、原则和安排

（一）不同项群运动的膳食营养特点

力量型运动健身人士的饮食营养：针对力量型运动的健身人员的饮食营养，这类人士在锻炼上必须有很大的爆发力，并且大多表现为间歇运动，运动的强度也比较高，机体往往对蛋白质、维生素 B_2 的需求量较大，所以，在力量型健身人士的饮食中要大量摄入富含维生素 C、维生素 E、牛磺酸等，以提高肌肉能力，并起到提高合成代谢的效果，让力量性运动健身人士可以较好地适应爆发性的活动[②]。

速度型健身人士的饮食营养：速度型健身人士在体育锻炼过程中，机体保持高速运动状态，可能产生代谢缺氧的状况，同时机体也会形成并积累较多的酸性代谢物质，这类人士的饮食营养必须注重添加蔬菜、水果等，补充维生素 B_1 和维生素 C，且饮食要以碱性食物为主，以达到调理酸碱度的效果[③]。此外，还需要注意在膳食中选择易消化吸收的碳水化合物[④]。

耐力型体育健身人士的饮食营养：对耐力型健身人士而言，其必须长期坚持锻炼，机

---

① 康乐. 浅谈体育健身中膳食营养的搭配方法 [J]. 现代食品，2018（02）：30-31.
② 张兴海，韩新功，马向前. 大学高水平长跑运动员营养补给方法的制定 [J]. 中国组织工程研究与临床康复，2007（17）：3367-3369；3378.
③ 周丽丽，王启荣，付劲德，等. 利用能量代谢测定仪和运动员膳食营养分析系统进行运动员个性化能量平衡指导 [J]. 中国运动医学杂志，2009，28（2）：202-204；201.
④ 林宇华. 不同项目运动员特殊膳食营养补充特点研究 [J]. 食品安全导刊，2021（9）：2；4.

体的新陈代谢才会消耗较多脂肪，因而也需要较多的热量、营养素、肌肝糖等，耐力型体育健身人士机体的蛋白质分解也较多，所以在饮食中要注意补充氨基酸、葡萄糖等，特别是在大强度锻炼时要补充肌肝糖，提高抗疲劳的能力[①]。

（二）各运动项目膳食营养特点、原则和安排（举例）

1. 田径

田径运动是田赛、径赛及全能竞赛的统称，可区分为不同的类别，跑步、跳跃、射击和由跑、跳、跃、投等运动构成的全能运动，总计有四十余项体育运动。但不同的运动对身体的要求是不同的，就比如跑步中的短跑与长跑两个截然不同的类型，竞速赛要求较强的爆发力，而长跑则要求较持久的耐力，同理，不同的田径运动项又可分成不同量级的体育运动。主要可区分为三大部分：力量型、速度型和耐力型。

力量类运动的选手的神经系统肌肉兴奋性较高，必须通过补充高蛋白食物以提高神经系统肌肉的工作能力；速度类体育项目属于高耗能的运动类型，会造成运动员体内积聚对人体不利的酸性气体物质，必须在食物中补充适当的糖分来对人体加以调节；而耐力类的体育项目要求选手的身体具有足够的能量持续功能，所以也必须通过食物为人体供给脂肪、碳水化合物等可以转化为供能的营养素。不管哪种类别的田径运动项目，膳食中补充维生素、微量元素、蛋白质等营养素都是至关重要的。

在进行田径训练时，要从开展的体育运动项目、处于的运动时间来全面地考虑人体对营养的需要，增强饮食营养素所能起到的效果，使饮食营养素的辅助功能发挥到最高。此外，还需牢固地掌握与运动营养学相关的知识，需要对自己的身体状况有一个全方位的认识和了解[②]。

田径运动主要消耗人体的蛋白质、脂类、碳水化合物，因此在饮食中药加强对这些营养物质的摄入。但需要注意的是，高脂肪物质少食为佳，尤其是饱和脂肪酸含量高的食品，由于油脂不易消化吸收，过多食用将降低其他各种营养素的摄入，特别是影响蛋白质在肠道的吸收[③]。

2. 游泳

水的特定环境将对运动员形成不同程度的负面影响。因为水的密度大，而阻力为空气的820倍，导热性较空气大25倍。在水中游进不仅要克服更大阻力，热量散失也更快。

---

① 商立新，杨则宜，闫慧. 第19届冬奥会国家短道速滑队运动员的膳食营养调查和身体成分的分析[J]. 冰雪运动，2004（3）：6-8.
② 欧阳金花. 青少年田径运动员的膳食营养研究[J]. 食品工业，2020，41（11）：380.
③ 杜放，郑洪才. 浅谈青少年田径运动员的膳食营养[J]. 体育师友，2011，34（1）：77-78.

因此游泳运动员在日常的训练与比赛中需要消耗更多的能量。能量摄入不够或营养不平衡不仅会影响运动成绩，还可能导致激素失调、月经不调、骨骼健康状况不佳，甚至发生疾病、受伤的风险[1]。

游泳所需摄食量的营养物质素要求，包含碳水化合物、蛋白质、脂类、维生素、矿物质等。碳水化合物是大脑、肌体及身体器官进行活动的重要能力源泉，更是最快捷、最经济的电能产物。蛋白质是构成细胞、组织和器官的基本物质。脂肪也是人体必需的营养素来源之一，能有效协助身体供能，是人体中最大的储能库。维生素尽管无法供给力量，但确是人类维护一般生理机能和身体健康所必需的有机物质，维生素有助于人体处于良好的生理学状况，防止伤病的产生，有利于机体的康复。矿物质无法从机体产生，需要从饮食中获得。其中，钙可以促进骨骼健康，合理补钙可提高脂类新陈代谢，有助于运动员控制体重。钙还具有保护骨骼肌和心肌兴奋性，保护神经传导活动的功能。铁是合成血红蛋白的原料，钾与钠对长距离项目运动员至关重要。锌在肌肉组织的生长和修复、产生能量和免疫中起重要作用[2]。

3. 篮球

篮球活动属长期剧烈性运动，且强度较大，需要运动员具备优秀的身体素质。随着先进的篮球战术方法的不断成熟，对篮球运动员的执行力与体能提出了更高的要求。合理的饮食补充能为篮球运动员提供更多的能量物质。高水平的篮球选手虽竞技时间久，运动强度高，能耗高，但能量储存的主体却是有限的，如果能量不够，机体将无法快速合成必需的三磷酸腺苷，直接影响赛事成绩。如果平时重视饮食营养的合理化与科学化，则有助于缓解身体疲劳[3]。

篮球运动员若要拥有较好的体能，则必须摄入各种营养物质来为机体提供能量代谢所需的各种物质。篮球运动员所需的主要营养物质有糖分、脂肪、蛋白质、液体、氨基酸等，这些物质可以在人体内经过多种生物作用转化为人体所需的能量。例如，糖类是人体能量的主要来源，运动员可在运动前后摄入葡萄糖、碳水化合物等，这些物质可以在进入人体后转化为血糖、肝糖原及肌糖原，为人体提供热量与能量，此外糖类的摄入也可提高篮球运动员体内氧的输送，令其体力更为持久；脂肪可调节人体体温，保护气管。蛋白质及氨基酸是人体基本代谢必需的物质，对于篮球运动员来说，适量地摄入尤为重要，若摄入过少会导致人体营养不足，机体体能大大降低，若摄入过量则会导致蛋白质中毒。液体是篮

---

[1] 高子昱，王启荣. 运动员营养素养及其教育研究进展 [J]. 中国运动医学杂志，2020，39（01）：59-64.
[2] 乔侨. 游泳运动员膳食营养需求的研究进展 [J]. 当代体育科技，2021，11（12）：24-26.
[3] 刘纽. 篮球运动员膳食营养特点研究 [J]. 山西青年，2020（14）：249-250.

球运动员在运动前后必须随时补充的营养物质，可避免运动员出现身体脱水的现象。

篮球活动属于技能类，同场竞技的非周期性对抗项目，具备力度大、时间长、对抗激烈等特点，对选手的速度、力量、耐心、柔韧性、敏捷等方面有着较高要求。科学的饮食营养、合理的营养补充可以给职业篮球选手们带来更充沛的运动能量，可以有效提高篮球选手们的综合身体水平、运动对抗能力，从而获得更加良好稳定的成绩。篮球运动员营养的日常补充重点也是在葡萄糖、水分和水电解质、蛋白质、肌酸钙和多种维生素这几大方面。

4. 足球

足球在各种体育形式中属于体力耗费大、运动速度快的体育项目，在足球比赛过程中，运动员在短时间内要耗费大量的体能；比赛过程中一直精神紧绷，身体始终处于间歇性无氧状态中。足球运动对队员的身体素质要求高，要求足球队员拥有超强的专项体能。如果想让足球队员具备较强的身体素质和良好的身体基础，需要实施科学的体能训练计划，为运动员提供营养充足的饮食搭配方法是不可或缺的。

足球运动饮食搭配方法：①能量摄入标准，保证运动员良好技能状态的物质基础是科学合理的营养饮食，让身体有足够的营养素储存，合理营养还能够提高运动员对大强度运动负荷的适应性，降低疲惫的产生，有利于运动后的康复。②营养平衡，摄入的食物应该是营养均衡和多样化的，如乳、肉、鱼、谷类、青菜、水果等的摄入。③液体的摄入，液体在体内起着能量物质的合成与分解，输送养料与氧气，带走代谢物质，调整体温的作用，因液体的摄入此对维持生理功能极其重要。所以，合理补液对增强运动力量和身体健康十分关键，在运动前及运动中补水可以防止运动中脱水。比赛中每隔 15 min 左右以补液 200 ml 左右为宜。赛后应及时补液，少量多次，以快速回复体能。

足球运动的运动形态特征为不同速度的跑、步行、站立合为一体的"高强度间歇运动"。在制订足球队员的营养补给方案时，必须根据足球队员的运动特性和能量消耗特征做出科学、合理的营养补给与能量储备，以符合足球运动的基本要求。

第五节 你可能听过的减脂妙招

目前，在大众减肥圈中常见的减脂方法主要有三大类：饮食减肥法、保健品（药物）减肥法及运动减肥法。通过饮食减肥的一些具体方法主要有不吃晚饭、节食、生酮饮食等；保健品药物减肥中除了用保健品和一些减肥药进行减肥，还有一种瘦身衣减肥法；运动减肥法也是最常见的一种，就是通过锻炼来减掉身体里多余的脂肪。接下来，我们就针对大众眼中所谓的"减脂妙招"分别展开讨论和分析。

一、不吃晚饭真的靠谱吗？

在减肥圈中常常听到这样一句话"今晚我不吃饭了，减肥"，的确，长期不吃晚饭，是轻断食的一种，就是一天中的热量主要集中在早饭和午饭，剩余的时间全部空腹度过，一般来说，这种轻断食的方法是可以减轻体重的，因为我们在不吃晚饭的过程中创造了一个热量缺口，身体会消耗自身的能量物质来提供必需的能量，在短期内体重自然也就会下降。轻断食的方法也是因人而异的，需要分情况来看，第一种情况，是高碳水低纤维的饮食结构，在平日饮食中米面占比居多，这种饮食结构特别容易快速吸收糖分，刺激胰岛素快速分泌，胰岛素水平一旦升高就很难瘦下来，而且体重会快速增加；第二种情况是高碳水高纤维的饮食结构，比如在平日饮食中有大量的粗粮坚果和蔬菜等富含高纤维素的食物，对胰岛素的刺激相对来说没有那么强烈，这种情况下配合轻断食，就可以看到很明显的体重下降的一个趋势；第三种情况是低碳的饮食结构，比如粗粮、细粮等吃得不多，多吃蔬菜和肉类，这种饮食结构对胰岛素的刺激非常弱，此时配合轻断食，胰岛素会降得更低，体重也会降得更快。

但是对于真正要减肥的人群来说，体重的下降并不代表减肥就成功了，这里的体重下降有可能减掉的不是脂肪，而是体内的水分在流失，甚至流失一些瘦体重，如肌肉、内脏质量等，人在摄入能量不足的情况下，身体的基础代谢就会跟着降低，一旦新陈代谢降低，就会很难恢复到正常水平，同时我们的机体也很"聪明"，当它发现体重下降了以后，它就会大大增加对食物的吸收率，这时候如果再次开始吃晚饭或者每天稍微多吃一点的话，体重会立马反弹回去，甚至由于自身代谢水平的降低，会越来越胖[1]。

不吃晚饭的弊端也有很多，第一，不吃晚饭会影响胃肠道功能，使胃酸分泌过多，从而增加胃炎、胃溃疡的发病概率；第二，不吃晚饭还会影响胆囊排空功能，形成胆结石；第三，饥饿状态易引起失眠和易醒，影响睡眠质量；第四，长期不吃晚饭，可能会导致营养摄入不足，导致体质虚弱、记忆力下降等；第五，对于女性来说，长时间不吃晚饭会导致月经紊乱，不利于健康，严重者还可能出现闭经甚至绝经的情况[2]。

总的来说，不吃晚饭在短期内的确可以降低体重，但是从长远看，不吃晚饭不但减不了肥，还可能导致一系列的问题。减肥期间，晚饭要吃，重要的是吃什么，吃多少，如何去吃。

---

[1] 维他狗营养家. 不吃晚饭为何难减肥[J]. 百科知识，2018（4）：49-51.
[2] 李萍. 不吃晚饭，对健康真有好处？[J]. 创新时代，2017（8）：18-19.

二、花式节食为了谁

节食的本意是什么？节食的意思是支持规定的限量食物，或者按照医生给出的指定食谱进行饮食。节食本来是为了健康，如今却与减肥密不可分。

那么节食可以减肥吗？答案也是肯定的，节食是可以减肥的，但是节食减肥的过程中，是要付出一定的健康代价。第一，它会降低人体的一个基础代谢，当恢复正常饮食之后，就会出现反弹；第二，当节食一段时间以后，就会出现不同程度的脱发，免疫力变差，精力不济等症状，节食减肥主要减整体，包括水分、肌肉、内脏质量等；第三，节食期间基础代谢严重下降，等下次再进行减脂减重，就会变得相当之困难，表现为即使吃得很少，人也会变胖。

节食减肥的影响一出，很多减肥者就问了，是不是不吃饭才算是节食，其他的就很模糊或者就不算是节食？其实现在越来越流行许多花式节食法，也叫变相节食法。比如：晚餐只吃番茄和黄瓜的；饿了就喝水（许多减肥者误把可乐、奶茶等高糖分饮料当作水）；把一顿饭的量拆成一日三餐；各种代餐酵素搭配"营养师"，群内一日三餐打卡节食减肥；再加上一些所谓的"明星"减肥法、"意念"减肥法、"苹果餐"减肥法等，通过减少甚至不进食想达到减脂减重目的，都是变相的、花式节食减肥方法。

对于大多数人来说，减肥就是为了自己，为了瘦和身材完美，出于自身的惰性，选择节食减肥的"捷径"，那么当静下来好好想一想，或者进行了一段时间的节食以后，还觉得是为了自己吗？免疫力还正常吗？头发还茂密吗？体质还健康吗？等身体出现了一系列问题之后发现，通过各种方式进行节食减肥根本不是为了自己，而是为了别人的眼光，让别人看自己的眼光发生改变。退一步讲，就算节食可以让人更瘦，体重更轻，那么通过节食获得的身材真的是你想要的吗？皮肤松弛、粗糙、面部无光泽，这些都是我们想要的样子吗？[①]

也有一部分人减肥是因为体重太大，体脂严重超标，导致无法正常生活。建议这部分减肥者在生活中要合理饮食，调整饮食结构而不是盲目节食，再配合一定的运动，坚持不懈，一定会达到自己理想的身材和身体状态。建议在进行努力锻炼的同时按照正确的饮食原则，给自己制订出一套合理且适合自己的饮食方案。

三、揭秘生酮饮食

生酮饮食，通常指饮食中碳水化合物含量极低、蛋白质的含量适中、脂肪含量相对较高的饮食模式，旨在诱发酮症，或者产生酮体。酮体作为神经元和其他不能直接代谢脂肪

---

① 钱伟. 过度节食减肥伤害多 [J]. 健康生活，2017（10）：49.

酸的细胞的代替能源，尿酮水平经常被用作饮食依从性的指标。"经典"生酮饮食通常是指医学监督下的极低碳水化合物的饮食，膳食脂肪与膳食蛋白质和碳水化合物的比例为4∶1或3∶1。

生酮饮食是从观察饥饿能减少癫痫发作而开始的。希波克拉底很久以前就用饥饿疗法来治疗癫痫，圣经也提到饥饿疗法是治疗癫痫的一种方法。这种疗法在19世纪用于治疗儿童难治性癫痫已有数十年的历史[①]。

生酮饮食就是产生酮体的一种饮食方式，身体在燃烧脂肪的情况下会产生酮体，由此可以知道这种饮食方式能让我们的身体燃烧脂肪，当燃烧自身脂肪的时候自然能够产生瘦身的效果。通过消耗体内大量的脂肪，吃很少的碳水化合物迫使身体分解储存在肌肉和肝脏中的糖原来提供能量，当糖原耗尽或者即将耗尽时，身体利用脂肪代谢产生了酮体，为身体提供所必需的能量，然后阻止脂肪的产生，没有葡萄糖的刺激，身体会产生很低水平的胰岛素等，身体的脂肪代谢途径受到阻碍，同时脂肪不断分解，虽然不能合成脂肪组织，身体脂肪含量会一次又一次下降，从而达到减肥的效果。

生酮饮食会带来一些副作用，包括脱发、便秘、月经不调、疲劳、恶心、皮肤粗糙等症状。生酮饮食主要通过限制糖的摄入量，摄入大量脂肪，为身体提供能量。目前认为生酮饮食对身体有很大的危害。

（1）损伤肾功能。酮体经由肾脏代谢排出，会增加肾脏负担，同时带走大量的水分，出现尿频的症状。

（2）血糖异常。长期限制糖类的摄取会引起低血糖，出现恶心、头晕等症状，还容易发生昏迷，严重的可能诱发胰腺炎等疾病。

（3）引起心血管的负担。因摄入脂肪增加，可能引起高脂血症，增加心血管负担，提高了动脉血管出现粥样硬化的概率，甚至导致动脉血栓。生酮饮食是不健康的饮食方式，建议采用合理、均衡的饮食搭配、运动消耗的方式达到减肥的目的。

四、瘦身衣的秘密

困扰着每个女性的难题，今天穿什么？今天穿什么显瘦一点？在众多女性减肥者中，流行着这样一种衣服，它叫作瘦身衣，顾名思义，穿上它之后，会让我们的身材看起来更瘦，更加凹凸有致。那么瘦身衣为什么能够帮助我们塑形瘦身呢？

根据人机工程学的原理，减肥衣的立体裁剪更加符合人体结构的特点，调节身体脂肪

---

① 杜娟，郎红梅，马艳，等. 生酮饮食对非癫痫人群认知功能影响的研究进展[J]. 国际老年医学杂志，2022，43（3）：372-375.

分布，形成优美的曲线，对胸部、腹部、腰部、臀部、腿部的效果极为明显，它展示了女性的性感和魅力。弹力衣，也称为健身衣、紧身裤、紧身衣等，是一种功能性服装。它是由弹力织物制成的，根据人体曲线切割，贴近皮肤。

瘦身衣的功能是帮助使用者改善体型，注意是改善，不是改变，它是通过推移脂肪来使形体看起来更加完美，因为瘦身衣对身体有一个束缚的作用，从而还会帮助使用者控制食欲。

虽然穿瘦身衣可以让我们的体型看起来更完美一些。但是瘦身衣并不能真正意义上实现减肥减脂的目的。减肥服主要是通过调整身体脂肪的位置和分布，通过背部、腰部的设计，使身体笔直，避免驼背和腹部下垂。而提臀裤则是将臀部赘肉收紧，与塑身腰封结合，引导腰腹和大腿赘肉向臀部转移，从而塑造出优美的臀形，效果只是暂时的，并不能让体内脂肪减少，体重下降。同时，瘦身衣有"利"也有"弊"，长期穿戴瘦身衣会造成以下危害。

为了在冬天也能拥有完美的曲线，很多女性都喜欢穿瘦身衣，以达到塑形保暖的效果，殊不知，女性穿过紧内衣或塑身衣，易患颈椎病，给人们的健康带来极大的隐患

长期穿瘦身衣会压迫颈部肌肉、血管、神经、，导致颈部应变、骨质增生，进而影响脊椎神经、椎动脉，使患者出现上肢麻木、颈部和上肢疼痛、头晕、恶心、胸部不适等症状。

此外，当人体持续活动时，上肢肩部肌肉继续活动，而瘦身衣过紧，皮肤在小面积范围内频繁摩擦，时间长了，就会使这些肌肉过度疲劳，血液循环紊乱而发生老化，这就会导致背部肌肉不适与酸痛。此外，瘦身衣会限制呼吸肌肉的运动、胸部收缩及放松，影响呼吸功能，引致通气不足、胸闷、呼吸困难及其他症状。

长期穿着瘦身衣会导致内脏所处位置、肋弓的大小发生变化，影响消化功能、呼吸系统、人体血液循环，还可能会引起肌肉过度疲劳。如果对瘦身衣产生依赖性后，突然脱掉瘦身衣，还会增加受伤的风险。

针对这种情况，一些专家建议，女性最好选择适合自己的衣服，同时要避免长期穿着瘦身衣，并要注意经常活动上肢。想要真正的减脂瘦身，还要通过科学的运动锻炼和良好的饮食结构。

第六节　养成良好的睡眠习惯

睡眠是哺乳动物、鸟类和鱼类，甚至是果蝇等无脊椎动物常见的一种自然的休息状态。睡眠的拥有属性是减少身体活动，减少对外部刺激的反应，增加同化（细胞结构的产生），减少异化（细胞结构的破坏）。在人类、哺乳动物和许多其他已经被研究过的动物中，有

规律的睡眠是生存的先决条件。从睡眠中醒来是一种保护机制，是健康和生存所必需的。对于人类来说，睡眠占生命的1/3，可以说睡眠质量是生命质量一半的基础。

睡眠的好处：普遍认为，睡眠可以帮助恢复身体和精力，减轻身心压力，增强记忆力，从而保持良好的状态。

缺乏睡眠的坏处：如果长期睡眠不足，将有可能出现白天嗜睡、情绪不稳定、焦虑、失去应变能力、免疫力降低、记忆力减退、失去逻辑思考力、理解能力降低、工作效率下降等问题。

如何养成一个良好的睡眠习惯？

要保证每天充足的睡眠时间，一般成年人应保持在6～9 h。例如，晚上10～11点上床睡觉，早上6～7点起床，这样人们可以保持一个更稳定的生理节奏，对身体和精神都有益。事实上，每个人对睡眠的需求是不同的。一般来说，10～18岁的人每天需要8 h的睡眠，18～50岁的人每天需要7 h的睡眠，50～70岁的人每天需要5～6 h的睡眠。因为个体体质存在差异，只要符合自己的睡眠习惯，还能保证白天精力充沛，醒后不会有疲劳感就可以。

睡前过度运动，会使大脑兴奋，不利于提高睡眠质量。但适量的体育活动，可促进人脑分泌抑制兴奋物质，促进深度睡眠，迅速缓解疲劳，从而进入良性循环。研究发现，睡前慢跑等轻度运动可以提高体温，当身体稍微出汗后慢跑（一般在20～30 min适当），然后停止。这时，体温开始下降。当睡眠30～40 min后，人们就很容易进入深度睡眠，从而提高睡眠质量。

此外，午间小睡也是一个很好的睡眠习惯。基础临床研究已经证实，中午12点—下午17点有半小时的深度睡眠时间，但具体从何时开始，取决于个人的体质、睡眠状况、年龄等。中午小睡一会儿，可以仿宋身心，还可以消除烦躁，保持良好的心情，帮助人体机能的自我修复。午睡是一种有效的"充电"方式，可以提高下午工作的效率。但是午睡时间不需要太长，半个小时就够了，最多不要超过1个小时，否则会影响夜间的睡眠[1]。

一、睡眠不足与运动伤害

在睡眠不足的情况下要不要进行体育锻炼？答案当然是否定的。身体在没有恢复好或是在很疲惫的情况下进行锻炼，不但起不到锻炼的效果，还会对身体产生负面影响。

睡眠不足时运动容易受伤：如果前一晚睡不好的话，第2天就会感觉到没有精神、头

---

[1] 董薇. 如何养成好的睡眠习惯？[J]. 中老年保健, 2021（7）: 46.

昏脑胀、反应迟钝、注意力不集中、健忘，还会出现走路不稳、肢体不协调、做事磕磕绊绊等问题。这主要是睡眠不足导致身体交感神经晚上得不到休息，白天就兴奋不起来，长期还容易导致神经衰弱。如果此时进行一些运动，如力量训练、打篮球等，就容易因为身体不协调、注意力不集中而导致肌肉拉伤、关节损伤等。

睡眠不足时运动猝死概率增加：经过长期研究得出，充足的睡眠与心脑血管健康存在因果关系。睡眠时间不足或睡眠质量差，会导致心血管疾病、高血压等的患病风险增加。这提醒我们的是，养成良好的运动习惯是非常重要的，但需要适时和适度，过量的运动本身消耗就很大，会加重心脏负担，特别是那些进行高强度运动的人。

睡眠不足时运动会导致免疫力下降："黑眼圈"只是睡眠不足的表面现象，更可怕的是熬夜及劳累都会导致免疫功能受损、失衡，病原体便会"乘虚而入"，导致人体增加患病风险，如各种流感、炎症等。

睡眠不足时运动不仅不会起到锻炼效果，相反可能会流失肌肉：睡眠充足时身体会分泌生长激素，特别是深度睡眠时分泌更多，生长激素不仅仅是小孩子生长发育需要，成年人也需要肌肉生长和组织修复等，这都需要生长激素的足量分泌来促进蛋白质的合成，同时还能加速脂肪的分解。

而睡眠不足的时候，身体中生长激素分泌量不足，肌肉组织等无法修复，此时进行些增肌运动等就是在破坏肌肉纤维，影响训练质量。因此，运动后的晚上只有保持充足的睡眠，身体才能修复运动受损的肌肉纤维，达到肌肉增强的效果。

由此可以得出，运动必须保证有良好的睡眠，睡眠是为了更好的运动。所以当睡眠不足的时候一定不能进行过时和过量的运动，建议进行强度不大又可以放松身心的运动。

二、睡眠的生理功能及其影响因素

睡眠对人体的生长发育显得尤为重要，主要有以下生理功能。

（1）促进大脑功能的发育和发展。睡眠是由快波睡眠和慢波睡眠组成的若干个周期。脑功能的发育主要与快波睡眠有关。婴幼儿快波睡眠占夜间睡眠时间的比例高达50％，是成年人的2倍，因此睡眠在脑功能发育中起着重要作用。

（2）节省大脑的能量。慢波睡眠的深度睡眠阶段是大脑相对平静的时候，在这个阶段，副交感神经活动占上风，脉搏减慢，收缩压下降，呼吸变得深沉而缓慢，基础和大脑新陈代谢下降，脑血流减少，大脑中所有的核酸和蛋白质增加。

（3）巩固记忆，确保大脑处于最佳状态。快波和慢波睡眠构成正常睡眠的一部分，确保身体和大脑得到充分的休息和功能恢复，储存的能量可以保证和发展大脑功能。

（4）促进身体生长，延缓衰老。生长激素与慢波睡眠和深度睡眠有关，分泌量与深度睡眠时间呈正相关。

（5）人体的免疫力和睡眠质量密切相关。在睡眠过程中，单核细胞、自然杀伤细胞和淋巴细胞数量减少，T细胞产生IL-2的能力增强。清醒和睡眠节奏的紊乱，以及睡眠的紊乱，都会引致神经、内分泌、体温调节在免疫机制中的功能发生变化，从而导致疾病的发生。

那么影响睡眠的因素有哪些？

（1）不健康的睡眠习惯，如晚上睡觉前喝浓茶咖啡，睡前高强度运动锻炼，在床上看电视、手机等。

（2）不规律的作息，这会破坏人体的生物钟。

（3）环境和身体因素，如睡觉的环境过于吵闹、明亮、太冷或太热，又如身体的疼痛、炎症等。

（4）焦虑或抑郁情绪，如工作压力太大，有重大的考试会议，或者生活遭遇变故等。

三、睡眠障碍及应对措施

睡眠障碍是睡眠—觉醒过程中的一种功能障碍。从广义上讲，睡眠障碍包括失眠、嗜睡、睡眠呼吸障碍和睡眠异常行为，如梦游、睡眠恐慌、睡眠躁动症等。据世界卫生组织统计，全球为27%的人有睡眠问题。国际精神卫生组织主办的全球睡眠与健康计划于2001年发起了一项全球性的活动，即将3月21日定为"世界睡眠日"。导致睡眠问题的原因有很多，如某些睡眠障碍、身体疾病、情绪因素、生活方式（过度饮用咖啡和茶）和环境因素（噪声、拥挤或污染）。一旦发现问题所在，就要马上找到解决方案，重新建立一个有规律的睡眠时间表。

那么如何有效预防睡眠障碍？

（1）清淡饮食，多喝白开水。；晚餐选择含有蛋白质的低脂易消化的食物；避免食用易引起腹部胀气的食物，如豆类、卷心菜、土豆、玉米等。

（2）睡前泡脚利安眠。

（3）合理运动。例如，瑜伽、跑步、游泳等都有助于睡眠。

（4）舒适音乐可助眠。

（6）尝试自我催眠。例如，采用心理暗示疗法。

四、几种睡眠模式

每个人的睡眠模式都不尽相同,具体总结为以下四种睡眠模式[①]。

海豚型睡眠,是指睡眠不规律的焦虑人群,多数是失眠者。海豚睡觉时总是半脑式睡眠,即大脑一部分在休息,另一部分时刻保持警惕。这类人群睡眠属于浅度睡眠,在睡觉时容易受外界环境干扰,醒来后也常常感觉疲劳,直到晚上才精力旺盛。

狮子型睡眠,是指那些在日出前起床就有清醒的头脑且精力充沛的人。狮子是天生的头领,思维清晰,分析能力强,善于迅速做出决策而非犹豫不决。但由于起得早,到了晚上就容易犯困,习惯早点入睡。

熊式睡眠,像太阳一样规律的人,因为睡眠驱动程度较高,每晚至少需要 8 h 睡眠。像熊一样会赖床,醒来之后会马上去寻找食物。这类人比较合群,更善于与人打交道。

狼式睡眠,指的是夜晚精力比较旺盛的一类人,他们像狼一样,太阳下山后才出来活动,一到晚上就精神十足。这类人敢于冒险、洞察力强、更有创意,比另外三种类型的人更爱在晚上活动。

---

① 卫民. 睡眠模式多,得失各有千秋 [J]. 江苏卫生保健,2020(02):52.

主要参考文献

[1] 王瑞元，苏全生. 运动生理学 [M]. 北京：人民体育出版社，2012.

[2] 陈吉棣. 运动营养学 [M]. 北京：北京大学医学出版社，2002.

[3] 吕晓华. 运动营养学 [M]. 成都：四川大学出版社，2005.

[4] 张海峰. 五谷杂粮——吃出来的健康 [J]. 现代企业教育，2010（6）：157-158.

[5] 郭海婴. 五谷杂粮中的健康学问 [J]. 长寿，2011（1）：50-51.

[6] 庄纪然. 地瓜的营养价值与种植技术 [J]. 农业开发与装备，2018（11）：215；218.

[7] 田圣陶. 番薯的营养价值与种植技术 [J]. 乡村科技，2019（35）：100；103.

[8] 荫士安. 蛋类及其制品的营养价值 [J]. 中国家禽，2004（24）：32-33.

[9] 徐逢昌. 奶类的营养价值及保健作用 [J]. 中国乳业，2002（10）：30.

[10] 阴明杰，吴丹. 论牛奶的营养价值与健康的密切关系 [J]. 畜牧兽医科技信息，2021（4）：95-96.

[11] 薛长勇. 肥胖和膳食的关系及其膳食治疗 [J]. 现代康复，2001（17）：10-11.

[12] 周萍. 平衡膳食八准则 [N]. 中国市场监管报，2022-04-28（7）.

[13] 康乐. 浅谈体育健身中膳食营养的搭配方法 [J]. 现代食品，2018（2）：30-31.

[14] 刘纽. 篮球运动员膳食营养特点研究 [J]. 山西青年，2020（14）：249-250.

第六章　运动处方DIY减肥

第一节　运动处方的基本理论

一、运动处方的由来及概述

世界上最早的运动处方可追溯到我国的战国时期,而西方的康复运动疗法始于希腊。《庄子》《黄帝内经》《左传》等都体现了运动处方的观念。华佗更是发明了治病强身的"五禽戏",它经历了六个主要历史阶段:萌芽于原始社会,形成于春秋战国时期,在秦汉时期得到了初步发展,在两晋南北朝到隋唐五代得到了充实,并于宋元明清时期走向兴盛,鸦片战争后短暂停滞,而在1949年后重新发展,逐步走向系统化[①]。当代运动处方的概念是由美国生物学家卡波维奇(Rarpovich)在20世纪50年代提出的。这是运动处方发展的第二个时期,明确了运动健康、慢性病的关联。1960年,道夫教授在日本使用了"运动处方"这个术语。1969年,世界卫生组织提出"要求运动"一词,并正式使用"运动处方"一词,获得国际认可。[②]

我国在20世纪70年代末也引入了相关运动处方的理论,是运动处方发展的初始期。20世纪80年代运动处方进入全面发展阶段。进入21世纪以来运动处方的研究。同时,保健专业的学生设立了相关课程。1980年,哈尔滨医科大学附属医院运动医学科设立了"运动处方咨询门诊"。把运动处方用于诊疗实践。1988年,北京大学出版社出版了杨毅的《运动疗法康复》一书,系统化说明了诊疗的康复原理。1991年,北京师范大学的田径宗教授申请的"增强学生体质的试验研究"课题开始对健身运动处方进行较为系统的实验研究。此后,学界对相关内容进行了分析研究,取得了丰硕的成果。2016年党、国务院下发了《"健康中国2030"规划纲要》,确立了不同人口、环境、健康状况的运动处方库,推动了促进融合的疾病管理和健康医疗方式,推动了我国运动处方研究走上快车道。经过50多年的发展,国内外的运动处方都有了长久的发展,广泛运用于康复行业,包含预防、健身行业。

---

① 贾冕,王正珍,and 李博文."中医运动处方的起源与发展[J]."体育科学,2017,(10):65-71,89.
② 步斌,运动处方研究进展[J]. 中国循证医学杂志,2010,10(12):1359-1366.

目前，运动处方已变成指导人们健身、康复的重要方式。

处方是注册执业医生和执业助理医生（医生）在诊疗活动中发给人们的得到药学专业技术职称任职要求的药学技术人员（药师）核查、安排、确定并用作人们药证的诊疗文档。运动处方是康复医生、康复治疗师或健身教练等，依据对从业者或病人的医疗检查材料（包含运动试验和精力查验），依据健康、精力和心血管功能情况，以处方方式要求运动类型。运动处方是指导人们开展有目的、有计划和科学锻炼的方法。

因人而异是制订运动处方的关键，要依据自身的实际情况、喜好和条件，科学地开展运动锻炼。个性化运动"处方"要考虑心脏功能、肌肉力量、柔韧度、平衡能力等多种维度，才能处理运动的安全性、效果、可持续性等难题。每个人都必须有专门的运动"处方"。运动处方的特点具体如下。

（1）目的性强。运动处方与一般锻炼和一般治疗方法不同，运动处方是一种非常有针对性、明确目的、有挑选、有控制的运动疗法。运动处方的确定和实施都是围绕运动处方的目的进行的。

（2）计划性强。运动训练及修复的安排计划性较强，运动安排适度，锻炼效果好，运动趣味性强，更容易坚持运动。

（3）科学性强。依据康复医学、临床医学、运动学等开展严格的训练或康复治疗，能够在短时间内达到较为明显的健身和康复效果。运动处方是指针对个人的身体状况而制订的一种科学有效的、避免运动损害的有效方法。

（4）针对性强。针对性强是指依据运动者个人的具体情况、地域、锻炼环境的复杂多变等客观条件，合理确定锻炼内容，挑选方式方法，合理安排运动负载，使之切合实际的实施计划。

（5）普及面广。运动处方简单易懂，容易被大众所接受，收效也快。

（6）安全可靠。安全可靠是指针对性强、科学、实用、安全、有效，合理的体育运动有益于健康，但不科学的运动（运动不足或过度运动）不但达不到效果、浪费时间，还会带来受伤、慢性损伤、运动疲劳，甚至是突发疾病与死亡。不良的减肥方式不但不能减少脂肪含量，而且会出现肌肉含量下降、机体脱水的现象，而运动处方则是根据个人的身体状况进行科学的评估，制订安全且有效的运动方案，可以科学地监控运动负荷和评定运动效果，防止因运动过度而出现事故。因此，运动健身要遵循全面锻炼的原则，遵循人体生理机能活动能力变化的原则，合理地安排运动负荷，合理地使用运动处方，运动与营养平衡并要培养良好的生活习惯，保持身体健康与心理平衡（表1.1）。[①]

---

① 熊鑫. 科学健身原则的探讨[J]. 襄樊学院学报，2009，30（8）：14-17.

表 1.1 运动处方的种类及实施对象

种类	对象
训练处方	职业运动员
功能恢复处方	受伤选手
康复治疗处方	失健者
健康增进处方	健康正常人
疾病治疗处方	特病疾病的人

二、运动处方的作用

运动处方与一般锻炼、一般治疗方法不同，运动处方是一种十分有针对性、目的明确、有挑选、有控制的运动疗法。运动处方的生理作用主要有以下几个层面。

（一）心血管系统

运动处方主要是采用中等强度有氧代谢为主的耐力性运动，即有氧运动。医疗和药物手段只能暂时延缓人体心血管问题和缺陷，运动调节是从根本上抑制心血管恶化和危害发生的有效途径，这就需要使用科学的运动处方，心血管健康起正面促进作用（图1.1）[1]。通常情况下，有氧运动对提升内分泌系统的氧气运送能力、清除代谢产物、调整工作肌肉的氧气摄入能力、组织的氧气运用能力等有显著的功效。依据运动处方锻炼，可使心率减慢、血压平稳、心输出量增加、内分泌系统代偿能力增强等。

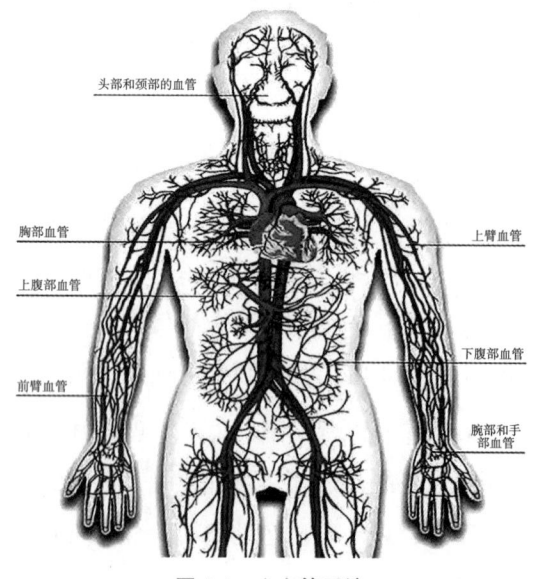

图 1.1 心血管系统

---

[1] 王第亮. 大学生心血管影响风险因素及运动干预策略研究 [J]. 当代体育科技，2022，（9）：35–37.

（二）呼吸系统

实施运动处方能够提升呼吸系统（图 1.2）的通气量、氧气摄入能力，改善呼吸系统的功能状态。运动处方锻炼可以大大改进身体供氧能力，减少呼吸中枢对谷氨酸和二氧化碳的兴奋性，增强身体对缺氧的承受能力，还可以使呼吸功能"节省化"。

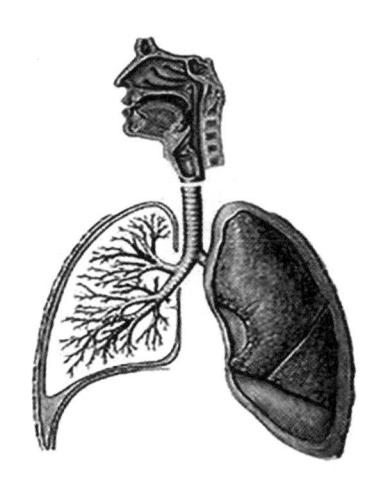

图 1.2　呼吸系统

（三）运动系统

实施运动处方能够提升肌肉力量、肌肉耐力、维持肌肉协调性和修复关节的活动力度，推动骨骼发育，刺激身体感受器，推动运动系统的血液和淋巴循环，消除肿胀和疼痛等。如图 1.3 所示为人体的运动系统。

图 1.3　人体运动系统

（四）消化系统

实施运动处方能够改善消化系统的功能，加强营养素的吸收和利用，增进食欲，促进胆液合成和排出，降低胆道结石的发生，促进胃肠蠕动，预防便秘等病症。此外，实施运动处方还能够促进消化吸收改善肝脏功能形态。[①] 如图1.4所示为人体的消化系统。

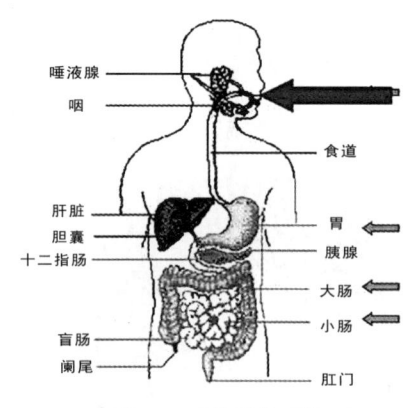

图1.4 人体消化系统

（五）神经系统

实施运动处方能够提高中枢神经系统的兴奋性或抑制力，改进大脑皮质和神经—体液的调节功能，提高神经系统对各器官、系统的机能调节。人体神经系统如图1.5所示。

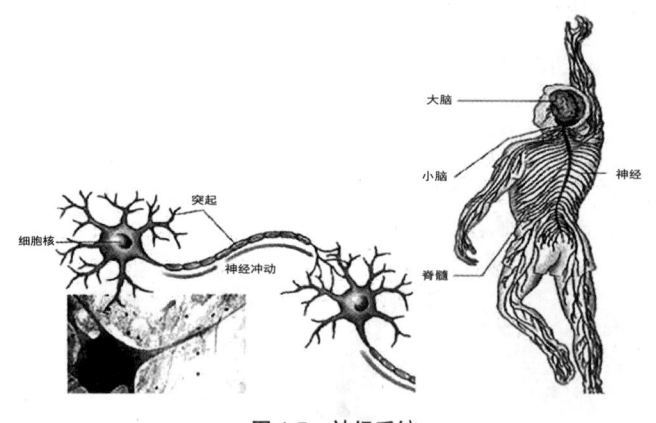

图1.5 神经系统

（六）体脂

实施运动时间长、运动强度适度的运动处方，能够有效地减少脂肪组织，达到预防疾病和健体的目的。

---

① 缪洋. 运动对人体消化系统体适能的影响研究[J]. 当代体育科技，2014，（12）：11-12.

（七）代偿功能

各种伤病导致四肢功能丧失后，身体将产生各种补偿功能，填补失去的功能。一些补偿功能能够自发产生。比如，一个肾脏切除后，身体的代谢功能由另一个肾脏担负。有的补偿功能必须进行规范性训练或刻苦训练，才能产生必要的功能。比如，肢体残缺后，用健侧肢体代替患侧肢体的功能。运动处方对代理补偿功能的创建有重要的推动作用。

（八）心理

运动能够有效地释放被压抑的情感，提高心理承受能力，维持心理平衡。在疾病的治疗和康复过程中，能提高病人对医治和康复的信心，有利于病症的修复。依据预防、健身、健体的运动处方运动，能够保持良好的心态，使工作和学习更为积极和轻松。运动处方对运动者心理健康干预具有促进作用，并对运动者心理健康的影响存在干预时长差异。[1]

三、运动处方对人体的作用

（一）顺利度过更年期

促进雌雄激素分泌，增加激素的利用率，使肾上腺、性腺更健康，性欲保持时间更长，减轻更年期整个生理、心理负担，消除紧张情绪，调节体温等。

（二）保持健康的心理

释放压抑的情感，仿宋心情，保持心理平衡。提高心理承受力，使工作和生活更为舒适，缓解疲惫，使运动者始终保持充沛的精力。

（三）增加食欲，促进消化能力

促进消化能力，促进营养的吸收和利用，提高糖酵解水准和清除体内废物的能力。

四、运动处方的内容

运动处方的内容应包含运动处方的运用人群类型、运动类型、运动强度、运动时间、运动频率、运动进展、注意事项等。

---

[1] 刘若江，张翔.运动处方对大学心理健康的干预作用研究分析[J].当代体育科技，2022，12（2）：5-9..

五、运动处方的应用对象种类

随着康复体育的飞速发展和运动处方应用范围的扩大，运动处方的应用对象种类也愈来愈多，主要归类如下。

（一）依据运动的对象和功效分类

（1）治疗性运动处方以医治疾患、康复效果为主要目的；

（2）预防运动处方以增强体质、预防疾病、健康水平为主要目的；

（3）健身、健体药方以精力、运动能力、健体为主要目的。

（二）依据运动组织系统分类

（1）心血管系统康复的运动处方；

（2）运动系统康复的运动处方；

（3）神经系统康复的运动处方；

（4）呼吸系统康复的运动处方。

六、运动处方的基本原则

（一）因人而异

运动处方务必因人而异，不能千篇一律。要依据每个参加者或病人的具体情况，制订符合个人客观条件和要求的运动处方。不同的疾病有不同的运动处方。同样的病症，不同的人有不同的运动处方。同一个人依据作用情况的不同，运动处方也应当不同。

（二）有效

运动处方的制订和实施必须改善运动者或病人的功能状态。制订运动处方时，要做出科学合理的内容安排。在实施运动处方时，要依据品质、数量认真完成训练。

（三）安全

依据运动处方运动，要确保在安全范围内开展，如若超出安全范围，可能会发生危险。制订和实施运动处方时，为了保障安全，务必严格执行各种要求和规定。

（四）全面

运动处方应遵照全面身体健康的原则，在运动处方的制订和实施中，维持身体生理和心理的均衡，以达到"全面身体健康"的目的。

七、运动处方的运动种类

运动处方的运动种类可分成耐力性（有氧）运动、力量性运动、拉伸运动和健身操三大类。

（一）耐力性（有氧）运动

耐力性（有氧）运动是运动处方最重要和最基本的运动方式。在治疗性运动处方和预防性运动处方中，主要用于心血管、呼吸、内分泌等系统的慢性疾病修复和预防，改善心血管、呼吸、内分泌等系统的功能。在健美、健体运动处方中，耐力性（有氧）运动是维持全面身体健康、维持理想体重的有效运动方法。

有氧运动项目有行走、跑步、走跑更替、上下楼梯、游泳、自行车、步行车、跳绳、划艇、滑雪、滑冰、球类运动等。

（二）力量性运动

力量性运动在运动处方中主要用于运动系统、神经系统等肌肉、神经麻痹，以及关节功能障碍的病人，以修复肌肉力量和肢体活动作用为主。在矫正畸形和肌肉力量均衡受到破坏的慢性疾病的康复中，可以选择性地提高肌肉力量，调整肌肉力量均衡，从而改善躯体和四肢的形态和功能。

力量性运动可以分为电刺激疗法（通过电刺激，提高肌肉力量，改善肌肉的神经控制）、被动运动、助力运动、免负荷运动（即降低身体重力负载的情况下的主动运动，如在水中运动）、主动运动等。

（三）伸展运动和健身操

伸展运动和健身操能使运动员的肌肉、肌腱和韧带得到良好的拉伸，防止造成运动损伤，并且在运动后使肌肉得到有效的放松，减少乳酸堆积，降低局部肌肉酸痛和僵硬，缓解疲劳，利于恢复。[1] 伸展运动和健身操广泛运用于医治、预防、健身、健体等多种运动处方中，主要作用有放松精神、缓解疲劳，预防高血压、精神衰弱等疾病。

伸展运动及健身操的项目主要有太极拳、保健气功、五禽戏、广播体操、医疗体操、矫正体操等。

---

[1] 刘红，刘军. 伸展运动在短跑准备活动和整理活动中的作用及运用[J]. 田径，2007（7）：42-43.

八、运动处方的运动强度

（一）耐力性（有氧）运动的运动强度

运动强度是运动处方的关键，也是设计运动处方时较难的部分，为了确定运动强度是否适合，必须进行适度的检测。运动强度是指单位时间里的运动量。即运动强度＝运动量/运动时间。运动量是运动强度和运动时间的乘积，也就是运动量＝运动强度×运动时间。运动强度可以依据最大吸氧量的百分数、代谢当量、心率、主动疲劳成都等来确定。

在运动处方中常用最大心率的来表示运动强度。一般有氧适应运动强度应使用70％～85％HRmax，这类运动强度的范围一般为55％～70％ VO_2MAX。

代谢当量是指运动时代谢率对安静时代谢率的倍数。1MET是指每千克体重从事/min活动消耗3.5 ml的氧，其活动强度称为1 MET =3.5 ml/（kg min）。1MET的活动强度相当于健康成人安静时的代谢水平。任何人从事任何强度的活动时，都能够测量其吸氧量，测算MET数，以表示其运动强度。制订运动处方时，假如测出某人适度的运动强度对应多少MET，就能够找到相同MET的活动项目，并把其用以运动处方。

心率除环境、心理刺激、病症等因素外，心率和运动强度之间存有线性关系。在运动处方实践中，一般将达到最大运动强度时的心率称为最大心率，达到最大功能的60％～70％时的心率称为"靶心率"或"运动中适度的心率"，日本称为"目标心率"，是指可以达到最佳效果并保证安全的运动心率。为了准确掌握每个病人的适度心率，可以进行运动负载试验，测量运动中能达到的最大心率，该心率的70％～85％是适合运动的适宜心率。

（二）力量性运动的运动强度和运动量

1. 决定力量练习的运动量的因素

（1）参加运动的肌肉群尺寸：大肌肉群运动的运动量大，小肌肉群运动的运动量小。比如：肢体远端小关节，单关节运动的运动量较小；肢体近端大关节、多关节协同运动，躯体运动的运动量很大。

（2）运动节奏：自然轻松的运动节奏运动量小。太快或太慢的运动节奏运动量大。

（3）运动的重复次类：重复次数多的运动量大。

（4）运动的姿态、位置：依据运动姿态的不同，对维持位置和克服重力的要求不同，运动量也不同。

2. 力量练习的运动强度运动量：力量练习的运动强度基于部分肌肉反映，而非心率等指标

在等长训练或等动训练中，运动量取决于阻力的大小和运动频次。等长训练中，运动量由阻力和持续时间决定。

提高肌肉力量时，最好慢慢提升阻力，而非提升重复次数或持续时间（即超重、重复次数少的训练）。提高肌肉耐力时，最好慢慢提升运动频次或持续时间（即中等负载、数次坚持练习）。在康复体育中，一般会较重视肌肉力量的发展，而肌肉耐力能够在日常生活活动中得到修复。

（三）伸展运动和健身操的运动强度和运动量

有固定套路的拉伸运动和健身操的运动量：有固定套路的拉伸运动和健身操，如太极、广播操等，其运动量相对固定。比如：太极拳的运动强度一般为 4～5 MET 或 40%～50% 的最大吸氧量，运动量较小。提升运动量可通过增加套路的重复次数或动作的幅度、架子的高低等来完成。

一般的伸展运动和健身操的运动量可分为大、中、小三种。小运动量是指四肢某些关节的简易运动、舒服的腹背肌运动等，运动间隙较多，一般为 8～12 节。中等运动量可以做多个关节或身体的协同动作，一般是 14～20 节。大运动量以四肢和躯体的大肌肉群的协同动作为主，能够增加荷载，有适度的间歇，一般在 20 节以上。

九、运动处方的持续时间

（一）耐力性（有氧）运动的运动时间

运动处方中的运动时间是指每次运动持续的时间。每项运动的持续时间为 15～60 min，一般持续 20～40 min 左右。其中，达到适宜心率的时间必须在 15 min 以上。测算间歇性运动的持续时间时，要扣减间歇时间。间歇性运动的运动密度要依据体力来决定，体力差的人运动密度要低，体力好的人运动密度会较高。

运动量由运动强度和运动时间（运动量＝运动强度运动时间）决定，当总运动量确定时，运动强度小，运动时间就长。年轻、体力好的人能够用高运动强度开始运动，老年人和体力差的人能够用低运动强度开始运动。运动量由小到大，提升运动量时，可先增加运动时间，随后提升运动强度。

（二）力量性运动的运动时间

力量性运动的运动时间主要是指每个练习动作的持续时间。如等长练习中肌肉收缩的维持时间一般认为 6 s 以上较好。最大练习是负重伸膝后再维持 5~10 s。在动力性练习中，完成一次练习所用时间实际上代表动作的速度。

（三）伸展运动和健身操的运动时间

成套的伸展运动和健身操的运动时间一般较固定，而不成套的伸展运动和健身操的运动时间有较大差异。如：24 式太极拳的运动时间约为 4 min；42 式太极拳的运动时间约为 6 min。伸展运动或健身操的总运动时间由一套或一段伸展运动或健身操的运动时间、伸展运动或健身操的套数或节数来决定。

十、运动处方的运动频率

（一）耐力性（有氧）运动的运动频率

在运动处方中的运动时间主要是指各训练动作的持续时间。等长训练中牵张反射的维持时间一般认为 6 s 以上比较好。促最大训练是指重量伸展膝盖后维持 5~10 s。在动力训练中，完成一次训练所需的时间实际上代表运动的速度。

小运动量的耐力性运动可每天进行。

（二）力量性运动的运动频率

力量练习的频率一般为：每日或隔日练习 1 次。

（三）伸展运动和健身操的运动频率

伸展运动和健身操的运动频率一般为每日 1 次或每日 2 次。

十一、运动处方的运动进度

一般根据运动处方进行适量运动的人，经过一段时间的运动练习后（6~8 星期左右），心肺功能应有所改善。这时，无论在运动强度和运动时间方面均应逐渐加强，所以运动处方应根据个人的进度而修改。在一般情况下，运动训练造成体能上的进展可分为三个阶段：初级阶段、进展阶段和保持阶段。

（一）初级阶段

初级阶段指刚刚开始实行定时及有规律的运动的时候。在这个阶段并不适宜进行长时间、多次数和程度大的运动,因为肌肉在未适应运动就接受高度训练很容易造成受伤。所以,对大部分人来说,最适宜采取强度较低、时间较短和次数较少的运动处方。比如,挑选慢跑作为训练的运动员务必以 4 km/h 的速度开展,时间和次数务必依据体能进行调节,但每次运动时间不应小于 15 min。

(二)进展阶段

进展阶段指运动员经过初级阶段的运动练习后,心肺功能已有明显的改善,而改善的进度则因人而异。在这个阶段,一般人的运动强度都可以达到最大摄氧量的 40%~85%,运动时间亦可每周 2~3 次。这个阶段是运动员体适能改善的明显期,一般长达 4~5 个月时间。

(三)保持阶段

保持阶段在训练计划大约进行了 6 个月之后出现。在这个阶段,运动员的心肺功能已达到满意的水平,而他们亦不愿意再增加运动量。运动员只要保持这个阶段的训练,就可以确保体魄强健。这时,运动员亦可以考虑将较为刻板沉闷的运动训练改为一些较高趣味的运动,以避免因沉闷放弃继续运动。

十二、注意事项

(一)耐力性(有氧)运动的注意事项

根据耐力性(有氧)运动开展康复和医治的疾病是心血管、呼吸、代谢、内分泌等慢性疾病。依据运动处方开展锻炼时,应依据各种疾病的病理生理特点、各参与者的实际健康状况提出目标注意事项,以保证运动处方的有效原则和安全原则。一般注意事项应包括以下几个方面。

(1)运动的禁忌或不能运动的迹象应当在耐力性(有氧)运动处方中有针对性地提出。比如,心脏病人运动的注意事项是:病况不稳定的心力衰竭和严重的心功能障碍。急性心包炎、心肌炎、心内膜炎;严重的心率失常;不稳定型、剧增型心绞痛、心肌梗塞后不稳定期;严重的高血压、不稳定的血管栓塞性疾病等。

(2)运动中应当停止运动的迹象应当在耐力性(有氧)运动处方中有针对性地指出。比如,心脏病人在运动中上身不适,运动中乏力、头昏、呼吸不畅,运动中或运动后关节痛或后背疼痛时,应停止运动。

（3）运动量检测应在耐力性（有氧）运动处方中对运动量检测提出具体要求，以确保运动处方的有效性和安全性。

（4）做好充足的热身运动。

（5）将运动疗法与其他临床治疗相结合。例如，糖尿病人的运动疗法应与药物治疗和饮食疗法相结合，以获得最好的治疗效果。运动时间要避开降糖药物血液浓度达到高峰的时间，在运动前、中、后，可以适当增加食量，预防低血糖的发生等。

（二）力量性运动的注意事项

（1）力量练习不应引起明显疼痛。

（2）力量练习前、后应做充分的准备活动及放松整理活动。

（3）运动时保持正确的身体姿势。

（4）必要时给予保护和帮助。

（5）应注意的是，肌肉等长期收缩造成的血压上升反应及损毁力强时心血管负荷增加。患有轻度高血压、冠心病或其他心血管疾病的患者应谨慎训练力量。心血管疾病严重的患者应禁止做力量训练。

（6）经常检修器械、设备，确保安全。

（三）伸展运动和健身操的注意事项

（1）应根据动作的难度、幅度等，循序渐进、量力而行。

（2）指出某些疾病应慎采用的动作。如：高血压患者、老年人等少做过分用力的动作及幅度较大的弯腰、低头等动作。

（3）运动中注意正确的呼吸方式和节奏。

第二节　运动前健康筛查及相关体适能的评估

一、健康筛查的概念

由于运动的益处和风险并存，为了变运动对健康的收益最大化，运动风险最小化，在参与运动之前，应对参与者进行健康筛查。筛查的因素包括表现、体征、症状和多种心血管、肺部疾病的危险因素以及代谢性疾病和其他状态（如妊娠、运动系统损伤）。因此，要特别注意：增强运动测试中的安全性，制订并实施一个安全有效的运动处方。

运动前的健康筛查由强制性（第一阶段）和选择性两部分组成（第二、第三阶段）。强制性部分包含一些通用性问题，以确定一个人是否具有重大或者无法控制的心血管、代谢和呼吸系统疾病的体征和症状，或者在运动中所潜在的风险因素。在选择性部分中，通过第二、第三阶段更加详细的筛查和测试，明确了制定合理的运动处方时应该注意的风险因子和生活习惯。通常在运动开始前或增加运动频率和强度时需要进行健康筛查。

二、运动前健康筛查的目标

运动前健康筛查的目标是鉴别以下三类人群。

（1）在开始运动计划或增加当前计划的频率、强度或运动量前，有必要得到医生许可的人员。

（2）患有临床重大疾病，可从参加医疗监督的运动计划中受益的人员。

（3）具有某些需要排除在运动计划之外的医疗状况，直到这些状况得到缓解或得到更好控制的人员。

三、运动前健康筛查的流程指导

运动前的健康筛查流程指导包括以下几个方面的内容：

（1）确定当前体力活动水平。

（2）确定潜在的心血管疾病、代谢疾病和肾脏疾病的体征和症状。

（3）鉴别确诊为心血管疾病和代谢性疾病的个体。

（4）使用体征和症状、既往史、当前运动参与度和期望的运动强度来确定运动前健康筛查的建议。

四、运动前健康筛查的步骤

（一）无规律运动习惯的人群

通过健康筛查了解无心血管疾病、代谢或者肾脏疾病、无其他相关症状和体征的运动员，可不进行医学筛查，并且推荐进行低到中等强度运动，可根据《ACSM运动测试与运动处方指南》（以下简称《ACSM指南》）指南逐步进阶到较大强度运动；另一个就是确诊过心血管、代谢或肾脏疾病，但无症状的人群，需要进行医学筛查，通过医学筛查后，推荐该人群进行由低到中等强度运动，可根据《ACSM指南》逐渐进阶到可以耐受的强度。另外，有任何心血管、代谢或肾脏疾病相关症状或体征（不考虑疾病情况）的人群，也需要进行医学筛查，医学筛查后，推荐低到中等强度运动，也可根据《ACSM指南》逐渐进阶到可以耐受的强度（图2.1）。

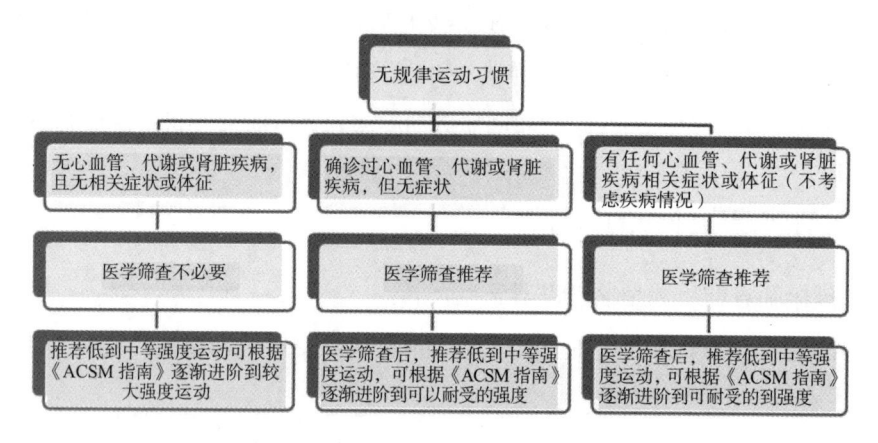

图 2.1　无规律运动习惯的人群的健康筛查

（二）有规律运动习惯的人群

无心血管、代谢或肾脏疾病且无相关症状或体征的人群，进行医学筛查后，推荐进行低到中等强度运动可根据《ACSM指南》逐渐进阶到较大强度的运动；运动前健康体检是运动风险查验。有潜在心血管疾病的人群在开展高强度运动时，与运动有关的心搏骤停或急性心肌梗死的风险较高。高强度运动时心脏性猝死和急性心肌梗死风险与心血管疾病病症相关。有心血管、代谢或肾脏疾病相关症状或体征（不考虑疾病情况）的人群，要暂停运动并进行医学筛查根据医学筛查结果和《ACSM指南》，逐渐进阶到可耐受的强（图2.2）。

以上是以两类人群的体质不同而进行不同的健康筛查。

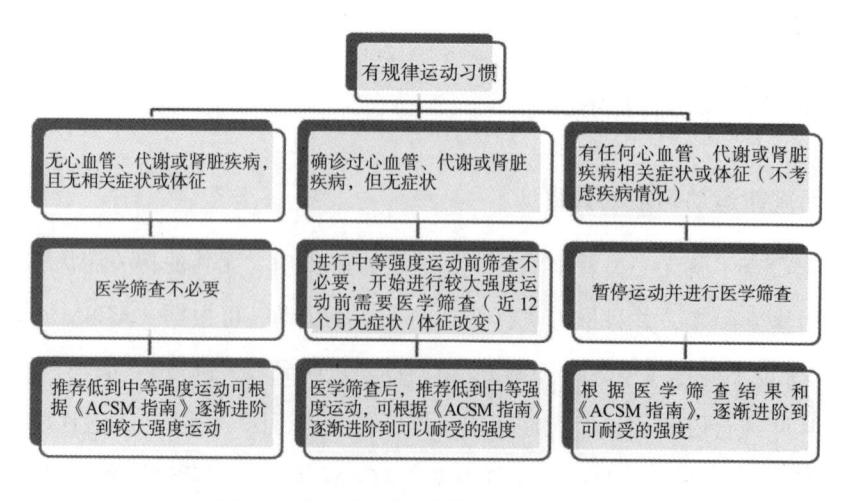

图 2.2　有规律运动习惯的人群的健康筛查

运动前的健康筛查也可进行自我筛查，而自我筛查的方法有以下三种。

（1）PAR-Q+ 以证据为基础，发现了减少运动障碍和假阳性筛查的部分内容。

（2）通过增加部分后续问题，根据相关的病史和症状，更好地制订运动建议。

（3）可用作自我指导的运动前健康筛查工具或作为需要额外筛查资源的专业人员的补充工具。

了解了自我筛查的方法后，接下来我们来看看筛查的具体步骤有哪些？运动前筛查时，需要询问参与者是否被医生或其他资质的医疗保健人员诊断出以下症状。

（1）已确诊心血管、代谢性或肾脏疾病。

（2）或具有与心脏病、外周血管或脑血管疾病、1型和2型糖尿病及肾脏疾病相关的体征或症状。

为了更好、更准确地识别潜在的患者，需进行筛查以确定是否具有表中所列出的症状或体征。更需要对体征和症状的解释结合病史和生活背景，对模糊的症状的患者应通过更多的信息进行佐证和了解。了解心血管、肺部疾病或代谢性疾病的主要症状或体征是诊断甄别筛查的关键所在，通过对一些病症和体态的认识能更好地筛查运动人员是否健康，是否适合进行某项运动。所以，心血管、肺部疾病或代谢性疾病的主要症状或体征是我们必须要了解知道的，以下是主要症状和体征（图2.3）。

心血管、肺部疾病或代谢性疾病的主要症状或体征（仅展示部分内容）	
症状或体征	解释/意义
疼痛、由缺血引起的胸部、颈部颌部、手臂或者其他心绞痛类似的感觉	心脏疾病，尤其是冠状动脉疾病主要表现局部缺血的主要特点包括： 1. 性质：结构感、收缩感、压榨感、均烧感、"沉重感" 2. 位置：胸骨下，胸部正中前面、单侧或双侧臂部、肩部、颈部、面颊、牙齿前臂、手指、肩胛间 3. 诱发因素：运动或竭力、兴奋、其他形式的反应、冷环境、餐后发生 非局部缺血的主要特点包括： 1. 性质：钝痛、"刀割样"、钝痛、刺痛、呼吸时刺痛加重 2. 位置：左侧乳腺部位、左半胸 3. 诱发因素：竞争性运动后，某一特定的身体动作
休息或适度运动时气短	呼吸困难（反常不适的呼吸感觉）是心脏病或肺部疾病的一个主要症状，通常发生在健康而训练有素的个体进行较大强度运动时和健康未经训练的个体进行中等强度运动时。然而，如果某人在做原本不该引起呼吸困难的体力活动时发生这种情况，则为异常现象，异常的劳力性呼吸困难表明心肺功能失调，特别是在左心室功能紊乱或慢性阻塞性肺部疾病。
头晕眼花或昏厥	晕厥（定义为意识丧失）通常有脑部血流减少引起。头晕眼花，特别是运动过程中晕厥，可能是由于心脏功能失调阻碍了心输出量的正常上升所引起的。这种心肺功能失调有潜在的致命危险，包括严重的冠状动脉疾病、肥厚性心肌病、主动脉狭窄和严重的室性心律失常。不应该忽视运动后即刻发生的头晕眼花或昏厥，但是也应知道，这些症状会在静脉回流减少的健康人中发生

图2.3　心血管、肺部疾病或代谢性疾病的主要症状和体征

运动前健康筛查的最后一步是设定运动强度，以尽量避免运动风险。当参与者被认为需要医学筛查及医疗许可时，应将他们转诊给相关医生或其他卫生保健提供者。医疗检查的类型取决于医务人员的临床判断，可能包括口头咨询、静息或负荷心电图、超声心电图、计算机断层扫描等。

运动专业人员可以要求有问题的参与者提供来自医务人员的指导意见，并建议运动专业人员和医务人员随时保持沟通。此外，目前所提供的运动前筛查流程都是面向普通非临床人群的。

五、体适能

（一）体适能概述

体适能是指身体是指身体能够安全有效地应对日常生活中受到的冲击和负载，防止过度疲劳，以体力享有休闲和休闲活动的能力。体适能（Physical Fitness）可从三个方面来说明。

生活方面：是人类对于现代生活的一种身体适应能力。

人体机能方面：是指人类身心的全体机能，表现为运动能力、工作能力、抵抗疾病的能力。

结构方面：包含形体、机能、运动等的适应能力。

美国总统体育与竞技委员会在1971年将体适能定义为："个人能力足以胜任日常工作以外还能有余力享受休闲，及能够应付突如其来的变化及压力的身体适应能力。"体适能依据性质和需要的不同，可分为运动技能体适能和健康体适能。运动技能体适能指的是人体的敏感度、协调性、反应时、速度、爆发力等行为特征。敏感度是指身体迅速改变身体位置和方向的能力和效率。灵敏性对必须变向和回避的选手（如篮球运动员、足球运动员等）尤为重要。协调性是指身体整合神经肌肉系统以产生正确、和谐优雅的活动能力，对田径、体操、篮球、排球、足球等运动员都非常重要。反应时是指身体对刺激的反应能力。快速的反应能力对田径起跑、游泳入水、接篮板球及网球截击等动作极为重要。速度是指身体在最短时间内移动的速度。速度是每个选手必备的基本条件之一。爆发力是指身体在最短时间使力的能力。因而，爆发力也是网球、跳远、跳高等很多体育项目的运动员必备的能力之一。健康体适能包括均衡能力、肌肉力量、肌肉耐力、心肺耐力、身体组成、柔韧性等。均衡能力是指身体保持稳定的能力。均衡能力对体操、滑雪和滑冰运动员的成绩尤为重要。肌肉力量是指一次主动收缩产生的较大力量。多数人有着比释放的力量更多的力量。实验证明，枪炮声、喊叫、药物或催眠都能够促使收缩产生的力量得到明显增加。肌肉力量好的人比较容易应付日常体力活动而免于疲劳和受伤。肌肉耐力是肌肉的坚持能力。它是指极限下收缩的重复次数或极限下所能坚持的时间（肌力持续），并以此来衡量。肌肉耐力对取得工作和体育比赛的成功必不可少。心肺耐力是指人体在某一特定运动强度下持续活动的能力。心肺耐力好的人，能应付长时间的身体活动，且不易罹患心血管病。身体组成是指假定人体由脂肪和瘦体重两部分组成（二元法），其中身体脂肪所占的百分比。身体的脂肪含量越高，越容易罹患慢性疾病如冠心病、脑卒风、高血压、糖尿病等。柔韧性是指关节的活动范围及关节周围的韧带和肌肉的伸展能力。柔韧性好的人，在活动时肌肉及韧带不易被拉伤。综上所述，健康体适能是运动技能体适能的基础，运动技能体适能是健康体适能的延伸，两者相辅相成，关系密切。

（二）体适能评估

1. 身体成分评估

评价身体成分的关键指标包括颈围、胸围、腰围、臀围。

（1）颈围

测量体位：坐位或站立位，上肢在体侧自然下垂。

测量点：通过喉结处测量颈部的围度，应注意软尺和地面平行。

达标值：男性 <38 cm，女性 <35 cm。

注意事项：测量时，被测者的身体直立，仰头，两手自然下垂，口微张以减少颈部肌肉的紧张。测量员将软尺水平置于被测者脖子后边的第七颈椎上，在脖子下面，即脖子较细的部位前边，因此测量的包围度是脖子周长。

（2）胸围

测量体位：坐位或者站位，上肢在体侧自然下垂。

测量点：通过胸中点和肩胛骨下角点，绕胸一周。测量应在被测者呼气末和吸气末时进行。

（4）腰围

测量体位：坐位或站立位，上肢在体侧自然下垂。

测量点：通过脐或第 12 肋骨的下缘和髂前上棘连线中点的水平线。测量腰围时，应考虑消化器官和膀胱内容物充盈程度对其结果的影响。

达标值：男性 <85 cm，女性 <80 cm。

（5）臀围

测量体位：站立位，上肢在体侧自然下垂。

测量点：测量大转子与髂前上棘连线中间的上臀部的最粗部分。

2. 心肺适能评估

（1）心肺功能仪器评估方法

- 运动心肺试验。
- 运动负荷心电图。
- 运动负荷心脏彩超。
- SPET（静态、运动负荷）。

（2）徒手心肺康复评估常用方法

- 固定时间。
- 6 min 步行试验（6-MWT）。
- 2 min 分钟踏步试验（2-MST）。
- 固定距离。
- 短距离步行试验（2～15 m）。
- 100 m 步行试验。
- 400 m 步行试验。
- 200 m 快速步行试验（200-mFWT）。

心肺适能评估前要先询问受试者是否有运动禁忌，并且告知评估的风险，还要将评估流程的详细内容告知受试者，使其在测试前做好准备工作，这样可以使测试的结果准确性更高。

举例：2 min 踏步试验（2-MST）

【场地要求】

墙或者有稳定的扶手。

【设备】

秒表、皮尺或绳子、醒目的胶带、计数器。

【标记】

髂前上嵴——髌骨上缘、连线中点水平

【2-MST 方法】

在 2 min 内尽可能多地多踏步（不跑），双膝高于标记水平，记一次可自行调整速度，可也停下休息（计时不停），有任何不适马上告知，完成测试后慢走 1 min 放松。

（3）徒手心肺功能测试时的注意事项。

①高危患者应实时监测生命体征。

②运动时，防止糖尿病患者发生低血糖。

A. 监测运动前后血糖。

B. 低血糖可发生于运动后 24 h 内，夜间多发。

C. 胰岛素使用者风险更高。

D. 测试后要放进行松运动。

E. 严格把控终止试验指征。

3. 肌肉适能评估

肌肉适能包括肌力与肌耐力，是人体的基本素质，是影响日常生活活动能力的主要因素之一，且与全因死亡率呈负相关。肌肉适能可以通过科学的抗阻训练提高。肌肉适能评估是制订运动处方的主要依据，也是控制运动风险的基本保障。适宜的运动量可以突出最佳运动效果和避免运动风险。

肌肉适能评估可以通过徒手评定，徒手评定的设备简单，既经济又有效，而且可行性很高。徒手评定的方法如下。

（1）30 s 手臂屈曲试验（评定上肢肌力及肌耐力）

① 30 s 手臂屈曲试验设备要求

A. 直背式椅子（坐高 43 cm）。

B. 哑铃（男 8 磅[①]；女 5 磅）。

C. 秒表。

D. 计数器。

②操作步骤

A. 受试者坐于椅上，背挺直，脚平放于地面。

B. 优势手握哑铃，肘完全伸直，手臂垂直于地面。

C. 测试者将手指放在受试者肘部（防止手臂向前或向后移动接触到前臂以确保屈曲动作充分完成预试验）。

D. 预实验需要完成 1~2 次练习

E. 发出信号同时开始计时

---

① 1 磅等于 453.59 g。

> 运动、营养与减肥

F. 30 s 内尽可能多地完成屈曲动作

G. 确保受试者保持良好动作时给予鼓励

H. 用计数器记录完成的有效次数

（2）握力计测试

①转动握力计的握距调节钮调至适宜握距。

②身体直立，两脚自然分开，两臂自然下垂。

③用最大力紧握上下两个握柄。

④测量两次，取最大值。

⑤记录以 kg 为单位，保留小数点后一位。

总结：最大握力值达到 9 kg 是满足日常生活各种活动需要的最低值。

（3）30 s 椅子站立试验

受试者坐于椅上，背挺直，脚平放于地面，双手交叉于胸前。

以最快速度完成由座位站起，当受试者完成全膝伸直动作时则记录一次动作完成次数步骤如下：

①预试验——完成 1~2 次练习。

②发出信号同时开始计时。

③30 s 内尽可能多地完成站立动作。

④确保受试者保持良好动作时给予鼓励。

⑤用计数器记录完成的有效次数。

⑥若当受试者在 30 s 时已离开椅子但尚未完成站立动作，则也算完成一次。

4. 柔韧适能性评估

老年人及缺乏运动者普遍存在柔韧降低的问题，影响日常生活能力，增加相应部位慢性疼痛发生的风险。对这类人群进行柔韧性适能评估，进行有针对性的预防或康复训练和柔韧性训练是很有必要的。

（1）抓背试验

①操作步骤

A. 受试者站立，后背挺直。

B. 右手绕过右肩放于背部，掌面朝向背部。

C. 左手放在下背部，掌面背离背部。

D. 双手尽可能沿着脊柱向两个方向伸展。

E. 试图使双手的手指能够接触或者超过彼此。

F. 动作保持 2 s 以上算一次有意义的伸展。

G. 两次预实试验后再进行两次正式的试验。

H. 换左侧并交换手的位置重复上述实验。

②结果记录

A. 标尺记录所能达到的距离。

B. 双手的手指不能接触记作负数。

C. 双手手指超过的彼此记作正数。

D. 两次测试取最好的成绩。

③安全提示

A. 提醒受试者拉伸过程中保持均匀呼吸。

B. 避免快速迅猛的用力。

C. 如有疼痛感即停止测试。

D. 尽快测量，减少受试者保持不适姿势的时间。

E. 在两次测试之间，让受试者活动肩关节。

F. 有肩颈损伤或不适的人群不宜进行该测试，如肩周炎、神经根型颈椎病等。

（2）改良转体试验

操作步骤如下：

①受试者站立，肩膀垂直于墙面。

②垂直于用胶带做的直线站立，脚尖刚刚触到直线。

③在肩膀高度水平放置一把标尺。

④脚尖应该与米尺的 30cm 位置在一条重力线上。

⑤向后旋转身体，并尽可能地沿着标尺伸展结果记录。

⑥测量受试者中指关节沿着尺子所能伸到的距离来评估其表现。

⑦这个距离是相对于米尺 30 cm 位置的相对距离。例如：受试者中指关节到达的位置是 58.4 cm，那么多次伸展就是 58.4 cm 减去 30 cm，等于 28.4 cm。

⑧受试者应该进行三次试验，取最好的结果。

（3）座椅前伸试验

①操作步骤

A. 受试者坐于椅上：弯曲左腿并将左脚放在地面上。

B. 右腿完全伸直以使膝盖伸直；脚后跟着地，踝关节弯曲成 90°。

C. 两手臂伸直，优势手在上；向前向下弯曲身体。

D. 双手沿着尺子向下滑动，尽可能抬头、挺胸。

E. 受试者通过指尖向前伸，努力通过脚尖。

F. 手指前伸达到最大至少要保持 2 s 以上才算一次前伸有意义。

G. 两次预试验之后再进行两次正式的试验。

H. 换左腿再重复上述实验。

②结果记录

A. 记录下中指指尖到脚尖的距离。

B. 如果前伸不能通过脚尖，记为负数。

C. 如果前伸能够通过脚尖，记为正数。

E. 两次测量取最好的成绩。

③安全提示

A. 椅子靠墙，避免测试过程中摔倒。

B. 试验过程中，保持呼吸顺畅。

C. 缓慢地移动手指，不要突然下达到最大伸展。

D. 拉伸到略有不适即可，不要产生疼痛。

E. 测试员应下蹲在受试者拉伸腿侧，将一只手轻放在受试者膝盖上，当感觉受试者膝关节弯曲时，要求停止测试或重来。

F. 有严重骨质疏松、近期进行髋关节或膝关节置换术或前屈时疼痛的受试者不宜进行该测试。

5. 平衡适能评估

平衡性：在不同的环境和前提下维持一定姿态的能力。例如，溜冰、平衡木运动必须具有非常好的平衡能力。

平衡适能评估应遵循难度递增的原则。

常用的评估方法主要有以下几种。

（1）观察法

通过观察（睁、闭眼状态的坐、站）和动态（坐站时移动身体一字行走、脚尖行走、绕障碍物走等）下的平衡状态，以评估受试者的平衡适能。

（2）量表评定法

量表评定法属于主观评定法，不需要专门设备，应用方便。在临床上应用普遍，信度和效度较好的量表主要有 Berg 平衡量表、Tinetti 平衡与步态量表。

（3）徒手评定法

不需要设备，此方法的评定结果可以量化，有利于治疗前后的对比，可以通过多中心联合，进一步加强相关参数数据库建设。

①功能性前伸试验

A. 用于评估老年人的平衡能力。受试者站立，手臂尽量前伸且保持身体稳定，所达到的距离作为测量值，此法的测量结果与平衡测试仪的结果高度相关。

B. 让受试者脱去鞋袜，放松站立，右肩垂直于墙面。

C. 在受试者右肩峰水平位置将标尺平行于地面固定，一个测试者站在受试者前面读取刻度位置，另一个测试者站在受试者后方观察受试者的脚跟是否抬离地面。

D. 让受试者手臂前伸手指沿着标尺向前移动。

E. 在试验前要向受试者做相关讲解和示范。

② 2.4 m 起身行走试验

A. 适用于各年龄段的成年人，测试时记录受试者完成如下连续动作所需要的时间：从坐于椅子上开始，起身，起步 2.4 m 绕过标志物，坐回椅子。

B. 将椅子靠在墙上，在距椅子前缘 2.4 m 处放置一个标示点。

C. 受试者坐于椅子上，双手放在大腿上，后背靠在椅背上，双脚平放于地面。

D. 在实验前应向受试者做相关讲解和示范。

E. 在按下秒表的同时发出开始信号，受试者立即从椅子上起身行走绕过标示物，坐回到椅子上。

F. 要求受试者快走，但不能跑。

G. 受试者进行两次正式试验，取成绩好的一次坐位测试结果。

H. 测试员站在椅子与标示物之间，保护受试者，受试者若有跌倒风险，则不宜进行该测试。

I. 注意在体位转换及转弯时保护受试者，椅子需要大且结实。

③单腿站立试验

A. 受试者一腿屈膝，脚抬高离地面 15～20 cm，双腿不能相碰，保持双手自然下垂于身体两侧，然后开始计时，此法将单腿站立的维持时间作为测量结果，如果受试者单腿站立时间超过 60 s，则使其在闭眼状态下重复试验。

B. 让受试者在墙面或其他参考物三步（1 m）距离位置站立，双脚并拢，双臂自然下垂于身体两侧。

C. 受试者一脚屈膝，使其抬离地面 15～20 cm，双腿不能相碰，并保持双臂自然下垂于身体两侧。

D. 在实验前应向受试者做相关讲解和示范，在正式试验前允许受试者进行两次预试验。

E. 受试者单腿直立时间超过 60 s，认为其平衡功能好。

F. 让受试者在闭眼情况下重复试验。

通过上述评估内容的讲解，相信大家已对体适能评估有个大致的了解了，可以通过以上方法来进行运动前健康体适能的评估。

第三节　如何制订运动处方

运动处方的内容包括运动的方式、运动的强度、运动时间、运动频率、运动里的注意事项等各个方面的内容。

一、运动的目的

依据性别、年龄、喜好、身体状况和职业，运动的目的也是多方面的。包含康复保健、疾病预防、健体减肥、娱乐、运动等。运动处方依据运用目的分成比赛训练运动处方、疾病防治运动处方、临床治疗运动处方三种。

二、运动种类

制订运动处方时，要充分了解个人情况、性别、年龄、身形、精力、生活方式、运动习惯、运动经验、运动喜好等。因此，运动处方要因人而异。要具有相对的稳定性，要适应变化，还要有灵活性。运动种类大体上可以分为日常运动、劳动和体育活动中所表现出来的运动形式，如走、跑、跳、投。利用工具将对象物间接移动而助自身运动的运动项目，如羽毛球、乒乓球和网球等。从运动生理学中氧的代谢程度上来看，可以将运动分为三种：有氧运动、无氧运动及混合运动（表 3.1）。

表 3.1 有氧、无氧及混合运动项目

有氧运动	无氧运动	混合运动
步行	短跑	足球
慢跑	举重	橄榄球
自行车	拔河	篮球
网球	跳跃项目	手球
排球	肌肉训练	间歇训练
高尔夫球	投掷	冰球

在运动实践中，由于个体机能的差异，在同一项目的运动中，如短距离加速跑，体力强的人就是有氧运动，而体力较差的人则有可能变成无氧运动。再如，按照运动形式，长跑运动、放松慢跑都是有氧运动，但是在正式的比赛中即为无氧运动。所以，运动项目的辨别不能一概地评判是有氧还是无氧运动。

三、运动项目

运动项目是指根据不同体育运动参加者不同的目的，有选择地、有针对性地制订活动内容。例如，为了健身或改善心脏功能和代谢，或者为了预防现代社会中出现的"亚健康""文明病"、老年病而选择的耐力性项目，主要包括有氧代谢为主的走、慢跑、游泳、自行车等活动；为了增肌，宜选择力量型项目；为了松弛精神，预防高血压和神经衰弱，可选择太极拳、保健按摩、散步和放松体操等。

四、运动强度

运动强度是单位时间内完成的运动，量。运动量是运动强度和运动时间的乘积。运动强度是运动处方量化和专业化的核心问题，运动量也是获得运动效果和安全性的关键。此外，运动强度对运动者的人体影响最大，因此适当的安排是影响运动处方效果的关键部分。运动的同时要注意安全。如果运动锻炼的效果较好，就要规定应达到的运动强度。因而，制订计划时要注意安全，运动量要逐渐增加。

五、运动时间

运动时间是每次运动持续的时间，即对方达到所需强度的持续时间（表 3.2）。运动的持续时间取决于个人信息、医学检查、运动频率的大小。制订的运动处方务必具备可操作性和长期性。

表 3.2　关于运动强度和运动时间的关系

运动强度	运动时间（min）				
	5	10	15	30	60
小强度	70	65	60	50	40
中强度	80	75	70	60	50
大强度	90	85	80	70	60

六、运动频率

运动频度是指每周运动的次数。关于运动频度，日本池上晴夫的研究结果指出：一个星期中锻炼一次，运动效果不蓄积，锻炼后的肌肉疼痛感和疲劳感每次都会发生，并且运动后近期周身都会不适，容易发生伤病；一周运动两次，疼痛感和疲劳减轻，效果逐步蓄积，但并不显著，一周运动三次，基本上是隔日运动，不仅效果可以充分蓄积，不会产生疲劳；如果加大频度，每周 4 次~5 次，效果同样会相应地提高。可以说，运动间隔时间过长或过短都会影响运动处方的效果。

七、注意事项和调整

注意事项主要是从三个方面着手：其一，注意容易发生危险的动作；其二，充分做好运动前的准备活动和整理活动；其三，注意察觉指标及出现指标异常的情况。

运动处方是基于每个人不同的身体素质制订的。接受运动处方医治的人最先依照处方开展锻炼，假如在实施过程下发生了不符合自身实际情况的地方，能够依据自身的特点进行调整，以使其符合自身的条件。

第一，运动前一定要做热身运动。第二，运动后要拉伸。第三，餐后不能进行强烈运动，运动后不能立刻进食。

八、运动处方的书写

表 3.3 运动处方

基本信息：		年 月 日	
姓名：	性别：	年龄：	电话：
体力活动水平	严重不足□	中等□	较高□
运动前健康筛查	身高体重：	BMI：	体脂率：
	疾病史：		
	血液指标	空腹血糖：mmol/L	胆固醇指标：mmol/L
	血压： / mmHg		心率 次 / 分
	进一步医学检查		
体适能测试	心肺耐力： 肌肉力量和肌肉耐力： 柔韧性： 平衡性：		
	诊断结果：		
运动处方	运动频率： 运动强度： 运动时间： 注意事项及调整：		

运动处方（表 3.3）的书写可根据不同的需要采用不同的格式，通常可采用运动处方卡的形式书写在处方中，必须指出禁止参加的运动项目、锻炼的自我监督指标及出现异常情况时停止运动的准则等。在制订和执行处方时，必须严格遵守循序渐进、个别对待的原则，加强医务监督，充分考虑安全。

第四节 普通人心肺耐力运动处方

心肺耐力是指心、肺和血管为运动肌肉输送氧气，利用氧气产生能量的能力。心肺耐力被认为是人体能力最重要的一环，心肺耐力好的人，患上头号致命疾病，即心脏病的概率较低。

定期做有氧运动能够有效提升心肺耐力。有氧运动泛指那些可以有节奏地、连续地、长时间地活动全身大肌肉组群的活动，如急步行、缓步跑、游泳、跳舞、各类球类活动等。

（1）有氧运动：有氧运动是指运动时可以得到充足的氧气供应，供能的主要物质——

糖可以完全分解为二氧化碳和水,并释放出大量能量,供给人体长时间运动,称为有氧代谢系统。典型的有氧运动包括走、慢跑、骑自行车、上下台阶等。

（2）球类游戏：常用于心肺耐力素质锻炼的球类项目有非竞赛性的篮球、排球、足球、羽毛球、乒乓球、网球等。球类运动适合于耐力性较好、运动水平较高的人群,可以将其作为提高心肺耐力的手段。

（3）我国传统的运动项目：气功、太极拳、自我按摩等,它们动作强度较小,动作柔和缓慢,占地不大,可活动全身,表现自我。除保持、提高心肺耐力外,对改善平衡素质、协调素质、保持健康的心态等都有一定作用。

平常人的心肺耐力运动处方也要遵循运动处方的实施原则,便是根据健康体检,掌握运动者的身体发育状况、负伤状况,看他们是不是健身运动的适应者,是否有禁忌。

测量运动负荷是指检测和点评运动员对运动负载的承受力。以检测心脏功能为主,进行安静运动状态下的生理功能检测,主要对心率、血压、肺功能等指标的检测。

精力检测也是必不可少的能量、耐力、速率和敏锐性的身体素质检测,可以判断运动者的运动能力和生理功能的情况。

心肺耐力的运动处方里的运动强度是考量运动量的关键指标之一,能用每分钟心率数来表明。一般认为学生心率：120 次 /min 列为小强度,120～150 次 /min 为中强度,150～180 次 /min 或 180 次 /min 以上为大强度。测量运动强度的简单方法是：测量运动后的 10s 脉搏 ×6,就是 1min 的运动强度。

适合运动强度范畴,可用靶心率来控制：以自己最大心率的 70%～85% 强度为准。靶的正中率 =（220－年龄）（70%—85%）。如：20 岁的靶心率为 140～170 次 /min。

最适宜运动心率。计算方法：最大心率 =220－年龄；心率贮备 = 最大心率－安静心率；最适宜运动心率 = 心率贮备 ×75% + 安静心率（如某人 20 岁,安静心率 70 次 /min,他的最大心率为 220 次 /min。

掌握运动强度后,制订心肺耐力运动处方的运动频率。运动强度高的话,每周运动三次。运动强度中等的时候,每周运动 5 次。每日至少进行 30 min 的有氧运动,分为 2～3 次进行,每次至少 10 min。周末还可以开展从中等强度到高强度的运动,在运动前要做好准备活动。准备活动的目的是提升心率、提升体温和增加肌肉的血容量。准备活动一般是进行 5～15 min 的迟缓运动,使机体慢慢适应剧烈运动。用不同的方法锻炼时,准备活动的具体内容是不同的。

如选择跑步作为锻炼方式,可按以下步骤进行准备活动：1～3 min 轻松的健身操（或类似的活动）练习；1～3 min 的步行，心率控制在高于平时的 20～30 次/min；2～4 min 的拉伸练习（可任意选择）；2～5 min 的慢跑并逐渐加速。

假如挑选其他运动方法而非慢跑，依据以上流程，用适度的活动方式替代流程即可。

心肺适应水平最有效的一次锻炼时间为 20～60 min（热身运动和整理活动除外）。一开始，每个人的适应水平和运动强度不同，因此运动期内应当有差别。对适应水平低的运动者而言，20～30 min 的锻炼是心肺适应水平，而适应水平强的运动者可锻炼 40～60min。强度低的运动像以 50％ 的强度锻炼一样，要想有效地锻炼心肺适应水平必须进行 40～50 min 的高强度练习时长。以 70％ 的强度运动的话，20～30min 就可以了。

运动者心肺适应水平的运动处方共有三个阶段：起始、渐进和维持阶段。

（1）起始阶段

许多人开始锻炼时热情有余，期望很高，以至于锻炼初期运动量过大，结果导致肌肉酸痛和过度疲劳，以致影响了坚持锻炼的信心。因此，在锻炼初期目标不能太高。锻炼起始阶段最重要的是让机体慢慢适应运动，可根据不同适应水平持续 2～6 周。

（2）渐进阶段

渐进阶段时间较长，约持续 10～20 周。在这一阶段，锻炼的强度、频率和持续时间应逐渐增加。虽然每个人设置的目标不同，但锻炼频率应达到 3～4 次/周，每次锻炼时持续时间不短于 30 min，强度应达到 70％～90％。

（3）维持阶段

锻炼者通过 16～28 周的锻炼即进入维持阶段。锻炼者在这一阶段已经达到锻炼目标，没有必要再增加运动量，但怎样才能维持已有的锻炼效果，即多大的运动量可防止心肺适应水平的下降。维持心肺适应水平的主要因素是运动强度，若运动强度和锻炼时间都维持在渐进阶段最后一周的水平，以及锻炼频率降至 2 次/周时，心肺适应水平也无明显降低。若保持渐进阶段的锻炼频率和强度，锻炼时间可减至 20～25 min；相反，在锻炼频率和时间都不变的情况下，强度减少 1/3 就可使心肺适应水平明显降低。因此，在运动强度不变时，适当减少锻炼频率和时间仍然可保持锻炼效果。另外，在上述三个阶段都要注意合理的营养搭配。

推荐的有氧运动频率是每周至少 5 天中等强度的有氧运动，或者每周至少 3 天较大强度的有氧运动；再就是每周 3～5 天的中等强大和较大强度运动相结合来促进心肺耐力。这样心肺耐力的提高会从减缓趋势到提高期直到稳定下来。但是长时间的大强度运动会发生肌肉骨骼的磨损，所以不推荐大众人群进行这种频率的大强度运动训练。

适合大多数人有氧运动的强度就是进行中等强度到较大强度的有氧运动，其间还要进行间歇训练。就是在一次训练中包含多个不同运动强度的练习，在每两次之间就要有固定的间歇训练。

总之，合适的、个性的有氧运动可以提高心肺耐力，心肺耐力的提高会减少疾病的发生和降低死亡率，更好地提高我们的生活质量。

第五节　肥胖人群减脂增肌运动处方

减肥最基本的原理是保持能量的负平衡，也就是热能比热量摄入消耗大。身体的能量消耗主要有三个方面。

（1）保持机体所需的能量。这是保持呼吸、心跳、代谢等生命活动所需的能量。

（2）食物的独特动因。换句话说，餐后机体向外放热会提升吃前消耗的热量，这与各种热原物质在体内同化、理化、运用、转换等过程相关。

（3）体力活动。机体活动，尤其是体力活动是身体热消耗的主要因素，在有剧烈运动的前提下机体的能量消耗比安静状态时多10～20倍，因而在能量消耗方面，运动减肥对所有人都有效，这是不容置疑的。

肥胖人群能运动吗？这种情况也是有正反两面的。肥胖人群进行运动有潜在的风险。膝盖、膝关节的运动损害、腰椎间盘突出、肥胖人群在运动情况下比正常人更容易发生运动损害。此外，肥胖症患者运动性心源性猝死、心脑血管意外的发生风险也较正常人高。所以，肥胖者想通过减肥来减重，首先要在专家指导下开运动处方。万一出现运动损伤，要找运动医学专家处理。

对于肥胖人群减肥运动而言，首先要考虑如何设定强度，当运动强度最大时运动能调节代谢，促进脂肪分解，减脂效率最高[1]。所以需要根据上文提到的公式测算最大心率、心率储备、靶心率，然后决定运动强度。肥胖人群一般推荐低到中等强度的运动，达到20%～60%的储备心率，最直观的判断就是，运动时可以说话，但不能唱歌；减肥以有氧运动为主，运动要达到有氧阈值，运动时要戴运动表或手环，监测心率，心跳要达到有氧心率。运动中心率维持在最大心率的60%～70%，强度太大时能量消耗以糖为主，肌肉氧化脂肪能力低。负载太小，机体热量消耗不足也无法达到减肥目的。

其次要选择适度的运动类型。对肥胖人群一般不推荐长期慢跑。游泳对降低内脏脂肪

---

[1] 刘琴芳. 运动减肥的机制及运动处方[J]. 中国体育科技，2002（11）：61-64.

指数的功效显著,但减少人体脂肪的效果不明显。注意:充分评定运动能力和习惯,防止膝关节损伤。

最后要适度增加力量训练。研究表明,随着年龄的增长,机体静息的时候,代谢率(以1%~3%的速度逐渐降低,代谢率的降低很大程度上是由于瘦体重的减少。机体代谢率的降低和瘦体重含量的降低都与运动不足相关。这就是为什么许多人中年后开始长胖的根本原因。

因而,在进行减脂运动时,要以有氧运动为主,适度进行力量练习和抗阻训练,提升瘦体重含量、机体的代谢率水准,加强减肥效果。

那么除了有氧运动减肥,怎样才能取得更好的减肥效果呢?

一、限制膳食的总热量

能提供气体能量的物质为热原质,包含糖、脂肪和蛋白质。脂肪是热原物质中热量最大的,1 g 脂肪在体内燃烧的生理有效热量为 9 000 cal,糖和蛋白质为 4 000 cal。

减肥的时候要限制饮食的总热量,不仅仅是限定脂肪的摄入。减肥期间必须食用高蛋白质、少糖(糖分)和适当脂肪的食物,并非脂肪越少越好。总热量的摄入、蛋白质的摄入会相应减少。体内热能的负平衡在运用脂肪提供能量时,会耗费和分解体内的蛋白质,参加动能提供,而蛋白质对身体至关重要,因此必须充足提供。此外,过多的蛋白质能通过异生作用转换为糖,维持血糖的稳定,填补糖(糖分)的不足。减少糖的摄取,一方面能够减少胰岛素分泌,减少身体脂肪生成;另一方面可以减少体内糖原贮备,促进脂肪的应用,减少身体脂肪的存储[①]。

二、适量摄入脂肪

膳食中保持适量的脂肪,对减肥有一定益处。这是因为脂肪可以抑制胰岛素分泌和胰高血糖素代谢,促进人体对脂肪的运用。糖分摄入减少,相对较多的脂肪在体内不能彻底代谢,容易产生一定量的酮体。酮体有降低食欲的功效。酮体分解排出体外时,会额外耗费一些热量。此外,适当的脂肪也能让减肥者有饱腹感,减肥的人也不会感到饥饿无法忍受,能够自然地接纳低热量的饮食。

总热量摄入减少时,欠缺伴随碳酸盐和维生素的摄入。因而,减肥期间要多吃新鲜的

---

① 王京京,张海峰. 高强度间歇训练运动处方健身效果研究进展 [J]. 中国运动医学杂志,2013,(3):246-254.

瓜果和蔬菜。含有纤维的食品（如全麦面包制品、燕麦等）有饱腹感，不提供热量，减少热量吸收是最好的减肥食品。减重期做到单日 500～1 000 kcal 的热量缺口，也就是"少吃多运动"。但是不推荐采用单一依靠节食、戒碳等方式造成热量缺口。

三、中等强度的运动

运动中机体提供能量的方式可分成两类。一类是无氧供能，即在无氧或氧气供应相对不足的情况下，主要由 ATP-CP 系统分解能源和糖原无氧酵解供能（即，糖原无氧的前提下，分解为乳酸为机体供能）。这类运动只能持续很短的时间（约 1～3 min）。800 m 以下的全力跑、短距离冲刺都属于无氧供能的运动。另一类是有氧供能，即运动时能量主要来自糖原（脂肪、蛋白）的有氧氧化。因为运动中氧气供应充足，糖分彻底分解，释放出大量能量，能够持续更长时间。这类运动包含 5 000 m 以上的慢跑、1 500 m 以上的游泳，跑步、散步等都属于这类运动。

根据这一点，我们能获得一个简单的启示：强度大的运动不能持续很长时间，总能量耗费少，因此不是理想的减肥运动方法。强度低的运动氧气供应充足，持续时间长，总能量耗费大，更有益于减肥。减肥的最终目的不是降低水分或其他成分，而是耗费体内过多的脂肪。

在进行锻炼时还应注意以下几点：进行中等强度的运动时，运动中心率维持在最大心跳的 60～70 %，强度太大时能量消耗以糖为主，肌肉氧化脂肪能力低。负载太小，机体热量消耗不足也无法达到减肥目的；进行中等强度运动时，运动的时间要长，一般每次运动时间不要低于 30 min。在进行中等强度运动时，在开始阶段机体不会马上激发脂肪提供动能。[1]因为脂肪从脂肪库中释放出来，运往肌肉至少要 20 min 左右。运动方法要因自身的条件、喜好和爱好而异。

运动减肥的益处可以归纳为以下几点：

（1）促进能量消耗，造成机体的热能负平衡。

（2）抑制食欲。

（3）对维持正常的血压、降低血清胆固醇水平、提高心肺功能都有积极作用。

（4）可以改善人的心理状态，有助于消除焦虑。

最后，要强调的是，有效的运动需要系统的知识和运动技巧予以支持，当你对运动存在困惑和不解时，应当向运动专家寻求帮助，这会使你更好地从运动中受益并远离运动损

---

[1] 王正珍. 运动处方的研究与应用进展 [J]. 体育学研究，2021，35（03）：40-49.

伤，对于饮食和营养的困惑，请向营养师或医生寻求帮助。从专业人士那里获得专业意见，会取得事半功倍的效果。

四、增肌运动处方

减肥之后需要重塑体型，即需要用健身来增肌，在增肌之前要通过运动前的健康筛查及体适能的测试来制订适合自己的健身增肌方法。大量的科学研究表明，肌肉量的维持是防止由于年龄上涨而造成健康退化最有效的方法之一。肌肉量越多的人，身体越健康，得疾病的概率越低，受伤的概率也越低。科学研究发现，肌肉的截面积越大，肌肉的力量潜力就越大，换句话说，肌肉量越多，力量就越大。

首先我们来了解一下肌肉的结构。

肌肉可以分为平滑肌、心肌、骨骼肌三种。平滑肌是组成消化道、呼吸道、血管等所用的肌肉，心肌则是组成心脏的肌肉，它们都不能通过大脑来控制收缩。

对于健身人群来说，可以控制收缩的骨骼肌才是重点。之所以被称为骨骼肌，是因为每块都连接在一块或多块骨头上。每块骨骼肌由一层厚厚的软体组织保护着，叫作肌外膜。肌肉外膜内含有许多肌肉块。每块肌肉都由数十到数百根肌纤维构成。因而，每个肌肉都是由不计其数根肌纤维构成的。肌肉的收缩是由肌纤维的滚动组成的。

每根纤维都有大量的来源纤维。来源纤维可以理解为肌纤维的基本要素。每根肌原纤维则由缠在一起的两种丝状蛋白质组成：肌动蛋白和肌凝蛋白。因此，每个肌肉纤维都是由蛋白质组成的。所以肌肉，简单来说，就是由大量的蛋白质组合在一起。

（一）增肌的基本法则1：训练

在训练中，有三个最为重要的因素：训练动作、训练量和渐进超负荷。

1. 训练动作

训练动作可以分为两大类，多关节动作和单关节动作。多关节动作就是用到一个关节以上的动作，可以训练到多块肌肉，如深蹲、硬拉、卧推、推举等。单关节动作就是只用到一个关节的动作，只能练习到一块肌肉，如二头弯举、侧平举、腿屈伸等。

对于刚开始的人来说，完全没有必要浪费时间和精力去做单关节动作，主要有以下几个原因：①刚开始的人的增长潜力要比有一定训练经验的人多好几倍，所以每块肌肉不需要那么多的训练量来增长。而多关节动作可以同时练习到多块肌肉，使目击肌肉同时增长。因此，新手不需要做单关节动作来全面增肌。②很多刚开始的人认为自己身体有很多的不足，如肩膀不够宽、胸不够挺、臀不够翘、手臂不够粗等，所以花费大量的时间和精力去做侧平举、上胸练习、臀部练习、二头弯举……但问题是，他们本来就没有足够的肌肉量来作为地基，所以就算手臂涨了几厘米、肩膀宽了几厘米、上胸更挺了，实际上的视觉效果也并不明显。就类似雕刻雕像一样，你会先从整体的轮廓开始还是细致的五官开始？

多关节动作可以使用更多的重量，而且进步的空间也更多，所以可以充分地利用到渐进超负荷的原理。相反，单关节动作只能用小重量，进步的空间也很少，因此无法充分地利用渐进超负荷的原理。

所有的训练动作都不同等，5组的深蹲和5组的坐姿腿屈伸对于身体来说不是同样等级的压力，因此身体所做出的适应也不同。深蹲，特别是大重量杠铃深蹲，对于身体和肌肉的刺激远远要比腿屈伸强。而且有很多研究表明，在做完大重量多关节动作（如深蹲、硬拉等）之后，身体会大量地分泌出荷尔蒙、睾酮。这些荷尔蒙反过来会增加蛋白质合成速度，帮助增肌。坐姿腿屈伸，就算做到力竭也没有做3组大重量深蹲吃力。

所以想要取得最佳的增肌效果，大重量、多关节训练动作才应该是首要选择。

2. 训练量

简单来说，训练量就是一块肌肉群在一定时间内所受到的总训练，可以用训练组数 × 训练次数或训练组数 × 训练次数 × 使用重量来表示。对于刚开始训练的人来说，关心总训练组数或次数就可以了，不用算入训练重量。为了方便，一般用总训练组数来表示总训练量。

我们来举个例子：假设你一周只练一次腿，而腿部训练只有深蹲 100 kg × 5 × 5（5组，每组5个），那腿部的训练量就是5组或25个或2 500 kg。

为什么训练量十分重要？

像我们上面所说的，想要肌肉做出适应（增肌），给予的压力一定得大于那块肌肉所能承受的压力，而科学研究发现，对于抗阻力训练来说，最容易测量这种压力的方法就是训练量。此外，训练量是和增肌最为密切的因素，甚至两者之间存在着一种线性关系，换句话说，训练量越高，增肌效果越好。

在研究时，科学家们把试验者分成了3组，第一组只做1组训练，第二组做3组训练，第三组做5组训练。结果发现，第三组的训练效果要比第二组好，第二组的训练效果要比第一组好。得出的结果是组数做得越多，效果就越好。虽然两者之间是一种线性关系，但有界限，也就是说，过了一定的训练量之后，增肌效果会逐渐递减，如果一直增加训练量的话，可能导致训练过度。所以想要达到最佳的增肌效果，一定要有足够的训练量。

3. 渐进超负荷

假设你的腿部肌肉需要 5 组训练才能增长，那如果在接下来的 3 个月里每次练腿的时候都只做 5 组训练，你认为你的腿会继续增长肌肉吗？

按照压力—恢复—适应循环原理来说不会（就算会也不是最佳的增长速度），因为如果身体能够在一定的训练量之后恢复过来，就说明身体已经适应了那种训练量。但还继续给予同等训练量的话，身体就不会再做出适应。身体（包括肌肉）有很强的适应能力[1]，3 个月之前腿部肌肉增长所需的训练量和现在的肯定不同（前提是这 3 个月内没有停止训练）。因此，想要持续增肌，必须得慢慢地增加训练量，而这就是渐进超负荷。它指的就是慢慢地增肌负荷量。这个原理其实很有逻辑性，想想看，如果不渐渐地加大给予肌肉的刺激，肌肉就没有理由继续做出任何适应。

想要增肌一定得训练，而且在训练当中要有三个重要的因素：训练动作的标准、训练量的达到及渐进超负荷，这样才能达到增肌的目的。

（二）增肌的基本法则 2：营养和饮食

抗阻力训练是刺激肌肉增长的首要条件，但与人们的认识恰好相反，肌肉增长并不发生在健身房内，而发生在健身房外：当我们在训练的时候，其实正在创伤肌肉块、破坏肌纤维；接着通过足够的营养补充和休息，肌纤维才能被修补，肌肉才能恢复原状，甚至超过原状（肥大）。想要一块肌肉变大，得先破坏它，然后靠饮食和休息，才能长得更大、更有力。因此，光靠训练远远不够，如果不配合营养补充，身体就无法好好地恢复过来。所以营养可以帮助身体恢复。

不过饮食还有另外一个作用：给训练提供能量，让我们好好地训练。所以营养就是增肌的第 2 大法则，它包括蛋白质、总摄入量和碳水化合物。

1. 蛋白质

如上文所述，肌肉其实就是一大群蛋白质的合成。如果每次训练时都在破坏这些蛋白质的话，那就必须补充额外的蛋白质来修补。所以想要肌肉增长，蛋白质的摄入就显得尤为重要。

科学家们发现，每顿餐后肌蛋白合成率能提升 30～100 %，主要由于氨基酸的摄入。氨基酸，特别是必需氨基酸，可以直接提高蛋白质合成率。

对于运动 / 健身人群来说，蛋白质摄入量应该在 1.6～2.2 g/kg 之间。所以，想要取得

---

[1] 赵可伟，梁美富，高炳宏. 增肌训练效益及训练策略的研究进展 [J]. 中国体育科技，2021，57（1）：19-28.

最佳的增肌效果，每天要确保摄入 1.6～2.2 g/kg 的蛋白质。

2. 总摄入量

虽然蛋白质具有一定的增肌作用，但在增肌时也不能忽略的一点就是总摄入量。如果想要最大化地增肌，一定要在有热量剩余的状态下，也就是说，想要取得最佳的增肌效果，体重一定要上涨，因为肌肉也是体重的一部分，如果在增肌的时候体重一直不变，那就说明肌肉没有在增长（除新手效应之外）。

科学研究发现，在热量赤字的状态下，蛋白质合成率会降低，一些帮助增肌的荷尔蒙分泌度也会降低，从而导致增肌效果没有那么好。

所以想要取得最佳的增肌效果，要确保自己每天吃的比消耗得多。

3. 碳水化合物

现在有很多人害怕吃碳水化合物，认为碳水会导致多余的脂肪堆积。高碳饮食不一定会导致发胖，低碳饮食也不一定会减肥，只要能控制每天的蛋白质摄入量和总热量的摄入量，高碳还是低碳，对于减肥来说都没有区别。所以，摄入适量的碳水化合物不会导致多余脂肪的堆积。

不过，对于增肌来说，低碳饮食远远没有高碳饮食效果好，主要由于以下两点。

增肌训练非常依赖于糖原（一种身体的储备能量），而糖原就是由碳水化合物而来的。科学家们发现，如果碳水化合物吃得不够，糖原就低，训练就会更加困难；相反，碳水摄入足够，就可以补充糖原，帮助提高运动表现。研究还发现，在糖原低的情况下，蛋白质合成率就会受到影响，从而防碍增肌的效果。

碳水化合物会刺激胰岛素的分泌，而胰岛素的分泌会帮助减慢蛋白质分解率，从而间接地帮助增肌。

所以想要取得最佳的增肌效果，每天要摄入足够的碳水化合物，同时配以足够的训练量，还要配合饮食为训练提供能量，提高训练表现，帮助恢复。想要达到最好的增肌效果，要确保每天摄入足够的蛋白质、碳水化合物和总热量。

（三）增肌的基本法则 3：休息

对于健身人群来说，睡眠具有以下好处。

首先，睡眠可以通过增加蛋白质合成率来加快肌肉修补速度，让身体快速恢复。大部分的生长激素，比如睾酮和生长激素，都是在睡眠时大量释放的，帮助细胞修补、再生、成长。

其次，睡眠可以提高减肥和增肌的效果。

我们在训练的时候其实是在破坏肌纤维，对身体造成伤害，给予身体很大的压力。可问题是身体无法识别出压力的种类，不管是来自训练的压力、工作上的压力、生活上的压力、精神上的压力，对于身体来说都是压力。每个人能够承受的压力是有限的，如果压力过多，身体很难恢复过来。所以想要取得最佳的增肌效果，一定得确保足够的睡眠时间和睡眠质量。

主要参考文献：

[1] 田玉戈，石振国. 我国运动处方研究进展与未来展望 [J]. 湖北体育科技，2021，40（5）：377-381.

[2] 步斌，侯乐荣，周学兰，等. 运动处方研究进展 [J]. 中国循证医学杂志，2010，10（12）：1359-1366.

[3] 贾冕，王正珍，李博文. 中医运动处方的起源与发展 [J]. 体育科学，2017，37（10）：65-71；89.

[4] 韩强娃. 推广运动处方 让锻炼更科学 [N]. 宝鸡日报，2016-03-16（008）.

[5] 刘刚. 现代健身运动处方发展综述 [J]. 教书育人，2010（6）：62-63.

[6] 陈栋，曾玉榕. 关于运动处方的起源及发展探讨 [J]. 湖北体育科技，2002（2）：177-178；186.

[7] 赵可伟，梁美富，高炳宏. 增肌训练效益及训练策略的研究进展 [J]. 中国体育科技，2021，57（1）：19-28.